全国机动车检测维修专业技术人员
职业水平考试用书

QUANGUO JIDONGCHE JIANCE WEIXIU ZHUANYE JISHU RENYUAN
ZHIYE SHUIPING KAOSHI YONGSHU

机动车机电维修技术考试用书

JIDONGCHE JIDIAN WEIXIU JISHU
KAOSHI YONGSHU

交通运输部职业资格中心　组织编写

人民交通出版社股份有限公司
北京

内 容 提 要

本书包括基础知识篇、专业技术篇、实务篇、案例分析篇及考试模拟题,主要介绍了机动车机电维修技术专业的相关知识。

本书可供报名参加机动车检测维修专业技术人员职业水平考试的机动车机电维修技术专业检测维修工程师和检测维修士两个级别考生使用。

图书在版编目(CIP)数据

机动车机电维修技术考试用书/交通运输部职业资格中心组织编写. —北京:人民交通出版社股份有限公司,2021.7

全国机动车检测维修专业技术人员职业水平考试用书

ISBN 978-7-114-17465-0

Ⅰ.①机… Ⅱ.①交… Ⅲ.①机动车—电气设备—维修—水平考试—自学参考资料 Ⅳ.①U472.41

中国版本图书馆 CIP 数据核字(2021)第 133879 号

Jidongche Jidian Weixiu Jishu Kaoshi Yongshu

书　　名:	机动车机电维修技术考试用书
著 作 者:	交通运输部职业资格中心
责任编辑:	刘　博
责任校对:	孙国靖　扈　婕
责任印制:	张　凯
出版发行:	人民交通出版社股份有限公司
地　　址:	(100011)北京市朝阳区安定门外外馆斜街 3 号
网　　址:	http://www.ccpcl.com.cn
销售电话:	(010)85285857
总 经 销:	人民交通出版社股份有限公司发行部
经　　销:	各地新华书店
印　　刷:	北京印匠彩色印刷有限公司
开　　本:	787×1092　1/16
印　　张:	16
字　　数:	369 千
版　　次:	2021 年 7 月　第 1 版
印　　次:	2025 年 3 月　第 3 次印刷
书　　号:	ISBN 978-7-114-17465-0
定　　价:	80.00 元

(有印刷、装订质量问题的图书,由本公司负责调换)

前　言

2006年6月，原人事部、原交通部联合印发了《机动车检测维修专业技术人员职业水平评价暂行规定》和《机动车检测维修专业技术人员职业水平考试实施办法》，建立了机动车维修领域唯一的国家职业资格制度。机动车检测维修专业技术人员身处行业一线，是维修服务的承担者和安全隐患的排查者，是保障维修质量和安全最核心、最关键因素。实施好机动车检测维修职业资格制度，必将有效提升从业人员职业能力，强化从业人员职业操守，为加快建设交通强国提供人才支撑。

为方便从业人员复习备考，我中心组织编写了新版"全国机动车检测维修专业技术人员职业水平考试用书"，按专业成书共计3册，分别为《机动车机电维修技术考试用书》《机动车检测评估与运用技术考试用书》《机动车整形技术考试用书》。本丛书吸收了机动车检测维修领域新标准、新工艺、新技术、新装备、新材料的发展成果，既可作为广大考生复习备考的参考用书，也可作为机动车检测维修从业人员、交通院校相关专业师生在实际工作和教学中的参考书。

本丛书由张立新、高元伟、郭大民、李培军、宋孟辉、黄宜坤编写，由付华章、王征、罗霄、緱庆伟、侯红宾、张荫志、李新起、程玉光、王赛、苏霆、薛伟审定。

本丛书在编写过程中得到了交通运输部运输服务司的悉心指导，以及天津市交通运输委员会、天津市汽车维修检测行业协会、北京交通运输职业学院、山东交通学院、山东省汽车综合性能检测中心站、北京祥龙博瑞汽车服务(集团)有限公司、庞贝捷漆油贸易(上海)有限公司、迪迪艾咨询(北京)有限公司和人民交通出版社股份有限公司等单位的大力支持，在此一并感谢！

由于水平有限，疏漏和纰误在所难免，敬请批评指正。

交通运输部职业资格中心
2021年7月

目 录

第一篇 基础知识篇

第一章 机动车检测维修专业技术人员职业道德规范 ·················· 3
  第一节 职业道德概述 ·· 3
  第二节 机动车检测维修专业技术人员职业道德 ····················· 3
  考试模拟题 ·· 4

第二章 法律、法规、规章和标准规范 ·· 6
  第一节 法律、法规、规章 ·· 6
  第二节 标准规范 ·· 15
  考试模拟题 ·· 25

第三章 汽车构造 ·· 32
  第一节 汽车概述 ·· 32
  第二节 汽车发动机基本构造 ·· 33
  第三节 汽车底盘基本构造 ·· 37
  第四节 汽车电气设备基本构造 ··· 41
  考试模拟题 ·· 43

第四章 常用机动车材料性能及应用 ··· 46
  第一节 车用燃料 ·· 46
  第二节 车用润滑料 ··· 47
  第三节 其他车用材料 ·· 48
  考试模拟题 ·· 50

第五章 常用测量器具 ·· 52
  第一节 计量基础知识 ·· 52
  第二节 汽车维修常用测量器具的使用 ···································· 52
  考试模拟题 ·· 54

第六章 汽车检测维修安全常识 ·· 55
  第一节 汽车维修个人安全防护 ··· 55
  第二节 汽车维修工具、维修设备的使用安全 ·························· 55

第三节　汽车维修环境安全 ⋯⋯⋯⋯⋯⋯⋯⋯⋯⋯⋯⋯⋯⋯⋯⋯⋯⋯⋯⋯⋯⋯⋯⋯⋯⋯ 57
　　第四节　汽车维修专业技术人员操作规程 ⋯⋯⋯⋯⋯⋯⋯⋯⋯⋯⋯⋯⋯⋯⋯⋯⋯⋯⋯ 58
　　考试模拟题 ⋯⋯⋯⋯⋯⋯⋯⋯⋯⋯⋯⋯⋯⋯⋯⋯⋯⋯⋯⋯⋯⋯⋯⋯⋯⋯⋯⋯⋯⋯⋯ 60
第七章　新能源汽车 ⋯⋯⋯⋯⋯⋯⋯⋯⋯⋯⋯⋯⋯⋯⋯⋯⋯⋯⋯⋯⋯⋯⋯⋯⋯⋯⋯⋯⋯ 62
　　考试模拟题 ⋯⋯⋯⋯⋯⋯⋯⋯⋯⋯⋯⋯⋯⋯⋯⋯⋯⋯⋯⋯⋯⋯⋯⋯⋯⋯⋯⋯⋯⋯⋯ 64
第八章　机动车专业英语 ⋯⋯⋯⋯⋯⋯⋯⋯⋯⋯⋯⋯⋯⋯⋯⋯⋯⋯⋯⋯⋯⋯⋯⋯⋯⋯⋯ 66
　　第一节　专业英语的翻译方法概述 ⋯⋯⋯⋯⋯⋯⋯⋯⋯⋯⋯⋯⋯⋯⋯⋯⋯⋯⋯⋯⋯ 66
　　第二节　机动车检测维修常用英文术语 ⋯⋯⋯⋯⋯⋯⋯⋯⋯⋯⋯⋯⋯⋯⋯⋯⋯⋯⋯ 66

第二篇　专业技术篇

第一章　发动机理论与机动车性能 ⋯⋯⋯⋯⋯⋯⋯⋯⋯⋯⋯⋯⋯⋯⋯⋯⋯⋯⋯⋯⋯⋯ 71
　　第一节　发动机理论 ⋯⋯⋯⋯⋯⋯⋯⋯⋯⋯⋯⋯⋯⋯⋯⋯⋯⋯⋯⋯⋯⋯⋯⋯⋯⋯⋯ 71
　　第二节　机动车性能指标 ⋯⋯⋯⋯⋯⋯⋯⋯⋯⋯⋯⋯⋯⋯⋯⋯⋯⋯⋯⋯⋯⋯⋯⋯⋯ 73
　　考试模拟题 ⋯⋯⋯⋯⋯⋯⋯⋯⋯⋯⋯⋯⋯⋯⋯⋯⋯⋯⋯⋯⋯⋯⋯⋯⋯⋯⋯⋯⋯⋯⋯ 74
第二章　发动机机械结构原理与维修诊断 ⋯⋯⋯⋯⋯⋯⋯⋯⋯⋯⋯⋯⋯⋯⋯⋯⋯⋯⋯ 76
　　第一节　曲柄连杆机构结构原理与维修诊断 ⋯⋯⋯⋯⋯⋯⋯⋯⋯⋯⋯⋯⋯⋯⋯⋯⋯ 76
　　第二节　配气机构结构原理与维修诊断 ⋯⋯⋯⋯⋯⋯⋯⋯⋯⋯⋯⋯⋯⋯⋯⋯⋯⋯⋯ 80
　　第三节　冷却系统结构原理与维修诊断 ⋯⋯⋯⋯⋯⋯⋯⋯⋯⋯⋯⋯⋯⋯⋯⋯⋯⋯⋯ 82
　　第四节　润滑系统结构原理与维修诊断 ⋯⋯⋯⋯⋯⋯⋯⋯⋯⋯⋯⋯⋯⋯⋯⋯⋯⋯⋯ 83
　　考试模拟题 ⋯⋯⋯⋯⋯⋯⋯⋯⋯⋯⋯⋯⋯⋯⋯⋯⋯⋯⋯⋯⋯⋯⋯⋯⋯⋯⋯⋯⋯⋯⋯ 85
第三章　底盘机械系统结构原理与维修诊断 ⋯⋯⋯⋯⋯⋯⋯⋯⋯⋯⋯⋯⋯⋯⋯⋯⋯⋯ 87
　　第一节　离合器结构原理与维修诊断 ⋯⋯⋯⋯⋯⋯⋯⋯⋯⋯⋯⋯⋯⋯⋯⋯⋯⋯⋯⋯ 87
　　第二节　手动变速器结构原理与维修诊断 ⋯⋯⋯⋯⋯⋯⋯⋯⋯⋯⋯⋯⋯⋯⋯⋯⋯⋯ 88
　　第三节　驱动桥结构原理与维修诊断 ⋯⋯⋯⋯⋯⋯⋯⋯⋯⋯⋯⋯⋯⋯⋯⋯⋯⋯⋯⋯ 89
　　第四节　常规转向系统结构原理与维修诊断 ⋯⋯⋯⋯⋯⋯⋯⋯⋯⋯⋯⋯⋯⋯⋯⋯⋯ 90
　　第五节　常规悬架结构原理与维修诊断 ⋯⋯⋯⋯⋯⋯⋯⋯⋯⋯⋯⋯⋯⋯⋯⋯⋯⋯⋯ 92
　　第六节　常规制动系统结构原理与维修诊断 ⋯⋯⋯⋯⋯⋯⋯⋯⋯⋯⋯⋯⋯⋯⋯⋯⋯ 96
　　考试模拟题 ⋯⋯⋯⋯⋯⋯⋯⋯⋯⋯⋯⋯⋯⋯⋯⋯⋯⋯⋯⋯⋯⋯⋯⋯⋯⋯⋯⋯⋯⋯⋯ 98
第四章　电气系统结构原理与维修诊断 ⋯⋯⋯⋯⋯⋯⋯⋯⋯⋯⋯⋯⋯⋯⋯⋯⋯⋯⋯⋯ 101
　　第一节　电源系统结构原理与维修诊断 ⋯⋯⋯⋯⋯⋯⋯⋯⋯⋯⋯⋯⋯⋯⋯⋯⋯⋯⋯ 101
　　第二节　起动系统结构原理与维修诊断 ⋯⋯⋯⋯⋯⋯⋯⋯⋯⋯⋯⋯⋯⋯⋯⋯⋯⋯⋯ 103
　　第三节　照明信号系统结构原理与维修诊断 ⋯⋯⋯⋯⋯⋯⋯⋯⋯⋯⋯⋯⋯⋯⋯⋯⋯ 104
　　第四节　仪表系统结构原理与维修诊断 ⋯⋯⋯⋯⋯⋯⋯⋯⋯⋯⋯⋯⋯⋯⋯⋯⋯⋯⋯ 107
　　第五节　电动刮水器系统结构原理与维修诊断 ⋯⋯⋯⋯⋯⋯⋯⋯⋯⋯⋯⋯⋯⋯⋯⋯ 108
　　第六节　电动车窗、座椅结构原理与维修诊断 ⋯⋯⋯⋯⋯⋯⋯⋯⋯⋯⋯⋯⋯⋯⋯⋯ 109

考试模拟题 ··· 110

第五章　发动机控制系统结构原理与维修诊断 ····················· 113
　第一节　发动机控制系统概述 ·· 113
　第二节　发动机电控燃油喷射系统结构原理与维修诊断 ········· 114
　第三节　发动机电控点火系统结构原理与维修诊断 ················ 119
　第四节　发动机排放控制系统结构原理与维修诊断 ················ 120
　　考试模拟题 ··· 122

第六章　底盘控制系统结构原理与维修诊断 ························· 125
　第一节　自动变速器结构原理与维修诊断 ······························ 125
　第二节　电控转向系统结构原理与维修诊断 ··························· 131
　第三节　电控悬架系统结构原理与维修诊断 ··························· 133
　第四节　电控制动系统结构原理与维修诊断 ··························· 135
　　考试模拟题 ··· 138

第七章　车身电控系统结构原理与维修诊断 ························· 141
　第一节　空调系统结构原理与维修诊断 ·································· 141
　第二节　安全气囊系统结构原理与维修诊断 ··························· 146
　第三节　防盗系统结构原理与维修诊断 ·································· 147
　第四节　中控门锁系统结构原理与维修诊断 ··························· 149
　第五节　车载网络系统结构原理与维修诊断 ··························· 150
　　考试模拟题 ··· 153

第八章　汽车维修常用检测仪器的使用 ································· 155
　第一节　电气检测仪器的使用 ·· 155
　第二节　发动机检测仪器的使用 ··· 157
　第三节　底盘检测仪器的使用 ·· 159
　　考试模拟题 ··· 161

第九章　机动车维修工艺及技术要求 ···································· 163
　第一节　机动车维修工艺流程 ·· 163
　第二节　机动车维修技术要求 ·· 164
　　考试模拟题 ··· 167

第十章　机动车维修技术与质量管理 ···································· 168
　第一节　机动车维修技术管理 ·· 168
　第二节　机动车维修质量管理 ·· 169
　　考试模拟题 ··· 170

第十一章　机动车维修企业配件与安全管理 ························· 171
　第一节　机动车维修企业配件管理 ·· 171
　第二节　机动车维修企业环保与安全生产管理 ······················· 172
　　考试模拟题 ··· 174

第三篇 实务篇

第一章　实操考试系统介绍 ·· 179
第二章　实操考试系统操作 ·· 181
　第一节　零部件检测 ·· 181
　第二节　汽车电器故障诊断实操 ·· 185

第四篇 案例分析篇

附　　录

附录一　全国机动车检测维修专业技术人员职业水平考试《机动车检测维修法规与技术》模拟试卷(级别:机动车检测维修工程师,专业:机动车机电维修技术) ·· 205

附录二　全国机动车检测维修专业技术人员职业水平考试《机动车检测维修法规与技术》模拟试卷(级别:机动车检测维修士,专业:机动车机电维修技术) ··· 217

附录三　全国机动车检测维修专业技术人员职业水平考试《机动车检测维修案例分析》模拟试卷(级别:机动车检测维修工程师,专业:机动车机电维修技术) ·· 226

附录四　全国机动车检测维修专业技术人员职业水平考试《机动车检测维修法规与技术》模拟试卷(级别:机动车检测维修工程师,专业:机动车机电维修技术)答案表 ·· 241

附录五　全国机动车检测维修专业技术人员职业水平考试《机动车检测维修法规与技术》模拟试卷(级别:机动车检测维修士,专业:机动车机电维修技术)答案表 ·· 243

附录六　全国机动车检测维修专业技术人员职业水平考试《机动车检测维修案例分析》模拟试卷(级别:机动车检测维修工程师,专业:机动车机电维修技术)答案表 ·· 245

第一篇 基础知识篇

第一章
机动车检测维修专业技术人员职业道德规范

第一节　职业道德概述

1. 道德是社会意识形态之一,是人们共同生活及其行为的准则和规范。
2. 法律是国家制定或者认可的,具有强制性和普遍约束力的行为规则。
3. 道德和法律一样,都是社会的上层建筑组成部分,都是由物质生活条件决定的。
4. 法律是他律,道德是自律,两者相互作用,相互补充,其中自律比他律的范围和效果要大得多。
5. 职业道德的特点包括以下方面。
  (1)适用主体:主要是该职业的从业人员。
  (2)涵盖的社会关系:从业人员与服务对象、职业与职工、职业与职业之间的关系。
  (3)主要内容:社会对从业人员职业观念、职业态度、职业技能、职业纪律和职业作风的要求。

第二节　机动车检测维修专业技术人员职业道德

1. 机动车检测维修是指以维持或者恢复机动车技术状况和正常功能,延长机动车使用寿命为作业任务所进行的维护、修理以及维修救援、诊断等相关活动。
2. 机动车检测维修专业技术人员是指从事机动车检测维修且考取了国家执行资格并具有专业技术执业证书的从业人员。
3. 机动车检测维修专业技术人员职业道德包括以下方面。
  (1)爱岗敬业:热爱机动车检测维修事业、乐于奉献、钻研业务、艰苦奋斗四个方面。
  (2)诚实守信:诚实对待客户、信守检测维修合同、坚持公平竞争三个方面。
  (3)办事公道:公开制度并自觉接受监督、公平确定权利与义务、公正收取费用三个方面。

(4)服务群众:尊重客户和寓检测维修于服务之中。

(5)奉献社会:为职业添彩、为社会增添正气。

4.《交通强国建设纲要》要求,从2021年到21世纪中叶,分两个阶段推进我国交通强国建设:到2035年,基本建成交通强国;到21世纪中叶,全面建成人民满意、保障有力、世界前列的交通强国。

5."基本建成交通强国"的目标包括:

(1)现代化综合交通体系基本形成,人民满意度明显提高,支撑国家现代化建设能力显著增强。

(2)拥有发达的快速网、完善的干线网、广泛的基础网,城乡区域交通协调发展达到新高度。

(3)基本形成"全国123出行交通圈"(都市区1h通勤、城市群2h通达、全国主要城市3h覆盖)和"全球123快货物流圈"(国内1天送达、周边国家2天送达、全球主要城市3天送达),旅客联程运输便捷顺畅,货物多式联运高效经济。

(4)智能、平安、绿色、共享交通发展水平明显提高,城市交通拥堵基本缓解,无障碍出行服务体系基本完善。

(5)交通科技创新体系基本建成,交通关键装备先进安全,人才队伍精良,市场环境优良。

(6)基本实现交通治理体系和治理能力现代化。

(7)交通国际竞争力和影响力显著提升。

6.《交通运输部关于全面深入推进绿色交通发展的意见》以习近平新时代中国特色社会主义思想为指导,紧紧围绕统筹推进"五位一体"总体布局和协调推进"四个全面"战略布局,坚持人与自然和谐共生的基本方略,牢固树立社会主义生态文明观,践行"绿水青山就是金山银山"的理念。

7.绿色交通发展以交通强国战略为统领,以深化供给侧结构性改革为主线,着力实施交通运输结构优化、组织创新、绿色出行、资源集约、装备升级、污染防治、生态保护等七大工程,加快构建绿色发展制度标准、科技创新和监督管理等三大体系。

8.绿色交通将实现由被动适应向先行引领、由试点带动向全面推进、由政府推动向全民共治的转变,推动形成绿色发展方式和生活方式,为建设美丽中国、增进民生福祉、满足人民对美好生活的向往提供坚实支撑和有力保障。

9.全面深入推进绿色交通发展应坚持生态优先,绿色发展;深化改革,创新驱动;重点突破,系统推进;多方参与,协同治理四项基本原则。

考试模拟题

一、是非判断题

1.道德和法律一样,都是社会的上层建筑组成部分,都是由人精神道德水平决定的。　　(×)

2. 法律是他律,道德是自律,两者相互作用,相互补充。 (√)
3. 绿色交通发展以交通强国战略为统领,以深化供给侧结构性改革为主线,着力实施交通运输结构优化等三大工程建设。 (×)
4. "全国123出行交通圈"是指都市区1h通勤、城市群2h通达、全国主要城市3h覆盖。 (√)

二、单项选择题

1. 机动车检测维修专业技术人员要以善良真诚的态度对待客户,信守检测维修合同,坚持公平竞争是(B)对于业人员的具体要求。
   A. 爱岗敬业　　B. 诚实守信　　C. 奉献社会　　D. 服务群众
2. "服务群众"是衡量机动车维修从业人员(A)水平的重要标志。
   A. 职业道德　　B. 服务意识　　C. 奉献精神　　D. 个人素质
3. 根据《交通强国建设纲要》要求,到(B)年我国基本建成交通强国。
   A. 2030　　　　B. 2035　　　　C. 2040　　　　D. 2049

三、多项选择题

1. 机动车检测维修专业技术人员职业道德除爱岗敬业外,还包括(ABCD)。
   A. 办事公道　　B. 诚实守信　　C. 奉献社会　　D. 服务群众
2. 职业道德涵盖的社会关系包括(ABC)之间的关系。
   A. 从业人员与服务对象　　　　B. 职业与职工
   C. 职业与职业　　　　　　　　D. 职工与职工
3. 全面深入推进绿色交通发展的基本原则是(ABCD)。
   A. 深化改革,创新驱动　　　　B. 重点突破,系统推进
   C. 多方参与,协同治理　　　　D. 生态优先,绿色发展

第二章
法律、法规、规章和标准规范

第一节　法律、法规、规章

1. 道路交通法有自己的体系,从它们的渊源形式及效力等级的角度看,包括交通法律、交通行政法规、部门交通规章、地方性交通法规、单行条例、地方交通规章、国际运输公约、国际航运习惯等。

2. 机动车的定义:以动力装置驱动或者牵引,上道路行驶的供人员乘用或者用于运送物品以及进行工程专项作业的轮式车辆。

3. 机动车维修可以有两种定义:一种是指广义的机动车维修,是泛指所有对机动车进行的维护和修理行为,包括车辆使用者自行进行的维护和修理;另一种是特指具有机动车维修经营资质的经营者对机动车进行的维护和修理行为。

4. 通过对机动车维修,保持机动车的性能,恢复机动车的性能,改进机动车的性能,实现维修的产业化。

5. 《中华人民共和国道路交通安全法》(以下简称《道路交通安全法》)规定:登记后上道路行驶的机动车,应当依照法律、行政法规的规定,根据车辆用途、载客载货数量、使用年限等不同情况,定期进行安全技术检验。

6. 对提供机动车行驶证和机动车第三者责任强制保险单的,机动车安全技术检验机构应当予以检验,任何单位不得附加其他条件。

7. 符合国家安全技术标准的机动车,公安机关交通管理部门应当发给检验合格标志。

8. 《道路交通安全法》规定:对机动车的安全技术检验实行社会化,任何单位不得要求机动车到指定的场所进行检验。

9. 公安机关交通管理部门、机动车安全技术检验机构不得要求机动车到指定的场所进行维修。

10. 我国实行机动车强制报废制度,根据机动车的安全技术状况和不同用途,规定不同的报废标准。

11. 机动车安全技术检验机构超过国务院价格主管部门核定的收费标准收取费用的,退还多收取的费用,并由价格主管部门依照《中华人民共和国价格法》的有关规定给予处罚。

12. 机动车安全技术检验机构不按照机动车国家安全技术标准进行检验,出具虚假检验结果的,由公安机关交通管理部门处所收检验费用5倍以上10倍以下罚款,并依法撤销其检验资格;构成犯罪的,依法追究刑事责任。

13.《道路交通安全法》要求任何单位或者个人不得有下列行为:

(1)拼装机动车或者擅自改变机动车已登记的结构、构造或者特征。

(2)改变机动车型号、发动机号、车架号或者车辆识别代号。

(3)伪造、变造或者使用伪造、变造的机动车登记证书、号牌、行驶证、检验合格标志、保险标志。

(4)使用其他机动车的登记证书、号牌、行驶证、检验合格标志、保险标志。

14.《中华人民共和国道路交通安全法实施条例》规定了机动车安全技术检验的期限,机动车应当从注册登记之日起,按照下列期限进行安全技术检验:

(1)营运载客汽车5年以内每年检验1次;超过5年的,每6个月检验1次。

(2)载货汽车和大型、中型非营运载客汽车10年以内每年检验1次;超过10年的,每6个月检验1次。

(3)小型、微型非营运载客汽车6年以内每2年检验1次;超过6年的,每年检验1次;超过15年的,每6个月检验1次。

(4)摩托车4年以内每2年检验1次;超过4年的,每年检验1次。

(5)拖拉机和其他机动车每年检验1次。

15.已注册登记的机动车进行安全技术检验时,机动车行驶证记载的登记内容与该机动车的有关情况不符,或者未按照规定提供机动车第三者责任强制保险凭证的,不予通过检验。

16.《中华人民共和国道路交通安全法实施条例》规定,已注册登记的机动车有下列情形之一的,机动车所有人应当向登记该机动车的公安机关交通管理部门申请变更登记:

(1)改变机动车车身颜色的。

(2)更换发动机的。

(3)更换车身或者车架的。

(4)因质量有问题,制造厂更换整车的。

(5)营运机动车改为非营运机动车或者非营运机动车改为营运机动车的。

(6)机动车所有人的住所迁出或者迁入公安机关交通管理部门管辖区域的。

因此,维修经营者维修这些事项,应当审查有无公安机关交通管理部门变更登记证书。

17.《中华人民共和国道路运输条例》(以下简称《道路运输条例》)规定,县级以上地方人民政府交通主管部门负责组织领导本行政区域的道路运输管理工作,县级以上道路运输管理机构负责具体实施道路运输管理工作。

18.《机动车维修管理规定》中所称机动车维修经营,是指以维持或者恢复机动车技术状况和正常功能,延长机动车使用寿命为作业任务所进行的维护、修理以及维修救援等相关经营活动。

19.机动车维修经营者应当依法经营,诚实信用,公平竞争,优质服务,落实安全生产主体责任和维修质量主体责任。

20.任何单位和个人不得封锁或者垄断机动车维修市场。除汽车生产厂家履行缺陷汽车产品召回、汽车质量"三包"责任外,任何单位和个人不得强制或者变相强制指定维修经营者。

21. 交通运输部主管全国机动车维修管理工作。县级以上地方人民政府交通运输主管部门负责组织领导本行政区域的机动车维修管理工作。县级以上道路运输管理机构负责具体实施本行政区域内的机动车维修管理工作。

22. 从事机动车维修经营业务的,应该在依法向市场监督管理机构办理有关登记手续后,向所在地县级道路运输管理机构进行备案,道路运输管理机构不得向机动车维修经营者收取备案相关费用。

23. 机动车维修经营业务根据维修对象分为汽车维修经营业务、危险货物运输车辆维修经营业务、摩托车维修经营业务和其他机动车维修经营业务四类。

24. 汽车维修经营业务、其他机动车维修经营业务根据经营项目和服务能力分为一类维修经营业务、二类维修经营业务和三类维修经营业务。

25. 获得一类、二类汽车维修经营业务或者其他机动车维修经营业务许可的,可以从事相应车型的整车修理、总成修理、整车维护、小修、维修救援、专项修理和维修竣工检验工作。

26. 获得三类汽车维修经营业务(含汽车综合小修)、三类其他机动车维修经营业务许可的,可以分别从事汽车综合小修或者发动机维修、车身维修、电气系统维修、自动变速器维修、轮胎动平衡及修补、四轮定位检测调整、汽车润滑与养护、喷油泵和喷油器维修、曲轴修磨、汽缸镗磨、散热器维修、空调维修、汽车美容装潢、汽车玻璃安装及修复等汽车专项维修工作。

27. 危险货物运输车辆维修经营业务,除可以从事危险货物运输车辆维修经营业务外,还可以从事一类汽车维修经营业务。

28. 申请从事汽车维修经营业务或者其他机动车维修经营业务的,应当符合下列条件:

(1)有与其经营业务相适应的维修车辆停车场和生产厂房。

(2)有与其经营业务相适应的设备、设施。

(3)有必要的技术人员。

(4)有健全的维修管理制度。

(5)有必要的环境保护措施。

29. 租用场地从事汽车维修经营业务或者其他机动车维修经营业务的,租用的场地应当有书面的租赁合同,且租赁期限不得少于1年。

30. 从事一类和二类汽车维修业务的应当各配备至少1名技术负责人、质量检验人员、业务接待人员以及从事机修、电器、钣金、喷漆的维修技术人员。

31. 从事危险货物运输车辆维修的汽车维修经营者,除具备汽车维修经营一类维修经营业务的开业条件外,还应当具备下列条件:

(1)有与其作业内容相适应的专用维修车间和设备、设施,并设置明显的指示性标志。

(2)有完善的突发事件应急预案。

(3)有相应的安全管理人员。

(4)有齐全的安全操作规程。

32. 危险货物运输车辆维修，是指对运输易燃、易爆、腐蚀、放射性、剧毒等性质货物的机动车维修，不包含对危险货物运输车辆罐体的维修。

33. 从事机动车维修连锁经营服务的，其机动车维修连锁经营企业总部应先完成备案。

34. 对于备案材料不全或者不符合备案要求的，道路运输管理机构应当场或者自收到备案材料之日起5个工作日内一次性书面通知备案人需要补充的全部内容。

35. 机动车维修经营者名称、法定代表人、经营范围、经营地址等备案事项发生变化的，应当及时向备案机构办理备案变更。需要终止经营的，应当在终止经营前30日告知原备案机构。

36. 机动车维修经营者应当按照备案的经营范围开展维修服务。

37. 机动车维修经营者应当将《机动车维修标志牌》悬挂在经营场所的醒目位置。《机动车维修标志牌》由机动车维修经营者按照统一式样和要求自行制作。

38. 机动车维修经营者不得擅自改装机动车，不得承修已报废的机动车，不得利用配件拼装机动车。托修方要改维修结算清单中，工时费与材料费应当分项计算变机动车车身颜色，更换发动机、车身和车架的，应当按照有关法律、法规的规定办理相关手续，机动车维修经营者在查看相关手续后方可承修。

39. 机动车维修经营者应当公布机动车维修工时定额和收费标准，合理收取费用。

40. 机动车维修工时定额可按各省机动车维修协会等行业中介组织统一制定的标准执行，也可按机动车维修经营者报所在地道路运输管理机构备案后的标准执行，也可按机动车生产厂家公布的标准执行。当上述标准不一致时，优先适用机动车维修经营者备案的标准。

41. 机动车生产、进口企业应当在新车型投放市场后6个月内，向社会公布其生产、进口机动车车型的维修技术信息和工时定额。

42. 机动车维修经营者应当使用规定的结算票据，并向托修方交付维修结算清单，作为托修方追责依据。

43. 机动车维修经营者不出具规定的结算票据和结算清单的，托修方有权拒绝支付费用。

44. 机动车维修经营者应当按照国家、行业或者地方的维修标准规范和机动车生产、进口企业公开的维修技术信息进行维修。尚无标准或规范的，可参照机动车生产企业提供的维修手册、使用说明书和有关技术资料进行维修。

45. 机动车维修经营者不得通过临时更换机动车污染控制装置、破坏机动车车载排放诊断系统等维修作业，使机动车通过排放检验。

46. 机动车维修配件实行追溯制度。机动车维修经营者应当记录配件采购、使用信息，查验产品合格证等相关证明，并按规定留存配件来源凭证。

47. 同质配件是指，产品质量等同或者高于装车零部件标准要求，且有良好装车性能的配件。机动车维修经营者对于换下的配件、总成，应当交托修方自行处理。

48. 机动车维修经营者应当将原厂配件、同质配件和修复配件分别标识，明码标价，供用户选择。

49. 机动车维修竣工质量检验合格的，维修质量检验人员应当签发《机动车维修竣工出厂合格证》;未签发《机动车维修竣工出厂合格证》的机动车,不得交付使用,车主可以拒绝交费或接车。

50. 机动车维修经营者应当建立机动车维修档案,并实行档案电子化管理,机动车托修方有权查阅机动车维修档案。

51. 机动车维修实行竣工出厂质量保证期制度:汽车和危险货物运输车辆整车修理或总成修理质量保证期为车辆行驶 20000km 或者 100 日;二级维护质量保证期为车辆行驶 5000km 或者 30 日;一级维护、小修及专项修理质量保证期为车辆行驶 2000km 或者 10 日。

52. 机动车维修质量保证期中行驶里程和日期指标,以先达到者为准。

53. 机动车维修质量保证期,从维修竣工出厂之日起计算。

54. 在质量保证期和承诺的质量保证期内,因维修质量原因造成机动车无法正常使用,且承修方在 3 日内不能或者无法提供因非维修原因而造成机动车无法使用的相关证据的,机动车维修经营者应当及时无偿返修,不得故意拖延或者无理拒绝。

55. 机动车维修质量纠纷双方当事人均有保护当事车辆原始状态的义务。必要时可拆检车辆有关部位,但双方当事人应同时在场,共同认可拆检情况。

56. 对机动车维修质量的责任认定需要进行技术分析和鉴定,且承修方和托修方共同要求道路运输管理机构出面协调的,道路运输管理机构应当组织专家组或委托具有法定检测资格的检测机构做出技术分析和鉴定。鉴定费用由责任方承担。

57. 对机动车维修经营者实行质量信誉考核制度,考核内容应当包括经营者基本情况、经营业绩(含奖励情况)、不良记录等。

58. 建立机动车维修企业信用档案,除涉及国家秘密、商业秘密外,应当依法公开,供公众查阅。机动车维修质量信誉考核结果、汽车维修电子健康档案系统维修电子数据记录上传情况及车主评价、投诉和处理情况是机动车维修信用档案的重要组成部分。

59. 建立机动车维修经营者和从业人员黑名单制度,县级道路运输管理机构负责认定机动车维修经营者和从业人员黑名单。

60. 道路运输管理机构的执法人员在机动车维修经营场所实施监督检查时,应当有 2 名以上人员参加,并向当事人出示交通运输部监制的交通行政执法证件。

61. 违反《机动车维修管理规定》,从事机动车维修经营业务,未按规定进行备案的,由县级以上道路运输管理机构责令改正;拒不改正的,处 5000 元以上 2 万元以下的罚款。

62. 违反《机动车维修管理规定》,机动车维修经营者使用假冒伪劣配件维修机动车,承修已报废的机动车或者擅自改装机动车的。

(1)由县级以上道路运输管理机构责令改正。

(2)有违法所得的,没收违法所得,处违法所得 2 倍以上 10 倍以下的罚款。

(3)没有违法所得或者违法所得不足 1 万元的,处 2 万元以上 5 万元以下的罚款,没收假冒伪劣配件及报废车辆。

(4)情节严重的,由县级以上道路运输管理机构责令停业整顿。

(5)构成犯罪的,依法追究刑事责任。

63. 违反《机动车维修管理规定》,机动车维修经营者签发虚假机动车维修竣工出厂合格

证的:
(1)由县级以上道路运输管理机构责令改正。
(2)有违法所得的,没收违法所得,处以违法所得2倍以上10倍以下的罚款。
(3)没有违法所得或者违法所得不足3000元的,处以5000元以上2万元以下的罚款。
(4)情节严重的,由县级以上道路运输管理机构责令停业整顿。
(5)构成犯罪的,依法追究刑事责任。

64.《中华人民共和国大气污染防治法》规定机动车船向大气排放污染物不得超过规定的排放标准,禁止生产、进口或者销售大气污染物排放超过标准的机动车船、非道路移动机械。

65.省、自治区、直辖市人民政府可以在条件具备的地区,提前执行国家机动车大气污染物排放标准中相应阶段排放限值,并报国务院生态环境主管部门备案。

66.在用机动车应当按照国家或者地方的有关规定,由机动车排放检验机构定期对其进行排放检验。经检验合格的,方可上道路行驶;未经检验合格的,公安机关交通管理部门不得核发安全技术检验合格标志。

67.机动车排放检验机构应当依法通过计量认证,使用经依法检定合格的机动车排放检验设备,按照国务院生态环境主管部门制定的规范,对机动车进行排放检验,并与生态环境主管部门联网,实现检验数据实时共享。

68.机动车排放检验机构及其负责人对检验数据的真实性和准确性负责。

69.生产、进口企业获知机动车、非道路移动机械排放大气污染物超过标准,属于设计、生产缺陷或者不符合规定的环境保护耐久性要求的,应当召回;未召回的,由国务院市场监督管理部门会同国务院生态环境主管部门责令其召回。

70.在用重型柴油车、非道路移动机械未安装污染控制装置或者污染控制装置不符合要求,不能达标排放的,应当加装或者更换符合要求的污染控制装置。

71.在用机动车排放大气污染物超过标准的,应当进行维修;经维修或者采用污染控制技术后,大气污染物排放仍不符合国家在用机动车排放标准的,应当强制报废。

72.报废机动车所有人应当将机动车交售给报废机动车回收拆解企业,由回收拆解企业按照国家有关规定进行登记、拆解、销毁等处理。

73.国家鼓励和支持高排放机动车船、非道路移动机械提前报废。

74.所谓合同是指平等主体的自然人、法人、其他组织之间设立、变更、终止民事权利义务关系的协议;不是所有的民事协议都可以用《中华人民共和国合同法》调整,例如民事协议中婚姻、收养、监护等有关身份关系的协议不予调整。

75.《中华人民共和国合同法》的立法原则包括:平等原则、自愿原则、公平原则、诚实信用原则、合法原则、公序良俗原则和法律保护原则。

76.平等原则:平等是合同自愿原则的前提和基础,平等的体现就是要求一方不得将自己的意志强加给另一方。

77.自愿原则:即合同自由,合同自由是平等原则的体现,是《中华人民共和国合同法》的核心原则。

78.合同订立的条件包括:合同主体合格、合同形式合法、合同条款齐全、合同订立的程序合法。

79. 合同订立的程序包括要约和承诺。要约是希望和他人订立合同的意思表示；承诺是受要约人同意要约的意思表示，承诺生效时合同成立。

80. 合同效力即合同是否有效性，这里涉及合同的成立、合同的生效等名词，合同的成立不等于合同的生效，合同成立是合同生效的前提。

81. 合同履行的原则有：全面履行原则、诚实信用原则和补救原则。

82. 违约承担责任的方式包括继续履行、采取补救措施或者赔偿损失；也可以相互约定违约金、定金等方式。前三者是法定的，后两者是约定的。

83. 赔偿损失和违约金的关系：约定的违约金低于造成的损失的，当事人可以请求人民法院或者仲裁机构予以增加；约定的违约金高于造成的损失的，当事人可以请求人民法院或者仲裁机构予以适当减少。

84. 债务人履行债务后，定金应当抵作价款或者收回。给付定金的一方不履行约定的债务的，无权要求返还定金；收受定金的一方不履行约定的债务的，应当双倍返还定金。

85. 承揽合同是承揽人按照定作人的要求完成工作，交付工作成果，定作人给付报酬的合同。机动车维修检测合同是承揽合同的一种。

86. 技术合同是当事人就技术开发、转让、咨询或者服务订立的确立相互之间权利和义务的合同。

87. 租赁合同是转移租赁物使用收益权的合同。租赁合同终止时，承租人须返还租赁物，这是租赁合同区别于买卖合同的根本特征。

88. 委托合同是指受托人为委托人办理委托事务，委托人支付约定报酬或不支付报酬的合同。委托合同是典型的劳务合同。

89. 劳动者是指年满16周岁并具有劳动能力的自然人，禁止用人单位招用未满16周岁的未成年人。

90. 劳动合同是劳动者与用人单位确立劳动关系、明确双方权利和义务的协议。

91. 劳动合同可以约定试用期，试用期最长不得超过6个月。

92. 劳动合同的无效，由劳动争议仲裁委员会或者人民法院确认。

93. 《中华人民共和国安全生产法》的适用范围是：在中华人民共和国领域内从事生产经营活动的单位（简称生产经营单位）的生产活动。

94. 安全生产工作应当以人为本，坚持安全发展，坚持安全第一、预防为主、综合治理的方针，强化和落实生产经营单位的主体，建立生产经营单位负责、职工参与政府监管、行业自律和社会监督的机制。

95. 《中华人民共和国安全生产法》的执行主体主要包括国务院和县级以上地方各级人民政府（制定安全生产规划，并组织实施）、各级安全生产监督管理部门（综合监督管理）、其他有关部门和协会组织。

96. 生产经营单位应当具备本法和有关法律、行政法规和国家标准或者行业标准规定的安全生产条件；不具备安全生产条件的，不得从事生产经营活动。

97. 一般生产经营单位，从业人员超过300人的，应当设置安全生产管理机构或者配备专职安全生产管理人员；从业人员在300人以下的，应当配备专职或者兼职的安全生产管理人员,或者委托具有国家规定的相关专业技术资格的工程技术人员提供安全生产管理服务。

98. 特种作业人员必须按照国家有关规定经专门的安全作业培训,取得特种作业操作资格证书,方可上岗作业。

99. 生产经营单位必须为从业人员提供符合国家标准或者行业标准的劳动防护用品,并监督、教育从业人员按照使用规则佩戴、使用。

100. 生产经营单位必须依法参加工伤社会保险,为从业人员缴纳保险费。

101. 安全生产管理人员应当根据本单位的生产经营特点,对安全生产状况进行经常性检查;对检查中发现的安全问题,应当立即处理;不能处理的,应当及时报告本单位有关负责人。

102. 从业人员有知情权和建议权。从业人员有权了解其作业场所和工作岗位存在的危险因素、防范措施及事故应急措施,有权对本单位的安全生产工作提出建议。

103. 从业人员有停止作业权和撤离权;从业人员发现直接危及人身安全的紧急情况时,有权停止作业或者在采取可能的应急措施后撤离作业场所。生产经营单位不得因从业人员在前款紧急情况下停止作业或者采取紧急撤离措施而降低其工资、福利等待遇或者解除与其订立的劳动合同。

104. 从业人员有享有工伤社会保险权和民事赔偿权。因生产安全事故受到损害的从业人员,除依法享有工伤社会保险外,依照有关民事法律尚有获得赔偿的权利的,有权向本单位提出赔偿要求。

105. 工会的权利包括"三同时"的监督权、要求纠正权、建议权、组织撤离权和事故调查参加权。

106. 中华人民共和国境内生产、销售的家用汽车产品的三包,适用《家用汽车产品修理、更换、退货责任规定》,三包责任由销售者依法承担。

107. 修理者应当建立并执行修理记录存档制度。书面修理记录应当一式两份,一份存档,一份提供给消费者。

108. 修理者用于家用汽车产品修理的零部件应当是生产者提供或者认可的合格零部件,且其质量不低于家用汽车产品生产装配线上的产品。

109. 三包有效期限不低于 2 年或者行驶里程 50000km,以先到者为准。

110. 包修期限不低于 3 年或者行驶里程 60000km,以先到者为准。

111. 包修期和三包有效期自销售者开具购车发票之日起计算。在包修期内,出现产品质量问题,消费者凭三包凭证由修理者免费修理(包括工时费和材料费)。

112. 自销售者开具购车发票之日起 60 日内或者行驶里程 3000km 之内(以先到者为准),家用汽车出现产品质量问题的,销售者应当负责免费更换或退货。

113. 修理时间超过 35 日或次数超过 5 次(消费者需支付使用补偿金):在三包有效期内,因产品质量问题修理时间累计超过 35 日的,或者因同一产品质量问题累计修理超过 5 次的,消费者可以凭三包凭证、购车发票,由销售者负责更换。

114. 三包有效期内,符合条件的,销售者应当自消费者要求退货之日起 15 个工作日内向消费者出具退车证明,并负责为消费者按发票价格一次性退清货款。

115. 消费者遗失三包凭证的,销售者、生产者应当在接到消费者申请后 10 个工作日内予以补办。

116. 家用汽车在包修期和三包有效期内发生所有权转移的,三包凭证应当随车转移,三包责任不因汽车所有权转移而改变。

117. 三包责任的免除,有下列情形之一的,可以免除三包责任:
(1) 易损耗零部件超出生产者明示的质量保证期出现产品质量问题的。
(2) 消费者所购家用汽车产品已被书面告知存在瑕疵的。
(3) 家用汽车产品用于出租或者其他营运目的的。
(4) 使用说明书中明示不得改装、调整、拆卸,但消费者自行改装、调整、拆卸而造成损坏的。
(5) 发生产品质量问题,消费者自行处置不当而造成损坏的。
(6) 因消费者未按照使用说明书要求正确使用、维护、修理产品,而造成损坏的。
(7) 因不可抗力造成损坏的。
(8) 无有效发票和三包凭证的。

118. 根据《道路运输从业人员管理规定》中第二条规定,道路运输从业人员是指经营性道路客货运输驾驶员、道路危险货物运输从业人员、机动车维修技术人员、机动车驾驶培训教练员、道路运输经理人和其他道路运输从业人员。

119. 县级以上地方人民政府交通运输主管部门负责组织领导本行政区域内的道路运输从业人员管理工作,并具体负责本行政区域内道路危险货物运输从业人员的管理工作。

120. 道路运输从业人员从业资格证件有效期为6年。道路运输从业人员应当在从业资格证件有效期届满30日前到原发证机关办理换证手续。

121. 机动车维修技术负责人员应具有机动车维修或者相关专业大专以上学历,或者具有机动车维修或相关专业中级以上专业技术职称;熟悉机动车维修业务,掌握机动车维修及相关政策法规和技术规范。

122. 机动车维修质量检验人员应具有高中以上学历;熟悉机动车维修检测作业规范,掌握机动车维修故障诊断和质量检验的相关技术,熟悉机动车维修服务收费标准及相关政策法规和技术规范。

123. 从事机修、电器、钣金、涂漆、车辆技术评估(含检测)作业的技术人员应具有初中以上学历;熟悉所从事工种的维修技术和操作规范,并了解机动车维修及相关政策法规。

124. 《关于促进汽车维修业转型升级提升服务质量的指导意见》包括公平竞争、自主消费、依法监管、协同发展和部门共治5项基本原则。

125. 《关于促进汽车维修业转型升级提升服务质量的指导意见》的总体目标是:推动汽车维修业基本完成从规模扩张型向质量效益型的转变,对汽车后市场发展引领和带动作用更加显著;基本完成从服务粗放型向服务品质型的转变,为人民群众提供更满意的汽车维修和汽车消费服务。

126. 《关于促进汽车维修业转型升级提升服务质量的指导意见》的主要内容包括鼓励连锁经营、规模化发展、专业化维修、品牌化发展,推广绿色维修作业,加强行业诚信建设,强化维修标准化、规范化作业等22项内容。

第二节 标准规范

1. 标准是对重复性事物和概念所做的统一规定,它是以科学技术和实践的综合成果为基础,经主管机关依法批准,并以特定方式发布的共同遵守的准则和依据。

2. 标准是发展社会主义商品经济、促进技术进步、改进产品质量、提高社会经济效益、维护国家和人民利益的必要手段。

3. 标准化是一个国家制定、发布和实施的标准,以及对标准的实施进行监督的制度总和。

4. 《中华人民共和国标准化法》将中国标准分为国家标准、行业标准、地方标准、企业标准四级。

5. 标准分为强制性标准、推荐性标准。比如:强制性国家标准 GB;推荐性国家标准 GB/T("T"是推荐的意思);推荐性交通行业标准 JT/T 等。强制性标准必须执行,推荐性标准鼓励企业自愿采用。

6. 一般来说,国家标准是该行业的最低技术指标,而行业标准的技术指标应比国家标准高。

7. 已有国家标准或者行业标准的,国家鼓励企业制定严于国家标准或者行业标准的企业标准在企业内部执行。

8. 县级以上政府标准化行政主管部门负责对标准的实施进行监督检查。

9. 生产、销售、进口不符合强制性标准的产品的,由法律、行政法规规定的行政主管部门依法处理,法律、行政法规未作规定的,由工商行政管理部门没收产品和违法所得,并处罚款;造成严重后果构成犯罪的,对直接责任人员依法追究刑事责任。

10. 《汽车维修业开业条件第 1 部分:汽车整车维修企业》(GB/T 16739.1—2014)适用于汽车整车维修企业(一类、二类),是道路运输管理机构对汽车整车维修企业实施行政许可和管理的依据。规定了汽车整车维修企业应具备的人员、组织管理、安全生产、环境保护、设施和设备等条件。

11. 人员条件是指汽车整车维修业企业管理负责人、技术负责人及关键岗位需要具备的资格、应知应会的知识。

12. 维修质量检验员数量应与其经营规模相适应,至少应配备 2 名维修质量检验员。

13. 组织管理条件是指汽车整车维修业企业经营管理和质量管理应具备的条件。

14. 安全生产条件是指汽车整车维修业应当具备的安全管理制度和安全保护措施条件。

15. 环境保护条件是指汽车整车维修业应当具备的执行环境保护能力的要求。

16. 设施条件是指汽车整车维修业应当具备的停车场、生产厂房及办公条件。

17. 生产厂房:生产厂房地面应平整坚实,面积应能满足所列维修设备的工位布置、生产工艺和正常作业,一类企业的面积不少于 $800m^2$,二类企业的面积不少于 $200m^2$;生产厂房内应设有总成维修间,一类企业总成维修间面积不小于30m²,二类企业总成维修间面积不小于20m²;租赁的生产厂房应具有合法的书面合同书,租赁期限不得小于1年。

18. 企业应配备符合要求的仪表工具、专用设备、检测设备和通用设备,其规格和数量应与其生产规模和生产工艺相适应。

19. 允许外协的设备,应具有合法的合同书,并能证明其技术状况符合要求。

20. 《汽车维修业开业条件第2部分:汽车综合小修及专项维修业户》(GB/T 16739.2—2014)适用于汽车综合小修及专项维修业户(三类),是道路运输管理机构实施行政许可和管理的依据。规定了汽车综合小修及专项维修业户应具备的通用条件,及其经营范围、人员、设施、设备等专项条件。

21. 通用条件是指从事汽车发动机维修、车身维修、电气系统维修、自动变速器维修、轮胎动平衡及修补、四轮定位检测调整、汽车润滑与养护、喷油泵和喷油器维修、曲轴修磨、汽缸镗磨、散热器维修、空调维修、汽车美容装潢、汽车玻璃安装及修复等专项维修作业的业户(三类)都必须具备的条件。

22. 组织管理条件:应具有健全的经营管理体系,设置技术负责、业务受理、质量检验、文件资料管理、材料管理、仪器设备管理、价格结算等岗位并落实责任人;应具有汽车维修质量承诺、进出厂登记、检验记录及技术档案管理、标准和计量管理、设备管理及维护、人员技术培训等制度并严格实施。

23. 从事综合小修或专项维修关键岗位的从业人员数量应能满足生产的需要,从业人员资格条件应符合规定,并取得行业主管及相关部门颁发的从业资格证书,持证上岗。

24. 停车场面积应不小于30m²。停车场地界定标志明显,不得占用道路和公共场所进行作业和停车,地面应平整坚实。

25. 生产厂房的面积、结构及设施应满足综合小修或专项维修作业设备的工位布置、生产工艺和正常作业要求。

26. 租赁的生产厂房、停车场地应具有合法的书面合同书,并应符合安全生产、消防等各项要求。租赁期限不得少于1年。

27. 使用与存储有毒、易燃、易爆物品和粉尘、腐蚀剂、污染物、压力容器等均应具备相应的安全防护措施和设施。

28. 作业环境以及按生产工艺配置的处理"四废"及采光、通风、吸尘、净化、消声等设施,均应符合环境保护的有关规定。

29. 专项维修条件是指根据不同的经营范围在人员、设施、设备方面各自必须具备的条件。

30. 汽车综合小修业户应有维修企业负责人、维修技术负责人、维修质量检验员、维修业务员、维修价格结算员、机修人员和电器维修人员;维修质量检验员应不少于1名;主修人员应不少于2名。

31. 汽车综合小修业户设施条件:应设有接待室,其面积应不小于10m²,整洁明亮,并有供客户休息的设施;生产厂房面积应不小于100m²。

32. 发动机修理业户的人员条件:检验人员应不少于2名;发动机主修人员应不少于2名。

33. 发动机修理业户的设施条件:应设有接待室,其面积应不少于 $20m^2$,接待室应整洁明亮,明示各类证、照、作业项目及计费、工时定额等,并应有客户休息的设施;停车场面积应不少于 $30m^2$;生产厂房应不少于 $200m^2$。

34. 车身维修业户的人员条件:企业管理负责人、技术负责人及检验人员应符合要求;检验人员应不少于 1 名;车身主修及维修涂漆人员均不少于 2 名。

35. 电气系统维修业户的人员条件:企业管理负责人、技术负责人及检验人员应符合要求;检验人员应不少于 1 名;电子电器主修人员应不少于 2 名。

36. 电气系统维修业户的设施条件:应设有接待室,其面积应不少于 $20m^2$,接待室应整洁明亮并应有客户休息的设施;生产厂房应不少于 $120m^2$。

37. 自动变速器修理业户的人员条件:企业管理负责人、技术负责人及检验人员应符合要求;检验人员应不少于 1 名;自动变速器专业主修人员应不少于 2 名。

38. 自动变速器修理业户的设施条件:应设有接待室,其面积应不少于 $20m^2$。接待室应整洁明亮并应有客户休息的设施;生产厂房应不少于 $200m^2$。

39. 轮胎动平衡及修补业户的条件要求至少有 1 名经过专业培训的轮胎维修人员,生产厂房面积不少于 $15m^2$。

40. 汽车润滑与养护业户的条件要求至少有 1 名经过专业培训的汽车维修人员,生产厂房面积不少于 $40m^2$。

41. 空调维修业户的条件要求至少有 1 名经过专业培训的汽车空调维修人员,生产厂房面积不少于 $40m^2$。

42. 《汽车综合性能检验机构能力的通用要求》(GB/T 17993—2017)适用于汽车综合性能检验机构的建设、运行管理、能力认定和监督管理。规定了汽车综合性能检验机构的服务功能、管理、技术能力以及场地和设施的要求。

43. 汽车综合性能检验机构开展汽车综合性能检验工作应具备的服务项目包括 4 项:

(1)依法对道路运输车辆的技术状况进行检验和评定。

(2)依法对车辆维修竣工质量进行检验。

(3)对车辆改装、改造、技术评估以及相关新技术、科研鉴定等项目进行检验。

(4)接受交通、公安、环保、商检、质检、保险和司法等部门和机构的委托,对车辆进行规定项目的检验与核查。

44. 综检机构应建立记录、报告控制文件,包括质量记录、技术记录、结果报告等,检验记录、报告的保存期限不少于 2 年,其他记录的保存期限为 6 年。

45. 综检机构应定期对检验工作进行内部审核联合管理评审,内部审核每年 1 次,管理评审 12 个月 1 次。

46. 综检机构应设机构负责人、技术负责人、质量负责人、授权签字人、网络管理员、检验员、档案管理员,以及引车员、外观检查员、底盘检查员、尾气检查员、登录员等检验人员(技术负责人与质量负责人不应兼任)。

47. 检验员数量应满足:1 条检测线不少于 8 人,每增加 1 条检测线,增加人员数不少于 4 人。

48. 对综检机构技术负责人的要求,包括四个方面:

(1)应具有理工科类专业大专(含)以上学历和中级(含)以上工程技术职称或职业水平(含技师)或同等能力。

(2)掌握汽车理论和汽车构造知识,有3年以上的汽车维修或检测工作经历。

(3)熟悉国家、行业、地方有关汽车维修检测方面的政策、法规、规定及相关标准。

(4)掌握检测设备的性能,具有使用检测设备计量校定、校准知识以及分析测量误差的能力。

49.对综检机构质量负责人的要求,包括两个方面:

(1)应具有大专(含)以上学历和中级(含)以上工程技术职称或职业水平(含技师)或同等能力。

(2)掌握汽车理论和汽车构造知识,有3年以上的汽车维修或检测工作经历。

(3)熟悉国家、行业、地方有关汽车维修检测方面的政策、法规、规定及相关标准。

(4)掌握质量管理体系和检验检测机构资质认定的要求。

50.对检验员的基本要求:

(1)应具有高中(含技校)以上学历,了解汽车构造和原理。

(2)了解所在工位检测仪器、设备的构造、原理、性能和使用方法。

(3)掌握检测标准,熟练掌握检测操作规程,能进行数据处理工作。

(4)熟悉汽车综合性能检测工艺流程,具有计算机操作的基本知识。

51.引车员还应持有与承检车型相适应的有效机动车驾驶证,具有3年以上的驾驶经历。

52.外观检验员、底盘检验员和尾气检验员还应具备汽车维修或检测工作1年以上经历,熟练掌握检测标准所规定的检验项目及方法,并具备正确评判的能力。

53.综检机构检测线内设备的承载质量和检测范围应与承载车辆相适应:

(1)总质量大于3.5t的车辆,制动性能和动力性能的检验应分别采用10t级(或13t级)的滚筒反力式制动检验台和10t级(或13t级)底盘测功机,其他工位的相应设备应采用10t级(或以上)。

(2)总质量小于3.5t的车辆,动力性能的检验应采用3t级(或10t级)的底盘测功机,其他工位的相应设备应采用3t级(或以上)。

54.综检机构应合理规划和设置检测间(含外检)、检测线、检测工位、停车场、试车道路和业务厅等设施,配备消防设施和设备。

55.检测线应布置在检测车间内,并符合检验流程合理分布,出入口应设引车道和必要的交通标志和安全防护装置等。

56.检测车间路面承载能力应适应承检车型的轴荷要求,行车路面的纵向、横向坡度应不大于1.0%,平整度应不大于2.0‰,在汽车制动检验台前后相应距离内,地面附着系数应不低于0.7。

57.停车场面应与检测业务量相适应,不得与试车道路和行车道路等设施共用。

58.试车道路的承载能力应适应承检车型的轴荷要求,试车道路应铺设平坦、硬实的混凝土或沥青路面并设有规范的交通标志标线,路面附着系数不小于0.7,宽度不小于6m,小型车的试验车道的长度不小于80m,大型车的试验车道的长度不小于100m。

59. 《汽车维护、检测、诊断技术规范》(GB/T 18344—2016)规定了汽车日常维护、一级维护、二级维护的周期、作业内容和技术规范。本标准适用于所有在用汽车。

60. 日常维护以清洁、补给和安全检视为作业中心内容,由驾驶员负责执行的车辆维护作业。

61. 日常维护的周期:出车前,行车中,收车后。

62. 一级维护除日常维护作业外,以清洁、润滑、紧固为作业中心内容,并检查有关制动、操纵等安全部件,由维修企业负责执行的车辆维护作业。

63. 一级维护周期:汽车一级维护周期的确定应以汽车行驶里程间隔为基本依据。小型车和轻型货车一般为10000km或30日,中型客车和轻型货车以上为15000km或30日。

64. 二级维护的基本要求和实施主体:二级维护作业项目包括基本作业项目和附加作业项目,二级维护作业时一并进行,由维修企业负责执行的车辆维护作业。

65. 汽车二级维护周期的确定以汽车行驶里程间隔为基本依据。小型车和轻型货车一般为40000km或120日,中型客车和轻型货车以上为50000km或120日。

66. 二级维护作业流程:汽车二级维护首先要进行进厂检测,按规定的检测项目和驾驶员反映的车辆使用技术状况确定所需检测项目,依据检测结果及车辆实际技术状况进行故障诊断,从而确定附加作业。

67. 二级维护过程检验:二级维护过程中,要始终贯穿过程检验,并作检验记录。

68. 二级维护竣工检验:汽车在维修企业进行二级维护后,必须进行竣工检验;各项目参数符合国家标准或行业标准及地方标准;竣工检验合格的车辆填写《维护竣工出厂合格证》后方可出厂。

69. 汽车维护质量保证期,自维护竣工出厂之日起计算,一级维护质量保证期为车辆行驶不少于2000km或者10日,二级维护质量保证期为车辆行驶不少于5000km或者30日,以先达到者为准。

70. 《汽车制动系统修理竣工技术条件》(GB/T 18274—2017)规定了汽车盘式制动器、鼓式制动器、气压制动传动装置、液压制动传动装置和驻车制动装置修理竣工的技术要求及检验规则。

71. 空气压缩机气缸体的形位公差、各部位的配合、间隙都应符合原厂技术规定。

72. 修理后的空气压缩机应按磨合规范进行磨合,磨合后应按原产品规定的技术要求进行检查。当压力为700kPa时,空气压缩机停止运转后,在3min内储气筒的压力下降不应超10kPa。

73. 整车制动系统密封性的技术要求:当气压升至600kPa,且不使用制动的情况下,停止空气压缩机3min后,其气压降低应不大于10kPa。在气压为600kPa的情况下,将制动踏板踩到底,待气压稳定后观察3min,单车气压降低值不得超过20kPa;列车气压降低值不得超过30kPa。

74. 主缸、轮缸总成密封性能要求:当制动液加至储液室最高位置时,在制动过程中主缸总成不得发生渗油、溅油和溢油等现象。在制动回路中建立起最高工作压力,稳定后30s各制动腔压力降不大于0.3MPa。

75. 主缸、轮缸总成耐压性能要求:经过15s±5s在制动腔内建立起最高工作压力的

130%,保持推杆位置不变,各部位无任何泄漏及异常现象。

76. 真空增压器的真空密封性要求:真空增压器真空度达到66.7kPa后,切断真空源,15s内真空度的下降量不得大于3.3kPa;当主缸输出压力为9000kPa时,切断真空源,15s内真空室真空度从66.7kPa处的下降量不应大于3.3kPa。

77. 真空增压器的液压密封性要求:使增压缸压力值达到9000kPa,踏下制动踏板后,在15s内压力值下降量应不大于10%,总成各部位不得有渗漏油现象。

78. 真空助力器的真空密封性要求:非制动状态下按规定的试验方法,15s内真空度下降值不得超过3.3kPa;制动状态下按规定的试验方法,15s内真空度下降值不得超过3.3kPa。

79. 添加制动液应符合原车要求的品牌,制动液应清洁,防止混入杂质和水分。

80. 制动系统修理竣工出厂的质量保证其与整车质量保证期相同。

81. 《汽车大修竣工出厂技术条件》(GB/T 3798.1—2005、GB/T 3798.2—2005)包含载客汽车和载货汽车两部分,要求大修竣工出厂的整车外观应整洁、完好、周正,附属设施及装备应齐全、有效。

82. 大修竣工出厂的汽车主要结构参数应符合原设计规定,由修理改变的整备质量,不得超过新车出厂额定值的3%。

83. 左右轴距差不得大于原设计轴距的1/1000。

84. 影响汽车行驶安全的转向系统、制动系统和行驶系统的关键零部件,不得使用修复件。

85. 最大设计车速不小于100km/h的汽车,车轮应进行动平衡试验,其动不平衡质量应不大于10g。

86. 大修竣工出厂的载客汽车车身、保险杠及翼子板左右对称,各对称部位离地面高度差不大于10mm。

87. 大修竣工出厂的载货汽车驾驶室、货箱、保险杠及翼子板左右对称,各对称部位离地面高度差:货箱不大于20mm,其他不大于10mm。

88. 汽车大修走合期满后,每百公里燃料消耗量不得大于该车型原设计规定的相应车速等速百公里燃料消耗量的105%。

89. 大修竣工出厂的汽车经检验合格,应签发"汽车大修出厂合格证"及有关技术文件。

90. 承修单位对大修竣工的汽车应给予质量保证,质量保证期自出厂之日起,不少于半年或行驶里程不少20000km(以先到者为准)。

91. 《商用汽车发动机大修竣工出厂技术条件》(GB/T 3799.1—2005、GB/T 3799.2—2005)包含两部分,分别规定了商用汽车汽油发动机和柴油发动机(均为往复活塞式)大修竣工出厂的技术要求、质量保证和包装要求。

92. 发动机运转状况及检查要求:发动机在各种工况下运转应稳定,不得有过热现象;不应有异常响声;突然改变工况时,应过渡圆滑,不得有突爆、回火、放炮等异常现象。

93. 商用汽车发动机大修竣工起动性能要求:发动机在正常环境温度和低温255K(-18℃)时,都能顺利起动,允许起动3次。

94. 在标准状态下,发动机额定功率和最大转矩不得低于原设计标定值的90%。

95. 承修单位对大修竣工出厂的发动机应给予质量保证,质量保证期自竣工之日起,不少于半年或行驶里程为20000km(以先到者为准)。

96.《大客车车身修理技术条件》(GB/T 5336—2005)竣工检验要求主要包括：

(1)车身外观整洁,装备齐全,表面无污垢、漏漆及机械损伤。

(2)外形尺寸符合原设计规定。

(3)整备质量及各轴负荷分配的最大值所增加的质量不得超过原设计质量的3%。

(4)各操纵机构的安装应符合原设计规定,各部连接牢固,密封良好,操纵灵活有效,无相互干扰碰撞现象。

(5)车厢不漏水,顶风窗开启到位,关闭严密,行车时不自行落下。

(6)车辆行驶时蒙皮不允许有抖动声。

(7)车窗玻璃清洁、完整、不松动,可开窗应启闭灵活,锁止可靠。

(8)电气设备及各种仪表运行工作正常。

(9)车厢应具有良好的防尘性能,当车外空气含尘量不低于200mg/m^{3}时,车内的空气最大含尘量不大于车外空气含尘量的25%。

(10)电车总绝缘要求:在确保乘客安全前提下,各地应根据具体情况自行规定,报上级主管部门批准执行。

97.《大客车车身修理技术条件》(GB/T 5336—2005)规定,在正常使用情况下,质量保证期自出厂之日起,不少于半年或行驶里程不少20000km(以先到者为准)。

98.《机动车运行安全技术条件》(GB 7258—2017)是我国机动车国家安全技术标准的重要组成部分,是进行注册登记检验和在用机动车检验、机动车查验等机动车运行安全管理及事故车检验最基本的技术标准,同时,也是我国机动车新车定型强制性检验、新车出厂检验及进口机动车检验的重要技术依据之一。

99.《机动车运行安全技术条件》(GB 7258—2017)适用于在我国道路上行驶的所有机动车(不包括有轨电车及非道路行驶的轮式专用机械车),规定了整车及主要总成、安全防护装置等有关运行安全的基本技术要求,以及消防车、救护车、工程救险车和警车及残疾人专用车的附加要求。

100.乘用车是指设计和制造上主要用于载运乘客及其随身行李和/或临时物品的汽车,包括驾驶员座位在内最多不超过9个座位。

101.低速汽车及拖拉机运输机组的比功率大于或等于4.0kW/t,除了无轨电车、纯电动汽车外的其他机动车的比功率大于或等于5.0kW/t。

102.机动车在车身前部外表面的易见部位上应至少装置一个能永久保持的商标或厂标。

103.汽车、摩托车、挂车应具有唯一的车辆识别代号,其内容符合GB 16735的规定,应至少有一个车辆识别代号打刻在车架(无车架的机动车为车上主要承载且不能拆卸的部件)能防止锈蚀、磨损的部位上。

104.根据《机动车运行安全技术条件》(GB 7258—2017)进行机动车漏油检查,应在机动车连续行驶距离不小于10km,停车5min后观察,无漏油现象。

105.汽车(三轮汽车除外)的转向盘必须设置于左侧,其他机动车的转向盘不允许设置于右侧;专用作业车按需要可设置左右两个转向盘。

106.最大设计车速大于或等于100km/h的机动车,其转向盘的最大自由转动量应小于或等于15°。

107.液压行车制动器在到达规定的制动效能时,制动踏板行程应小于或等于制动踏板全行程的3/4,制动器安装有自动调整间隙装置的机动车制动踏板行程应小于或等于踏板全行程的4/5,且乘用车应小于或等于120mm,其他机动车应小于或等于150mm。

108.汽车的制动协调时间,对液压制动的汽车应小于或等于0.35s,对气压制动的汽车应小于或等于0.60s。

109.发动机应动力性能良好,运转平稳,怠速稳定,机油压力和温度正常,发动机功率不小于铭牌(或产品使用说明书)标明的发动机功率的75%。

110.除转向信号灯、危险警告信号灯、紧急制动信号灯、校车标志灯,扫路车、洗扫车、吸尘车等专项作业车在作业状态下的指示灯具,以及消防车、救护车、工程救险车和警车安装使用的标志灯具外,其他外部灯具不应闪烁。

111.《汽油车污染物排放限值及测量方法(双怠速法及简易工况法)》(GB 18285—2018)适用于新生产汽车下线检验、注册登记检验和在用汽车检验,也适用于其他装用点燃式发动机的汽车。

112.《汽油车污染物排放限值及测量方法(双怠速法及简易工况法)》(GB 18285—2018)规定了汽油车双怠速法、稳态工况法、瞬态工况法和简易瞬态工况法排气污染物排放限值及测量方法。同时规定了汽油车外观检查、OBD检查、燃油蒸发排放控制系统检测的方法和判定依据。

113.《柴油车污染物排放限值及测量方法(自由加速法及加载减速法)》(GB 3847—2018)规定了柴油车自由加速法和加载减速法排气污染物排放限值及测量方法,以及柴油车外观检验、OBD检查的方法和判定依据。

114.《柴油车污染物排放限值及测量方法(自由加速法及加载减速法)》(GB 3847—2018)适用于新生产柴油汽车下线检验、注册登记检验和在用汽车检验。本标准也适用于其他装用压燃式发动机的汽车,但不适用于低速货车和三轮车。

115.《汽车发动机电子控制系统修理技术要求》(GB/T 19910—2005)适用于安装有汽车发动机电子控制系统的点燃式汽油发动机的车辆。

116.《机动车安全技术检验项目和方法》(GB 38900—2020)适用于机动车安全技术检验机构对机动车进行安全技术检验,也适用于出入境检验检疫机构对入境机动车进行安全技术检验,不适用于拖拉机运输机组等上道路行驶的拖拉机的安全技术检验。

117.注册登记安全检验是指对申请注册登记的机动车进行的安全技术检验。

118.在用机动车安全检验是指对已注册登记的机动车进行的安全技术检验。

119.机动车安全技术检验合格的,检验机构应出具《机动车安全技术检验报告》,报告一式三份(营运车辆一式四份)。一份交机动车所有人(或者由送检人转交机动车所有人),一份提交车辆管理所作为机动车安全技术检验合格证明,一份提交交通运输管理部门(营运车辆),一份留存检验机构。

120.车辆唯一性检查包括:对机动车号牌号码和分类、车辆品牌和型号、车辆识别代号(或整车出厂编号)、发动机号码/驱动电机号码、车身颜色和车辆外形等特征进行检查。

121.车辆特征参数检查包括对机动车的外廓尺寸、整备质量/空车质量、核定载人数等车辆主要特征和技术参数进行检查,确认与机动车国家安全技术标准、机动车产品公告、机动车出厂合格证、机动车行驶证等技术凭证资料的符合性。

122. 在用机动车安全检验时,应提供送检机动车有效的机动车交通事故责任强制保险凭证(挂车以及实现电子保单、保险信息联网核查的除外)和机动车行驶证。

123. 送检的纯电动汽车、插电式混合动力汽车、燃料电池汽车不应有与电驱动系统、高压绝缘、动力电池等有关的报警信号。

124. 对送检机动车状态为"被盗抢""注销""达到报废标准""事故逃逸""锁定"情形的,应报告当地公安机关交通管理部门处理。

125. 注册登记安全检验时,送检机动车的车辆外形(不包括车身颜色)应与机动车产品公告照片一致(对国产机动车)。

126. 在用机动车安全检验时,送检机动车的车身颜色、车辆外形应与机动车行驶证上的车辆照片一致(目视不应有明显区别),不应有更改车上颜色、改变车厢形状、改变车辆结构等情形。

127. 在用机动车安全检验时,重中型货车(半挂牵引车除外)、重中型载货专项作业车、重中型挂车外廓尺寸实测值不应超出 GB 7258、GB 1578 规定的限值,且与机动车行驶证记载的数值相比误差不超过 ±3% 或 150mm。

128. 对于 2013 年 3 月 1 日起出厂的乘用车、总质量小于或等于 3500kg 的货车(低速汽车除外),从车外应能清晰地识读到靠近风窗立柱位置的车辆识别代号标识。

129. 对于 2018 年 1 月 1 日起出厂的总质量大于或等于 12000kg 的栏板式、仓栅式、自卸式、罐式货车及总质量大于或等于 10000kg 的栏板式、仓栅式、自卸式、罐式挂车还应在其货箱或常压罐体上打刻至少两个车辆识别代号。

130. 在用机动车安全检验时,货车、挂车的栏板(含盖)高度应与机动车登记信息、驾驶室两侧喷涂的栏板(含盖)高度数值相符,且误差不超过 ±50mm。

131. 2020 年 1 月 1 日起出厂的总质量大于或等于 12000kg 的危险货物运输货车的后轴,所有危险货物运输半挂车,以及三轴栏板式、仓栅式半挂车应装备空气悬架。

132. 2018 年 1 月 1 日起出厂的汽车(无驾驶室的三轮汽车除外)应配备 1 件汽车乘员反光背心。

133. 2018 年 1 月 1 日起出厂的车长大于或等于 6m 的客车和总质量大于 3500kg 的货车,应装备至少 2 个停车楔(如三角垫木)。

134. 公路客车、旅游客车、危险货物运输车及车长大于 9m 的设置乘客站立区的公共汽车,以及 2018 年 1 月 1 日起出厂的车长大于 9m 的其他客车都应具有限速功能或配备限速装置。

135. 2012 年 9 月 1 日起出厂的车长大于 9m 的公路客车、旅游客车,以及 2018 年 1 月 1 日起出厂的车长大于 9m 的未设置乘客站立区的客车(专用校车及乘坐人数小于 20 人的其他专用客车除外)应设置两个乘客门。

136. 采用动力开启的乘客门,车门应急控制器应正常且其附近应标有清晰的符号或字样注明操作方法,字体高度应不小于 10mm。

137. 注册登记安全检验和在用机动车安全检验时,车身外观应车体周正,车体外缘左右对称部位高度差应小于或等于40mm。

138. 前风窗玻璃驾驶员视区部位及驾驶员驾驶时用于观察外后视镜的部位的可见光透射比应大于或等于70%。

139. 校车、公路客车、旅游客车、设有乘客站立区的客车以及轻型客车,所有车窗玻璃不应张贴有不透明和带任何镜面反光材料的色纸或隔热纸(客车车窗玻璃上张贴的符合规定的客车用安全标志和信息符号除外)。

140. 2019年1月1日起出厂的危险货物运输车辆、公路客车、旅游客车和未设置乘客站立区的公共汽车应装备单燃油箱,且单燃油箱的容积应小于或等于400L。

141. 货车均应在驾驶室(区)两侧喷涂总质量(半挂牵引车为最大允许牵引质量)。其中,栏板货车和自卸车还应在驾驶室两侧喷涂栏板高度,栏板挂车应在车厢两侧喷涂栏板高度。罐式汽车和罐式挂车还应在罐体上喷涂罐体容积和允许装运货物的种类。

142. 2019年1月1日起出厂的总质量大于或等于12000kg的货车,应装备车辆右转弯音响提示装置,并在设计和制造上保证驾驶员不能关闭车辆右转弯音响提示装置。

143. 公路客车、旅游客车和校车的所有车轮及其他机动车的转向轮不应装用翻新的轮胎。

144. 注册登记安全检验和在用机动车安全检验时,外部照明和信号装置不得改装,车辆不应有后射灯,也不应加装强制性标准以外的外部照明和信号装置。

145. 注册登记安全检验和在用机动车安全检验时,客车、危险货物运输车辆及2018年1月1日起出厂的旅居车应按照GB 7258等相关标准的规定配备灭火器,配备的灭火器应在使用有效期内,不应有欠压失效等情形。道路运输爆炸品和剧毒化学品车辆驾驶室内应配备一个干粉灭火器,在车辆两边应配备与所装载介质性能相适应的灭火器各一个。

146. 注册登记安全检验和在用机动车安全检验时,采用密闭钢化玻璃式应急窗的客车,在相应的应急窗邻近应配备一个应急锤或采用自动破窗装置;2019年1月1日起出厂的公路客车、旅游客车和未设置乘客站立区的公共汽车的外推式应急窗邻近处应配备有应急锤。

147. 2018年1月1日起出厂的其他乘用车和客车,以及总质量大于3500kg且小于12000kg的货车和专项作业车(五轴及五轴以上专项作业车除外)、总质量大于3500kg的挂车应装备防抱死制动装置,且装备的防抱死制动装置自检功能应正常。

148. 送检机动车所有检验项目的检验结果均合格的,判定为合格;否则判定为不合格。

149. 《汽车维修行业计算机管理信息系统技术规范》(JT/T 640—2005)规定了汽车维修行业计算机管理信息系统技术规范,适用于汽车维修行业和汽车维修企业计算机信息系统管理。

150. 《汽车维修行业计算机管理信息系统技术规范》(JT/T 640—2005)由系统构成和数据信息、系统功能、系统配置、系统数据接口、系统性能、系统安装和维护组成。

151. 《道路运输车辆技术等级划分及技术评定要求》(JT/T 198—2016)适用于申请从事道路运输经营的车辆和正在从事道路运输经营的车辆。从事驾驶员培训等道路运输相关业务的车辆可参照使用。

152. 《道路运输车辆技术等级划分及技术评定要求》(JT/T 198—2016)规定了道路运输

车辆技术等级划分为一级和二级。

153. 道路运输车辆技术等级评定项目包括"核查评定项目"和"技术评定项目"。其中"技术评定项目"分为"关键项""一般项"和"分级项"。申请从事道路运输经营的车辆按"核查评定项目"和"技术评定项目"进行评定。在用道路运输经营的车辆按"技术评定项目"进行评定。

154. 车辆技术等级划分时,符合以下要求的车辆评为一级车:
(1)"核查评定项目"达到一级。
(2)"关键项"均为合格。
(3)"一般项"的不合格数不超过3项。
(4)"分级项"达到一级。

155. 《事故汽车修复技术规范》(JT/T 795—2011)在有效指导事故汽车维修企业确定合理、科学的汽车修复方案的同时,对保险理赔也起到重要指导作用。

156. 对于可修复车辆来说,结合车辆损伤情况、维修工作量、维修难度,由高至低将损伤等级划分Ⅰ级损伤、Ⅱ级损伤和Ⅲ级损伤三类。

157. 事故汽车出厂检查包括竣工检查和路试检查两个方面。

158. 事故汽车修复质量保证期从车辆检验出厂日起算,对于Ⅰ级、Ⅱ级、漆面损伤的Ⅲ级事故车辆,以行驶100日或行驶20000km为准。对于Ⅲ级事故车辆,以行驶10日或行驶2000km为准。

159. 在事故汽车修复质保期内,因维修质量导致车辆无法正常运行,维修企业必须及时无偿返修,若同一维修项目经两次维修后仍无法正常运行,维修企业必须及时联系其他企业维修,并承担维修费用。

160. 《机动车维修服务规范》(JT/T 816—2011)适用于汽车整车维修企业和发动机、车身、电气系统、自动变速器专项维修业户,其他的机动车维修企业可参照执行。

161. 《机动车维修服务规范》(JT/T 816—2011)规定了机动车维修服务的总要求、维修服务流程、服务质量管理及服务质量控制等内容。

162. 《混合动力电动汽车维护技术规范》(JT/T 1029—2016)适用于总质量不小于3500kg的混合动力电动汽车,规定了混合动力电动汽车维护的作业安全和技术要求。

考试模拟题

一、是非判断题

1. 按《中华人民共和国道路交通安全法实施条例》的规定,已注册登记的机动车若改变车身颜色,需要机动车所有人向登记该机动车的公安机关交通管理部门申请变更登记。

(√)

2. 一类机动车维修企业可以从事危险货物运输车辆维修。 （×）
3. 《机动车维修管理规定》中所指机动车维修经营不包括维修救援活动。 （×）
4. 危险货物运输车辆维修企业可对危险货物运输车辆罐体进行维修。 （×）
5. 机动车维修经营者不得擅自改装机动车，但可以利用配件拼装机动车，只要检验合格即可。 （×）
6. 机动车维修经营者需要终止经营的，应当在终止经营前15日告知原备案机构。（×）
7. 机动车维修经营者对于换下的配件、总成，可以自行处理。 （×）
8. 未签发《机动车维修竣工出厂合格证》的机动车，不得交付使用，车主可以拒绝交费或接车。 （√）
9. 机动车维修实行竣工出厂质量保证期制度；汽车和危险货物运输车辆整车修理或总成修理质量保证期为车辆行驶5000km或者30日。 （×）
10. 机动车维修质量保证期，从维修竣工出厂之日起计算。 （√）
11. 机动车维修经营者签发虚假或者不签发机动车维修竣工出厂合格证的，有违法所得的，没收违法所得，并处以5000元以上2万元以下的罚款。 （×）
12. 违反《机动车维修管理规定》，从事机动车维修经营业务，未按规定进行备案的，由县级以上道路运输管理机构责令改正；拒不改正的，处5000元以上2万元以下的罚款。 （√）
13. 《道路旅客运输及客运站管理规定》规定了道路运输管理机构应当定期对货运车辆进行审验，每年审验一次。 （√）
14. 合同成立不一定生效，但合同生效则合同一定成立。 （√）
15. 根据相关法律规定，给付定金的一方不履行约定义务的，无权要求返还定金；收受定金的一方不履行约定义务的，应当双倍返还定金。 （√）
16. 从业人员因生产安全事故受到损害时，已经依法享有工伤社会保险的，生产经营单位可以不再赔偿。 （×）
17. 《家用汽车产品修理、更换、退货责任规定》中规定汽车的包修期和三包有效期自汽车出厂之日起计算。 （×）
18. 国家标准权威性最高，要求也最高，行业标准或企业标准可以比国家标准要求低。 （×）
19. 按《汽车维修业开业条件第1部分：汽车整车维修企业》（GB/T 16739.1—2014）规定，维修质量检验员数量应与其经营规模相适应，至少应配备1名维修质量检验员。 （×）
20. 《汽车综合性能检验机构能力的通用要求》（GB/T 17993—2017）要求综检机构应建立记录、报告控制文件，包括质量记录、技术记录、结果报告等，保存期限为2年。 （×）
21. 引车员应持有与承检车型相适应的有效机动车驾驶证，具有3年以上的驾驶经历。 （√）
22. 按《汽车维护、检测、诊断技术规范》（GB/T 18344—2016）规定，汽车一级维护、二级维护周期的确定，应以汽车行驶里程为基本依据。 （√）
23. 大修竣工出厂的汽车主要结构参数应符合原设计规定，由修理改变的整备质量，不得超过新车出厂额定值的3%。 （√）
24. 《商用汽车发动机大修竣工出厂技术条件》（GB/T 3799—2005）规定，承修单位对大

修竣工出厂的发动机应给予质量保证,质量保证期自竣工之日起,不少于半年或行驶里程为10000km(以先到者为准)。(×)

25. 根据《机动车运行安全技术条件》(GB 7258—2017)进行机动车漏油检查,应在机动车连续行驶距离不小于10km、停车5min后观察,无漏油现象。(√)

26. 根据《机动车运行安全技术条件》(GB 7258—2017)规定:所有机动车转向盘的最大自由转动量应小于或等于15°。(×)

27. 《机动车安全技术检验项目和方法》(GB 38900—2020)适用于机动车安全技术检验机构对机动车进行安全技术检验,也适用于出入境检验检疫机构对入境机动车进行安全技术检验,不适用于拖拉机运输机组等上道路行驶的拖拉机的安全技术检验。(√)

28. 《机动车安全技术检验项目和方法》(GB 38900—2020)规定,注册登记安全检验时,送检机动车的车辆外形(包括车身颜色)应与机动车产品公告照片一致。(×)

29. 《机动车安全技术检验项目和方法》(GB 38900—2020)规定,前风窗玻璃驾驶员视区部位及驾驶员驾驶时用于观察外后视镜的部位的可见光透射比应大于或等于50%。(×)

二、单项选择题

1. 《机动车维修管理规定》中规定,机动车维修经营业务根据维修对象分为(C)类。
   A. 二　　　　　B. 三　　　　　C. 四　　　　　D. 五

2. 《机动车维修管理规定》中规定,在质量保证期内因维修质量原因造成机动车无法正常行驶的,维修经营者应该(B)。
   A. 收费返修　　　　　　　　B. 无偿返修
   C. 仅收取返修材料费　　　　D. 仅收取返修工时费

3. 机动车维修合同在《中华人民共和国合同法》中属于(D)规范的范畴。
   A. 劳动合同　　B. 委托合同　　C. 技术合同　　D. 承揽合同

4. 《机动车维修管理规定》中规定,机动车维修经营者应当将其执行的机动车维修工时单价标准报所在地道路运输管理机构(C)。
   A. 批准　　　　B. 审核　　　　C. 备案　　　　D. 存档

5. 建立机动车维修经营者和从业人员黑名单制度,由(A)负责认定机动车维修经营者和从业人员黑名单。
   A. 运输管理机构　B. 工商管理机构　C. 公安司法机构　D. 市场监督机构

6. 《机动车维修管理规定》规定,二级维护质量保证期为车辆行驶5000km或者(C)日。
   A. 10　　　　　B. 20　　　　　C. 30　　　　　D. 50

7. 《机动车维修管理规定》中规定,道路运输管理机构在调解维修质量纠纷时,组织专家组或委托具有法定检测资格的检测机构进行技术分析和鉴定所产生的费用由(C)承担。
   A. 承修方　　　B. 托修方　　　C. 责任方　　　D. 双方共同

8. 《机动车维修管理规定》中规定,机动车维修经营者有违规行为的,由县级以上道路运输管理机构责令其限期整改;情节严重的(D)。
   A. 罚款处理　　B. 通报批评　　C. 吊销执照　　D. 停业整顿

9. 标准是对重复性事物和(C)所作的统一规定。
　　A. 行为　　　　　B. 规格　　　　　C. 概念　　　　　D. 等级

10. 《汽车维修业开业条件》(GB/T 16739.1—2014、GB/T 16739.2—2014)规定,汽车整车维修企业检验人员数量应与其(D)相适应。
　　A. 维修车型　　　B. 企业类型　　　C. 资金投入　　　D. 经营规模

11. 《汽车维修业开业条件》(GB/T 16739.1—2014、GB/T 16739.2—2014)规定,租赁的生产厂房应具有合法的书面合同书,租赁期限不得小于(A)年。
　　A. 1　　　　　　B. 2　　　　　　C. 3　　　　　　D. 5

12. 《汽车维护、检测、诊断技术规范》(GB/T 18344—2016)规定,汽车一级维护基本作业项目的作业内容以(B)为主。
　　A. 清洁、补给　　B. 润滑、紧固　　C. 检查、诊断　　D. 拆卸、更换

13. 按《汽车大修竣工出厂技术条件》(GB/T 3798.1—2005、GB/T 3798.2—2005)规定,载客汽车或载货汽车大修竣工出厂要求:左右轴距差不得大于原设计轴距的(B)。
　　A. 2/1000　　　　B. 1/1000　　　　C. 2/100　　　　D. 1/100

14. 按《商用汽车发动机大修竣工出厂技术条件》(GB/T 3799—2005)规定,在标准状态下,发动机额定功率和最大转矩不得低于原设计标定值的(B)。
　　A. 100%　　　　B. 90%　　　　　C. 80%　　　　　D. 70%

15. 《商用汽车发动机大修竣工出厂技术条件》(GB/T 3799—2005)规定,发动机在低温255K(-18℃)时,都能顺利起动,允许起动(B)。
　　A. 4次　　　　　B. 3次　　　　　C. 2次　　　　　D. 1次

16. 《机动车运行安全技术条件》(GB 7258—2017)规定,汽车的制动协调时间,对液压制动的汽车应小于或等于0.35s,对气压制动的汽车应小于或等于(B)。
　　A. 0.5s　　　　　B. 0.6s　　　　　C. 0.35s　　　　D. 0.45s

17. 《机动车安全技术检验项目和方法》(GB 38900—2020)规定,对于2018年1月1日起出厂的总质量大于或等于12000kg的栏板式、仓栅式、自卸式、罐式货车及总质量大于或等于10000kg的栏板式、仓栅式、自卸式、罐式挂车还应在其货箱或常压罐体上打刻至少(B)个车辆识别代号。
　　A. 1　　　　　　B. 2　　　　　　C. 3　　　　　　D. 4

18. 《机动车安全技术检验项目和方法》(GB 38900—2020)规定,2019年1月1日起出厂的危险货物运输车辆、公路客车、旅游客车和未设置乘客站立区的公共汽车应装备单燃油箱,且单燃油箱的容积应不大于(C)。
　　A. 250L　　　　B. 300L　　　　C. 400L　　　　D. 500L

19. 按《事故汽车修复技术规范》(JT/T 795—2011)规定,结合车辆损伤情况、维修工作量、维修难度,可将损伤等级划分为(B)级。
　　A. 二　　　　　　B. 三　　　　　　C. 四　　　　　　D. 五

20. 《混合动力电动汽车维护技术规范》(JT/T 1029—2016)适用于总质量不小于(D)kg的混合动力电动汽车,规定了混合动力电动汽车维护的作业安全和技术要求。
　　A. 500　　　　　B. 1500　　　　C. 2500　　　　D. 3500

三、多项选择题

1. 根据《机动车维修管理规定》的规定:申请从事机动车维修经营的,应当具备(ABCD)等条件。
   A. 有相应的机动车维修场地　　　　　B. 有必要的设备、设施和技术人员
   C. 有健全的机动车维修管理制度　　　D. 有必要的环境保护措施

2. 从事危险货物运输车辆维修的汽车维修经营者,除具备汽车维修经营一类业务的开业条件外,还应当具备(ABCD)条件。
   A. 有与其作业内容相适应的专用维修车间和设备、设施,并设置明显的指示性标志
   B. 有完善的突发事件应急预案
   C. 有相应的安全管理人员
   D. 有齐全的安全操作规程

3. 机动车维修经营者应当公布机动车维修(BD),合理收取费用。
   A. 技术标准　　　B. 工时定额　　　C. 管理制度　　　D. 收费标准

4. 根据《机动车维修管理规定》的规定,机动车维修企业信用档案主要包括:(ABD)。
   A. 维修电子数据记录上传情况　　　B. 车主评价情况
   C. 企业纳税情况　　　　　　　　　D. 投诉和处理情况

5. 按《机动车维修管理规定》中有关质量管理方面规定,机动车维修企业应当实行(ABCD)。
   A. 质量保证期制度　　　　　　　　B. 质量信誉考核制度
   C. 配件追溯制度　　　　　　　　　D. 质量检验制度

6. 根据《家用汽车产品修理、更换、退货责任规定》,有下列(BCD)情形的,可以免除三包责任。
   A. 易损耗零部件出现产品质量问题的
   B. 家用汽车产品用于出租或者其他营运目的的
   C. 发生产品质量问题,消费者自行处置不当而造成损坏的
   D. 无有效发票和三包凭证的

7. 《中华人民共和国标准化法》规定,我国标准分为(ABCD)。
   A. 国家标准　　　B. 行业标准　　　C. 地方标准　　　D. 企业标准

8. 《中华人民共和国安全生产法》规定,国家安全生产管理坚持(ABD)方针。
   A. 安全第一　　　B. 综合治理　　　C. 防患未然　　　D. 预防为主

9. 《汽车维修业开业条件》(GB/T 16739.1—2014、GB/T 16739.2—2014)规定了汽车整车维修企业和汽车专项维修业户必须具备的(ABCD)等条件。
   A. 人员　　　　　B. 组织管理　　　C. 安全生产　　　D. 设施和设备

10. 根据《汽车综合性能检验机构能力的通用要求》(GB/T 17993—2017),汽车综合性能检验机构开展汽车综合性能检验工作应具备的服务项目包括(ABCD)。
    A. 依法对道路运输车辆的技术状况进行检验和评定
    B. 依法对车辆维修竣工质量进行检验

C. 对车辆改装、改造、技术评估以及相关新技术、科研鉴定等项目进行检验

D. 接受国家相关管理部门和机构的委托,对车辆进行规定项目的检验与核查

11. 下列关于汽车综合性能检验机构检验员的说法正确的是(BC)。

A. 1 条检测线检验员数量不少于 4 人

B. 每增加 1 条检测线,增加检验员数量不少于 4 人

C. 检验员应具有高中(含技校)以上学历,了解汽车构造和原理

D. 检验员应具备汽车维修或检测工作 1 年以上经历

12. 按《汽车维护、检测、诊断技术规范》(GB/T 18344—2016)规定,关于汽车二级维护说法正确的是(ACD)。

A. 二级维护作业由维修企业负责执行的车辆维护作业

B. 二级维护不需要进行进厂检测

C. 二级维护后必须进行竣工检验

D. 二级维护质量保证期为车辆行驶不少于 5000km 或者 30 日,以先达到者为准

13. 根据《机动车运行安全技术条件》(GB 7258—2017),下列说错误的是(ACD)。

A. 液压行车制动器在到达规定的制动效能时,制动踏板行程应小于或等于制动踏板全行程的 4/5

B. 汽车(三轮汽车除外)的转向盘必须设置于左侧,其他机动车的转向盘不允许设置于右侧

C. 除转向信号灯、危险警告信号灯、紧急制动信号灯外,其他外部灯具不允许闪烁

D. 机动车在车身外表面的易见部位上应至少装置一个能永久保持的商标或厂标

14. 按《道路运输车辆技术等级划分及技术评定要求》(JT/T 198—2016)规定,符合(ABCD)要求的车辆评为一级车。

A. "核查评定项目"达到一级　　　　B. "关键项"均为合格

C. "一般项"的不合格数不超过 3 项　D. "分级项"达到一级

15. 《商用汽车发动机大修竣工出厂技术条件》(GB/T 3799—2005)规定了商用汽车发动机大修竣工出厂的(ABC)要求。

A. 技术　　　B. 质量保证　　　C. 包装　　　D. 环保

16. 根据《道路运输从业人员管理规定》中的规定,道路运输从业人员包括(ABCD)等。

A. 经营性道路客货运输驾驶员　　　B. 机动车维修技术人员

C. 机动车驾驶培训教练员　　　　　D. 道路运输经理人

17. 机动车维修技术负责人员应具有(AB)条件。

A. 机动车维修或者相关专业大专以上学历,或者具有机动车维修或相关专业中级以上专业技术职称

B. 熟悉机动车维修业务,掌握机动车维修及相关政策法规和技术规范

C. 年龄不超过 60 周岁

D. 经考试合格,取得相应的从业资格证

18. 根据《机动车安全技术检验项目和方法》(GB 38900—2020),下列说法错误的是(AC)。

A. 2019年1月1日起出厂的货车,应装备车辆右转弯音响提示装置

B. 采用动力开启的乘客门,车门应急控制器应正常且其附近应标有清晰的符号或字样注明操作方法,字体高度应不小于10mm

C. 道路运输爆炸品和剧毒化学品车辆驾驶室内应配备一个干粉灭火器,在车辆外应再配备与所装载介质性能相适应的灭火器一个

D. 所有机动车的转向轮不应装用翻新的轮胎

19. 根据《机动车安全技术检验项目和方法》(GB 38900—2020),车辆唯一性检查包括(ABCD)等。

A. 机动车号牌号码和分类

B. 车辆品牌和型号、车辆识别代号(或整车出厂编号)

C. 发动机号码/驱动电机号码

D. 车身颜色和车辆外形

第三章 汽车构造

第一节 汽车概述

1. 汽车是指由动力驱动、具有四个或四个以上车轮的非轨道承载的车辆,主要用于载运人员和/或货物、牵引载运人员和/或货物的车辆以及特殊用途的车辆。

2. 汽车按用途分为乘用车和商用车。

3. 乘用车是指在其设计和技术特性上主要用于载运乘客及其随身行李和/或临时物品的汽车,包括驾驶员座位在内最多不超过9个座位。它也可以牵引一辆挂车。

4. 商用车是指在设计和技术特性上用于运送人员和货物的汽车,并且可以牵引挂车。乘用车不包括在内。

5. 车辆识别代号由世界制造厂识别代号(WMI)、车辆说明部分(VDS)、车辆指示部分(VIS)三部分组成,共17位字码。

6. 汽车通常由发动机、底盘、车身、电气设备组成。

7. 发动机是汽车的动力源,其功用是使供入其中的燃料燃烧而发出动力。现代汽车发动机主要采用的是往复活塞式内燃机,它一般由曲柄连杆机构、配气机构、燃料供给系统、冷却系统、润滑系统、点火系统(汽油发动机采用,柴油机没有)和起动系统等组成。

8. 底盘的功用是支承、安装汽车发动机及其各部件、总成,形成汽车的整体造型,并接受发动机的动力,使汽车产生运动,保证正常行驶。底盘由传动系统、行驶系统、转向系统和制动系统组成。

9. 电气设备包括发动机电气设备(蓄电池、充电系统、起动系统和发动机点火系统)、照明与信号系统、组合仪表与报警装置、刮水器和洗涤器系统、空调系统以及音响、安全气囊等。

10. 车身是驾驶员工作的场所,也是装载乘客和货物的场所。

11. 现代汽车按发动机相对于各总成的位置,有发动机前置后轮驱动(FR)、发动机前置前轮驱动(FF)、发动机后置后轮驱动、发动机中置后轮驱动(MR)和四轮驱动(4WD)等布置形式。

12. 发动机前置后轮驱动布置形式是传统的布置形式,大多数货车、部分乘用车和部分客车都采用这种形式。

13. 发动机前置前轮驱动布置形式是现代大多数乘用车采用的布置形式,具有结构紧凑、整车质量小、底板低、高速时操纵稳定性好等优点。

14. 发动机后置后轮驱动布置形式是目前大、中型客车采用的布置形式,具有室内噪声小、空间利用率高等优点。少数乘用车也采用这种布置形式。

15. 发动机中置后轮驱动布置形式是方程式赛车和大多数跑车采用的布置形式。将功率和尺寸很大的发动机布置在驾驶员座椅与后轴之间,有利于获得最佳轴荷分配和提高汽车的性能。少数大、中型客车也采用这种布置形式,把卧式发动机安装在底板下面。

16. 四轮驱动是指汽车4个车轮都是驱动轮,这是越野汽车特有的布置形式。通常发动机前置,在变速器之后的分动器将动力分别输送给全部驱动轮。

17. 汽车行驶阻力包括滚动阻力、空气阻力、上坡阻力和加速阻力。

18. 空气阻力的大小与汽车和空气的相对速度的平方成正比。

19. 当驱动力等于行驶阻力时,汽车将匀速行驶;当驱动力大于行驶阻力时,汽车将加速行驶;当驱动力小于行驶阻力时,汽车将减速行驶或静止不动。

20. 驱动力的最大值固然取决于发动机的最大转矩和传动系统的传动比,但实际发出的驱动力还要受到轮胎与路面附着作用的限制。

第二节　汽车发动机基本构造

1. 发动机是将某一种形式的能量转换为机械能的机器。
2. 现代汽车用发动机应用最广、数量最多的是水冷式四冲程往复活塞式内燃机。
3. 常见的车用发动机有汽油发动机和柴油发动机两种。
4. 汽缸体内圆柱形腔体称为汽缸,内装有活塞,活塞通过活塞销、连杆与曲轴相连接。活塞在汽缸内作往复直线运动,通过连杆推动曲轴作旋转运动。
5. 上止点是指活塞离曲轴回转中心最远处,即活塞的最高位置。
6. 下止点是指活塞离曲轴回转中心最近处,即活塞的最低位置。
7. 上止点与下止点之间的距离称为活塞行程。
8. 曲轴与连杆下端的连接中心至曲轴中心的距离(即曲轴的回转半径)称为曲柄半径。活塞行程为曲柄半径的2倍。
9. 活塞从一个止点运动到另一个止点所扫过的容积称为汽缸工作容积或汽缸排量。
10. 活塞在上止点时,活塞顶与汽缸盖之间的容积称为燃烧室容积。
11. 活塞在下止点时,活塞顶上方的容积称为汽缸总容积。显然,汽缸总容积是汽缸工作容积与燃烧室容积之和。
12. 多缸发动机各汽缸工作容积的总和称为发动机排量。
13. 汽缸总容积与燃烧室容积之比称为压缩比。
14. 在汽缸内进行的每一次将燃料燃烧的热能转变成机械能的一系列连续过程(进气、

压缩、做功、排气)称为发动机的一个工作循环。

15. 四冲程汽油机每一个工作循环包括4个活塞行程,即进气行程、压缩行程、做功行程和排气行程。

16. 四冲程柴油机每个工作循环也是由进气、压缩、做功和排气4个活塞行程组成。但由于柴油和汽油使用性能的不同,柴油机在可燃混合气的形成方式、着火方式等方面与汽油机有着较大的区别。

17. 汽油发动机通常由两大机构、五大系统组成,而柴油机由两大机构、四大系统组成。两大机构是指曲柄连杆机构和配气机构,五大系统是指燃料供给系统、冷却系统、润滑系统、点火系统(柴油机无此系统)和起动系统。

18. 发动机的主要性能指标有动力性指标(有效转矩、有效功率、转速等)和经济性指标(燃油消耗率)。

19. 发动机通过飞轮对外输出的转矩称为有效转矩,有效转矩与外界施加于发动机曲轴上的阻力矩相平衡。

20. 发动机通过飞轮对外输出的功率称为发动机的有效功率,它等于有效转矩与曲轴角速度的乘积。

21. 发动机每发出1kW有效功率,在1h内所消耗的燃油质量(以g为单位),称为燃油消耗率。很明显,燃油消耗率越低,经济性越好。

22. 发动机的性能是随着许多因素而变化的,其变化规律称为发动机特性。

23. 发动机转速特性是指发动机的功率、转矩和燃油消耗率三者随曲轴转速变化的规律。当节气门开到最大时,所得到的是总功率特性也称为发动机外特性,它代表了发动机所具有的最高动力性能。而把在节气门其他开度情况下得到的特性称为部分特性。

24. 发动机工作状况(简称发动机工况)一般是用它的功率与曲轴转速来表征,有时也可用负荷与曲轴转速来表征。发动机在某一转速之下的负荷就是当时发动机发出的功率与同一转速下所可能发出的最大功率之比,以百分数表示。在同一转速下,节气门开度越大表示负荷越大。

25. 曲柄连杆机构是往复活塞式内燃机将热能转变为机械能的主要机构,其功用是把燃气作用在活塞顶面上的压力转变为曲轴的转矩,向外输出动力。曲柄连杆机构由机体组、活塞连杆组和曲轴飞轮组等组成。

26. 发动机的机体组主要由汽缸、曲轴箱、汽缸盖、汽缸盖罩、汽缸垫、油底壳等组成。机体组是发动机的骨架,是发动机各机构和系统的装配基体。

27. 水冷发动机的汽缸体和曲轴箱常制成一体,而且多缸发动机的各个汽缸也合铸成一个整体,称为汽缸体-曲轴箱,简称汽缸体。

28. 汽缸盖用来封闭汽缸的上部,并与活塞顶、汽缸壁共同构成燃烧室。

29. 汽缸体与汽缸盖间安装有汽缸垫,用来保证汽缸体与汽缸盖接合面间的密封,防止气体、冷却液和润滑油等的泄漏。汽缸垫有金属-石棉汽缸垫和纯金属汽缸垫等结构形式。

30. 汽缸盖罩位于汽缸盖上部,起封闭及防尘作用,一般由薄钢板冲压而成,其上设有润滑油加注口。

31. 油底壳的功用是储存机油并封闭曲轴箱。

32. 活塞连杆组主要由活塞、活塞环、活塞销和连杆等部件组成。

33. 活塞的功用是承受汽缸中的燃烧压力,并将此力通过活塞销和连杆传给曲轴。此外,活塞顶部还与汽缸盖、汽缸壁共同组成燃烧室。

34. 气环的功用是保证活塞与汽缸壁间的密封,防止汽缸中的高温、高压燃气大量漏入曲轴箱,同时它还将活塞头部的热量传导给汽缸壁。

35. 油环的功用是刮除汽缸壁上多余的机油,并在汽缸壁上布油。

36. 活塞销的功用是连接活塞和连杆小头,将活塞所承受的气体压力传给连杆。

37. 连杆的功用是将活塞承受的力传给曲轴,推动曲轴转动,将活塞的往复运动转变为曲轴的旋转运动。

38. 曲轴飞轮组主要由曲轴、飞轮、正时齿轮或正时链轮、V形带轮及曲轴扭转减振器等组成。曲轴的功用是将活塞连杆组传来的气体压力转变为转矩,然后通过飞轮输出。飞轮的功用是储存做功行程的一部分能量,以克服各辅助行程的阻力,使曲轴均匀旋转,使发动机具有克服短时超载的能力。

39. 配气机构的功用是按照发动机每一汽缸内所进行的工作循环或发火次序的要求,定时开启和关闭各汽缸的进、排气门,使新鲜可燃混合气(汽油机)或空气(柴油机)得以及时进入汽缸,废气得以及时从汽缸中排出。进入汽缸内的可燃混合气(汽油机)或空气(柴油机)对发动机性能的影响很大。进气量越多,发动机的输出转矩越大、功率越高。

40. 配气机构由气门组和气门传动组组成。气门组包括气门、气门座、气门导管和气门弹簧等部件。气门传动组主要包括凸轮轴、凸轮轴正时带轮、正时齿形带、张紧轮、液压挺柱等部件。

41. 由于四冲程发动机每完成一个工作循环,曲轴旋转2周,而各缸进、排气门各开启1次,完成一次进气和排气,此时凸轮轴只旋转1周,因此,曲轴与凸轮轴的转速比为2∶1,即凸轮轴正时带轮的齿数是曲轴正时带轮齿数的2倍。

42. 气门及其相关零件称为气门组,气门组的功用是实现汽缸的密封。

43. 气门的功用是与气门座相配合,对汽缸进行密封,气门头部用来封闭汽缸的进、排气道,气门杆部用来为气门的运动起导向作用。

44. 气门座不仅有密封作用,还起到了冷却气门的作用。

45. 气门导管的功用是为气门的运动导向,保证气门作直线往复运动,使气门与气门座能正确贴合。

46. 气门弹簧的功用是保证气门及时落座并与气门座或气门座圈紧密贴合,同时也可防止气门在发动机振动时因跳动而破坏密封。

47. 气门传动组的功用是使气门按发动机配气相位规定的时刻及时开启和关闭,并保证规定的开启时间和开启高度。

48. 凸轮轴主要由各缸进气凸轮、排气凸轮、凸轮轴轴颈等组成。进、排气凸轮用于使气门按一定的工作次序和配气相位及时开启和关闭,并保证气门有足够的升程。

49. 挺柱的功用是将凸轮的推力传递给推杆或气门杆,并承受凸轮轴旋转时所施加的侧向力。挺柱可分为普通挺柱和液压挺柱两种。

50. 在凸轮轴下置式或中置式的配气机构中,凸轮轴经挺柱传来的运动和作用力要通过推杆传递给摇臂。

51. 摇臂的功用是将凸轮轴(或推杆)传来的力作用到气门杆尾部,推开气门。

52. 用曲轴转角表示的进、排气门实际开闭时刻和开闭持续时间,称为配气相位。通常用相对于上、下止点曲拐位置的曲轴转角的环形图来表示,这种图形称为配气相位图。

53. 汽油机燃油供给系统的功用是根据发动机各工况的不同要求,配制一定数量和浓度的可燃混合气并将其供入汽缸,使之在压缩终了时点火、燃烧而膨胀做功,最后将燃烧后的废气排入大气中。目前,绝大多数汽车的汽油机燃料供给系统采用电子控制燃油喷射式燃料供给系统(一般称为"电控燃油喷射系统")。

54. 电控燃油喷射系统由空气供给系统、排气系统、燃料供给系统和电子控制系统组成。

55. 空气供给系统的功用是为发动机可燃混合气的形成提供必要的空气,并计量和控制燃油燃烧时所需要的空气量。空气经空气滤清器、空气流量传感器、节气门体进入进气总管,再分配到各缸进气歧管。在进气歧管内(或进气门处),空气与喷油器喷出的燃油混合后被吸入汽缸内燃烧。

56. 排气系统主要由排气歧管、排气消声器等组成,电控燃油喷射系统汽油机的排气系统多装有三元催化转化器。

57. 燃料供给系统的功用是供给发动机燃烧过程所需的燃油。燃油供给系统主要由燃油泵、燃油滤清器、油压脉动阻尼器、燃油压力调节器和喷油器等组成。

58. 电子控制系统的功用是根据发动机运转状况和车辆运行状况确定汽油最佳喷射量和最佳点火提前角。此外,还可进行怠速控制、排放控制和故障自诊断等。电子控制系统由传感器、电子控制单元(ECU)和执行器组成。

59. 传感器是用来测量或检测反映发动机运行状态下的各种物理量、电量和化学量等,并将它们转换成计算机能接收的电信号后再送给ECU。常用的传感器主要有空气流量传感器、进气歧管绝对压力传感器、发动机转速与曲轴位置传感器、冷却液温度传感器、节气门位置传感器、氧传感器、爆震传感器等。另外,还有各类开关、继电器等。

60. 电子控制系统的核心是ECU,ECU根据发动机中各种传感器送来的信号控制喷油时间、点火正时等。

61. 柴油机燃料供给系统的功用是根据柴油机不同工况,定时、定压、定量地把柴油按一定规律喷入汽缸,与吸入汽缸的清洁空气迅速地混合燃烧,并将燃烧后生成的废气排到大气中。

62. 柴油机燃料供给系统一般由燃油供给装置(包括柴油箱、柴油粗滤器、输油泵、柴油细滤器、喷油泵、调速器、喷油器及油管等)、空气供给装置(包括空气滤清器、进气管和进气道等)、混合气形成装置(即为燃烧室)和废气排出装置(包括排气道、排气管和排气消声器等)组成。

63. 泵喷嘴是将泵油柱塞和喷油器合成一体,安装在缸盖上。电子控制泵喷嘴系统主要由泵喷嘴、驱动摇臂机构、电子控制单元(ECU)、各种传感器等组成。

64. 发动机冷却系统的功用是使工作中的发动机得到适度的冷却,从而保持发动机在最适宜的温度范围内工作。另外,冷却系统还为空调暖风系统提供热源。

65. 现代汽车多采用封闭式强制循环水冷却系统,即用水泵强制地使冷却液在冷却系统中进行循环流动,使发动机中高温零件的热量先传给冷却液,然后散发到大气中。

66. 水冷却系统一般由水泵、散热器、节温器、冷却风扇、风扇控制机构、水套、膨胀水箱、温度指示器及报警灯等组成。

67. 润滑系统的功用是将机油输送到发动机各个需要润滑的部位,以达到提高发动机工作可靠性和耐久性的目的。

68. 润滑系统主要由机油泵、机油滤清器、集滤器、油道等组成,另外包括机油压力开关、机油指示灯(在仪表板上)、机油冷却器等。

第三节　汽车底盘基本构造

1. 传动系统的基本功用是将发动机的转矩传递给驱动车轮,同时还必须适应行驶条件的需要,改变转矩的大小。发动机发出的动力依次经过离合器、变速器和由万向节与传动轴组成的万向传动装置,以及安装在驱动桥中的主减速器、差速器和半轴,最后传到驱动车轮。现在乘用车中采用自动变速器的越来越多,其传动系统包括自动变速器、万向传动装置、驱动桥等,即用自动变速器取代了离合器和手动变速器。

2. 离合器安装在发动机与变速器之间,其功用是:使发动机与传动系统逐渐接合,保证汽车平稳起步;暂时切断发动机的动力传动,保证变速器换挡平顺;限制所传递的转矩,防止传动系统过载。

3. 离合器分为主动部分、从动部分、压紧装置和操纵机构。

4. 变速器的功用:实现变速、变矩;实现倒车;实现中断动力传动。

5. 一对齿数不同的齿轮啮合传动时可以实现变速,而且两齿轮的转速比与其齿数成反比。主动齿轮(即输入轴)转速与从动齿轮(即输出轴)转速之比值称为传动比。

6. 变速器包括变速传动机构和操纵机构两大部分。

7. 变速器操纵机构一般都具有换挡锁装置,包括自锁装置、互锁装置和倒挡锁装置。自锁装置用于防止变速器自动脱挡或挂挡,并保证轮齿以全齿宽啮合;互锁装置用于防止同时挂上两个挡位;倒挡锁装置用于防止误挂倒挡。

8. 自动变速器主要由液力变矩器、齿轮变速机构、换挡执行元件、液压控制系统、电子控制系统等组成。

9. 液力变矩器位于自动变速器的最前端,安装在发动机的飞轮上,它是一个通过自动变速器油(ATF)传递动力的装置,可以实现动力的柔和传递。

10. 齿轮变速机构可形成不同的传动比,组合成电控自动变速器不同的挡位。目前绝大多数电控自动变速器采用行星齿轮变速机构进行变速,有的车型采用定轴式齿轮变速机构(如本田车系)进行变速。

11. 电控自动变速器换挡执行元件主要包括离合器、制动器和单向离合器,其中离合器和制动器由液压控制系统控制其工作。

12. 液压控制系统是由液压油泵、各种控制阀及与之相连通的液压换挡执行元件,如离合器油缸、制动器油缸等组成液压控制回路。汽车行驶中根据驾驶员的要求和行驶条件的需要,控制离合器和制动器的工作状况的改变来实现齿轮变速机构的自动换挡。

13. 电子控制系统主要包括各类传感器及开关、电子控制单元、执行器等。电子控制系统中的传感器及各种控制开关将发动机工况、车速等信号传递给电子控制单元(ECU),经ECU处理后发出控制指令给执行器,执行器和液压系统按一定规律控制换挡执行元件工作,实现自动变速器自动换挡。

14. 万向传动装置功用是在轴线相交且相互位置经常发生变化的两转轴之间传递动力。

15. 万向传动装置主要包括万向节和传动轴,对于传动距离较远的分段式传动轴,为了提高传动轴的刚度,还设置有中间支承。

16. 驱动桥的功用是将由万向传动装置传来的发动机转矩传给驱动车轮,并经降速增矩、改变动力传动方向,使汽车行驶,而且允许左右驱动车轮以不同的转速旋转。

17. 驱动桥一般由主减速器、差速器、半轴和桥壳等组成。

18. 主减速器的功用是将发动机转矩传给差速器;在动力的传动过程中要将转矩增大并相应降低转速;对于纵置发动机,还要将转矩的旋转方向改变90°。

19. 差速器的功用是将主减速器传来的动力传给左、右两半轴,并在必要时允许左、右半轴以不同转速旋转,使左、右驱动车轮相对地面纯滚动而不是滑动。

20. 汽车行驶系统的主要功用是:将传动系统传来的转矩转化为汽车行驶的驱动力;支承汽车的总质量;承受并传递路面作用于车轮上的力和力矩;减少振动,缓和冲击,保证汽车的平稳行驶。

21. 汽车行驶系统一般由车桥、车架(或车身)、悬架和车轮总成等组成。

22. 车桥位于悬架与车轮总成之间,其两端安装车轮总成,通过悬架与车架(或车身)相连,其功用是传递车架(或车身)与车轮总成之间各种载荷的作用。

23. 按车桥上车轮的功用不同,车桥分为转向桥、驱动桥、转向驱动桥和支持桥,其中转向桥和支持桥都属于从动桥。只起支承作用的车桥称为支持桥。支持桥除不能转向外,其他功能和结构与转向桥相同。

24. 车架俗称"大梁",它是跨接在前后车轮上的桥梁式结构,是构成整个汽车的骨架,是整个汽车的装配基体。

25. 汽车上采用的车架有4种类型:边梁式车架、中梁式车架、综合式车架和无梁式车架。目前汽车上多采用边梁式车架和无梁式车架。

26. 悬架是车架(或车身)与车桥(或车轮)之间一切传力连接装置的总称。悬架具有如下的功用:连接车架(或车身)和车轮,把路面作用到车轮的各种力传给车架(或车身);缓和冲击、衰减振动,使乘客乘坐舒适,具有良好的平顺性;保证汽车具有良好的操纵稳定性。

27. 汽车悬架可分为两大类:非独立悬架和独立悬架。非独立悬架的特点是左右车轮安装在一根整体式车桥两端,车桥则通过悬架与车架相连。当一侧车轮发生位置变化后会导致另一侧车轮的位置也发生变化。独立悬架的结构特点是车桥做成断开的,每一侧车轮单独通过悬架与车架(或车身)连接,两侧车轮可以单独运动而互不影响,这样在不平道路上可减少车架和车身的振动,而且有助于消除转向轮不断偏摆的不良现象。

28. 悬架一般都由弹性元件、减振器、导向机构等组成,乘用车一般还有横向稳定器。

29. 弹性元件使车架(或车身)与车桥(或车轮)之间做弹性连接,可以缓和由于不平路面带来的冲击,并承受和传递垂直载荷。减振器可以衰减由于路面冲击产生的振动,使振动的振幅迅速减小。导向机构包括纵向推力杆和横向推力杆,用于传递纵向载荷和横向载荷,并保证车轮相对于车架(或车身)的运动关系。横向稳定器可以防止车身在转向等情况下发生过大的横向倾斜。

30. 车轮总成由车轮和轮胎两大部分组成,它处于车桥和地面之间,具有如下基本功用:支承整车质量,包括在汽车质量上下运动时产生的惯性动载荷;缓和由路面传递来的冲击载荷;通过轮胎和路面之间的附着作用,产生驱动和阻止汽车运动的外力,即为汽车提供驱动力和制动力;产生平衡汽车转向离心力的侧向力,以便顺利转向,并通过轮胎产生的自动回正力矩,使车轮具有保持直线行驶的能力;承担跨越障碍的作用,保证汽车的通过性。

31. 车轮是介于轮胎和车桥之间承受负荷的旋转组件,其功用是安装轮胎,承受轮胎与车桥之间的各种载荷的作用。车轮一般由轮毂、轮辋和轮辐组成。

32. 现代汽车都采用充气式轮胎,轮胎安装在轮辋上,直接与路面接触,它的功用是:支承汽车的质量,承受路面传来的各种载荷;和汽车悬架共同缓和汽车行驶中所受到的冲击,并衰减由此而产生的振动,以保证汽车有良好的乘坐舒适性和行驶平顺性;保证车轮和路面有良好的附着性,以提高汽车的动力性、制动性和通过性。

33. 充气轮胎按结构不同,可分为有内胎轮胎和无内胎轮胎两种。

34. 有内胎轮胎由外胎、内胎和垫带等组成。无内胎轮胎俗称真空胎,在外观上与普通轮胎相似,但是没有内胎及垫带。

35. 目前乘用车上应用的轮胎主要是低压(超低压)、无内胎的子午线轮胎。

36. 转向系统是指由驾驶员操纵,能实现转向轮偏转和回位的一套机构。转向系统的功用是按照驾驶员的意愿改变汽车的行驶方向和保持汽车稳定的直线行驶。

37. 汽车转向系统按转向动力源的不同分为机械转向系统和动力转向系统两大类。

38. 机械转向系统以驾驶员的体力作转向动力源,系统的所有传动件都是机械的。

39. 动力转向系统是兼用驾驶员体力和发动机的动力作为转向能源的转向系统。动力转向系统是在机械转向系统的基础上加设一套转向加力装置而形成的。

40. 汽车机械转向系统由转向操纵机构、机械转向器和转向传动机构组成。转向器是转向系统中的降速增矩的装置,其功用是增大由转向盘传到转向节的力,并改变力的传动方向。

41. 常见的转向器有齿轮齿条式和循环球式等。

42. 齿轮齿条式转向器采用一级传动副,主动件是齿轮,从动件是齿条。

43. 循环球式转向器由侧盖、底盖、壳体、钢球、带齿扇的摇臂轴、圆锥滚子轴承、制有齿形的螺母、转向螺杆等组成。

44. 循环球式转向器采有两级传动副,第一级是转向螺杆与螺母,第二级是齿条与齿扇。

45. 液压动力转向装置由机械转向器、转向控制阀(转阀式)、转向动力缸以及将发动机输出的部分机械能转换为压力能的转向油泵、转向油罐等组成。

46. 电动式电子控制动力转向系统主要由转矩传感器、转角传感器、车速传感器、电动机、电磁离合器、减速机构、电子控制单元等组成。

47.汽车制动系统的功用是:按照需要使汽车减速或在最短距离内停车;下坡行驶时保持车速稳定;使停驶的汽车可靠驻停。

48.汽车制动系统包括行车制动系统和驻车制动系统两大部分。行车制动系统用于使行驶中的车辆减速或停车,通常由驾驶员用脚操纵,一般包含制动踏板、制动主缸、制动轮缸、制动管路、车轮制动器等;驻车制动系统用于使停驶的汽车驻留原地,通常由驾驶员用手(或脚)操纵,一般包含制动手柄(或驻车踏板)、拉索(或拉杆)、制动器。另外,较为完善的制动系统还包括制动力调节装置以及报警装置、压力保护装置等。

49.车轮制动器由旋转元件和固定元件两大部分组成。旋转元件与车轮相连接,固定元件与车桥相连接。利用旋转元件和固定元件之间的摩擦,产生制动器制动力。

50.盘式制动器根据其固定元件的结构形式可分为钳盘式制动器和全盘式制动器。

51.钳盘式制动器按制动钳固定在支架上的结构形式可分为定钳盘式制动器和浮钳盘式制动器。

52.简单的鼓式车轮制动器由旋转部分、固定部分、促动装置和间隙调整装置组成。旋转部分为制动鼓;固定部分是制动底板和制动蹄,制动底板固装在车桥的凸缘盘上,通过支承销与制动蹄相连;促动装置的功用是对制动蹄施加力使其向外张开,常用的促动装置有凸轮或制动轮缸;间隙调整装置的功用是保持和调整制动蹄和制动鼓间正确的相对位置。

53.驻车制动器的功用是:车辆停驶后防止滑溜;使车辆在坡道上能顺利起步;行车制动系统失效后临时使用或配合行车制动器进行紧急制动。

54.液压制动传动装置由制动踏板、制动主缸、储液罐、制动轮缸、油管等组成。现代汽车上采用了各种制动力调节装置,用以调节前后车轮制动管路的工作压力,常用的调节装置有限压阀、比例阀、感载比例阀和惯性阀等。

55.现代汽车的行车制动系统须采用双管路液压制动传动装置,常见的双管路的布置方案有前后独立式和交叉式两种形式。

56.汽车防抱死制动系统(ABS)是一种安全控制制动系统,ABS 既有普通制动系统的制动功能,又能防止车轮制动时抱死。

57.防抱死制动系统可使汽车在制动过程中车轮滑移率保持在20%左右范围内,此时轮胎处于边滚边滑状态,制动力最大,保证了汽车的方向稳定性,防止产生侧滑和跑偏。

58.ABS 通常由轮速传感器、制动压力调节器、电子控制单元(ECU)和 ABS 警示装置等组成。

59.驱动防滑控制系统的功用是防止汽车在加速过程中打滑,特别是防止汽车在非对称路面或在转向时驱动轮滑转。

60.典型 ABS/ASR 系统主要由轮速传感器、ABS/ASRECU、制动压力调节器、主副节气门开度传感器、副节气门控制步进电动机等组成。

61.汽车电子稳定程序控制系统是改善汽车行驶性能的一种控制系统,是 ABS 和 ASR 在功能上的延伸。利用与 ABS 一起的综合控制可防止汽车在制动时车轮抱死;利用 ASR 可阻止汽车在起步时驱动轮滑转(空转)。ESP 可以通过有选择性地控制各车轮上的制动力,防止车辆滑移,因此,ESP 是一个主动安全系统。

62. ESP 由传统制动系统、传感器、液压调节器、汽车稳定性控制电子控制单元和辅助系统组成。

第四节 汽车电气设备基本构造

1. 发动机电气设备由蓄电池、充电系统、起动系统和发动机点火系统等组成。

2. 汽车蓄电池是一种储能装置,是低压直流电源,它并不是直接储存电能,而是将电能转变成化学能储存起来,当蓄电池连接外部电路时,化学能才变成电能,从蓄电池的正极流出经导线到负荷,再经导线流回蓄电池负极完成回路放电。

3. 当发动机运转时,使用小部分动力驱动发电机以产生电能,再充入蓄电池,把电能变成化学能储存。现代汽车一般使用 12V 的蓄电池,大型柴油车则常用两个 12V 蓄电池串联而成 24V 系统。

4. 汽车蓄电池的功用:起动发动机时供给起动机摇转发动机所需的大量电流;当发电机发出的电压低于蓄电池电压时或发电机不工作时,供给全车电器所需的电流;当汽车上电器的用电量超过发电机的输出量时,帮助发电机提供电器所需的电流;平衡汽车电气系统的电压,不使电压过高或过低。

5. 蓄电池由壳体、盖板、极板组、隔板与极柱等组成。蓄电池中的电解液为稀硫酸。

6. 充电系统是将发动机一部分机械能转变为电能的装置。充电系统最重要的部件是产生电能的发电机,其次为控制发电机最高输出电压的调节器,另外还有指示充电系统工作是否正常的指示灯或电流表,以及连接各电器间的导线等。

7. 交流发电机的功能:在车辆行驶时,供应点火系统、空调、音响及其他电器用电;补充蓄电池在起动时损耗的电能(即对蓄电池充电)。

8. 交流发电机由定子、转子、整流器、前端盖、电刷、后端盖和风扇等组成。

9. 汽车的起动系统由蓄电池、点火开关、电磁开关、起动机和导线等元件组成。

10. 起动机的功能:利用起动机小齿轮与发动机飞轮啮合,以摇转发动机使其能起动;发动机起动后,小齿轮与飞轮必须立刻分离,以免起动机受损。

11. 起动机是起动系统中的主要组成部分,起动机由直流串励式电动机、离合机构和控制装置组成。

12. 现代汽车电控燃油喷射式发动机均已采用微型计算机控制点火系统(ESA),ECU 接收曲轴位置传感器、空气流量传感器、冷却液温度传感器等的信号,以进行点火时间的控制与修正。

13. 为了保证汽车行驶安全,现代汽车上都装备照明与信号系统。照明系统用于提供车辆夜间安全行驶必要的照明,包括车外照明和车内照明等,信号系统用于提供安全行车所必需的灯光信号。

14. 前照灯也称前大灯或头灯,安装于汽车头部两侧,用于夜间行车时的道路照明,灯光为白色,功率一般为 30~60W。前照灯包括远光灯和近光灯两种,远光灯用于保证车前有明亮而均匀的照明,使驾驶员能辨明 100m 以内道路上的任何障碍物;近光灯在会车和市区内使用,用于保证夜间车前 50m 内的路面照明,以及避免两车交会时造成对向驾驶员炫目而发生事故。

15. 前照灯主要由灯泡、反射镜和配光镜组成。

16. 雾灯用于雨、雪、雾或尘埃弥漫天气时的行车照明并具有信号作用。

17. 牌照灯安装于汽车尾部的牌照上方,用于夜间照亮汽车牌照。

18. 仪表灯安装于汽车仪表板上,用于仪表照明。

19. 车顶灯(又称车内灯或室内灯)安装于驾驶室或车厢顶部,主要用于车内照明。

20. 工作灯的功用是对排除汽车故障或检修提供照明。

21. 阅读灯(又称地图灯、个人灯、内小灯等)安装在前座椅上方,为了便于乘客阅读。

22. 点火开关照明灯的功用是在所有车门关闭后,它会持续点亮 10~15s 才熄灭,以方便驾驶员插入钥匙。

23. 车门灯(又称探照灯)安装在 4 个车门下方,当车门打开时灯亮,照亮地面,以方便进出车辆的驾驶员及乘客。

24. 行李舱灯安装于行李舱顶部,用于夜间行李舱盖打开时照亮行李舱。

25. 发动机舱盖灯安装于发动机舱盖内侧,用于夜间发动机舱打开时照亮发动机舱。

26. 信号系统包括信号灯和喇叭。信号灯包括转向信号灯、危险警报灯、示廓灯、尾灯、制动灯和倒车灯等。

27. 转向信号灯(简称转向灯)的功用是在汽车起步、超车、转弯和停车时,左侧或右侧的转向信号灯会发出明暗交替的闪光信号,以示汽车改变行驶方向。

28. 危险警报灯(又称危险报警灯)与转向信号灯共用同一套灯具。当车辆在路面上遇到紧急情况需要处理时,按下危险警报灯开关,全部转向灯同时闪烁,提醒后方车辆避让。

29. 示廓灯(又称小灯、驻车灯或停车灯)安装在车辆前面两侧对称位置,用于标识汽车夜间行驶或停车时的宽度轮廓。

30. 尾灯一般为红色,用于在夜间行驶时向后面的车辆或行人提供位置信息。

31. 制动灯安装于汽车后面,用于当汽车制动或减速停车时,向车后发出灯光信号,以警示随后车辆及行人。

32. 倒车灯安装于汽车尾部,左右各一只。倒车灯一般为白色。用于照亮车后路面,并警示车后的车辆和行人,表示该车正在倒车,提高倒车时的安全性。

33. 汽车喇叭是用来警告路上车辆或行人的警报装置。喇叭的种类主要有电磁式、电子式和压缩空气式 3 类。

34. 电磁式喇叭一般包括高音喇叭、低音喇叭、喇叭继电器、喇叭按钮、电源、熔断丝等。常见的电磁式喇叭为螺旋形喇叭和盆形喇叭。

35. 刮水器的功用是用来清除风窗玻璃上的雨水、雪或尘土,以确保驾驶员有良好的视野。在行驶中,由于泥土的飞溅或其他原因污染风窗玻璃,所以刮水器还设有洗涤装置,有些乘用车还装备有前照灯冲洗装置。

36. 刮水器由直流电动机、涡轮箱、曲柄、连杆、摆杆、摇臂和刮水片等组成。

37. 目前汽车使用的洗涤器均为电动式，其结构包括储水箱、水管及喷嘴等，电动机（永久磁铁式）及水泵（离心式）安装在储水箱上。

38. 汽车组合仪表分为传统组合仪表和电子组合仪表。传统组合仪表是机械式或电气机械式，它们都是通过指针和刻度来实现模拟显示的。随着电子及计算机技术在汽车上的广泛应用，以及新型传感器和电子显示器的出现，电子组合仪表已被越来越多的汽车所采用。

39. 传统组合仪表主要包括机油压力表、冷却液温度表、发动机转速表、燃油表、电流表、机油压力报警灯、充电指示灯等，这些仪表通常都组装在仪表板上。

40. 电子组合仪表主要有电子式燃油表、发动机电子转速表、车速表、里程表和冷却液温度表等。

41. 报警装置一般由传感器、报警灯（或蜂鸣器）等组成。

42. 汽车空调系统即车内空气调节装置，是指对车内空气的温度、湿度及清洁度进行调节控制的装置。汽车空调系统功用是在各种气候和行驶条件下，为乘员提供舒适的车内环境，并能预防或除去附在风窗玻璃上的雾、霜或冰雪，以确保驾驶员的视野清晰与行车安全。

43. 汽车空调系统主要由制冷系统、采暖系统、通风装置、加湿装置、空气净化装置和控制装置等组成。

44. 汽车空调制冷系统主要由压缩机、冷凝器、储液干燥器、膨胀阀、蒸发器、导管与软管、压力开关等组成。

45. 安全气囊系统的全称为汽车安全辅助气囊系统，又称 SRS。汽车安全气囊在汽车发生碰撞时，可以迅速在乘员和汽车内部结构之间打开一个充满气体的袋子，使乘员撞在气袋上，避免或减缓碰撞，从而到达保护乘员的目的。

46. 安全气囊系统主要由碰撞传感器、安全气囊控制单元、安全气囊组件和安全气囊警告灯等组成。

考试模拟题

一、是非判断题

1. 乘用车是指在其设计和技术特性上主要用于载运乘客及其随身行李和/或临时物品的汽车，不包括驾驶员座位，最多不超过 9 个座位。　　　　　　　　　　　　（×）

2. 曲轴与连杆下端的连接中心至曲轴中心的距离（即曲轴的回转半径）称为曲柄半径。活塞行程与曲柄半径相等。　　　　　　　　　　　　　　　　　　　　（×）

3. 四冲程发动机中的曲轴与凸轮轴的转速比为1∶2。　　　　　　　　　　（×）

4. 发动机排气系统主要由排气歧管、排气消声器等组成，电控燃油喷射系统汽油机的排气系统多带有三元催化转化器。　　　　　　　　　　　　　　　　　　（√）

5.现代汽车多采用封闭式强制循环水冷却系统。 (√)
6.电控自动变速器换挡执行元件主要包括离合器、制动器和单向离合器。 (√)
7.现在一般汽车均采用高压胎。 (×)
8.驻车制动系统用于使停驶的汽车驻留原地,通常由驾驶员用手(或脚)操纵。 (√)
9.前照灯的远光灯在会车和市区内使用,用于保证夜间车前60m内的路面照明。 (×)
10.汽车空调系统即车内空气调节装置,是指对车内空气的温度、湿度及清洁度进行调节控制的装置。 (√)

二、单项选择题

1.(D)布置形式是方程式赛车和大多数跑车采用的布置形式。
　　A.发动机前置后轮驱动　　　　　　B.发动机前置前轮驱动
　　C.发动机后置后轮驱动　　　　　　D.发动机中置后轮驱动
2.(A)的功用是承受汽缸中的燃烧压力,还与汽缸盖、汽缸壁共同组成燃烧室。
　　A.活塞　　　　B.活塞环　　　　C.活塞销　　　　D.连杆
3.(D)的功用是储存做功行程的一部分能量,以克服各辅助行程的阻力。
　　A.活塞　　　　B.连杆　　　　C.曲轴　　　　D.飞轮
4.(D)的功用是根据发动机运转状况和车辆运行状况确定汽油最佳喷射量和最佳点火提前角。
　　A.空气供给系统　　B.排气系统　　C.燃料供给系统　　D.电子控制系统
5.(D)是汽车离合器的主要作用之一。
　　A.保证汽车怠速平稳　　　　　　B.增加变速比
　　C.实现倒车　　　　　　　　　　D.保证变速器换挡平顺
6.(C)可以衰减由于路面冲击产生的振动,使振动的振幅迅速减小。
　　A.弹性元件　　B.导向机构　　C.减振器　　D.横向稳定器
7.(D)是转向系统中的降速增矩的装置。
　　A.转向盘　　　B.转向轴　　　C.转向横拉杆　　D.转向器
8.防抱死制动系统可使汽车在制动过程中车轮滑移率保持在(B)左右范围内。
　　A.10%　　　　B.20%　　　　C.50%　　　　D.70%
9.现代汽油发动机汽车一般使用(D)的蓄电池。
　　A.5V　　　　　B.6V　　　　　C.10V　　　　　D.12V
10.目前汽车使用的洗涤器均为(B)。
　　A.机械式　　　B.电动式　　　C.液压式　　　D.气压式

三、多项选择题

1.底盘的功用是支承、安装汽车发动机及其各部件、总成,形成汽车的整体造型,并接受发动机的动力,使汽车产生运动,保证正常行驶。底盘由(ABCD)组成。
　　A.传动系统　　B.行驶系统　　C.转向系统　　D.制动系统
2.发动机的主要性能指标有(ABC)。

A. 有效转矩　　　B. 有效功率　　　C. 燃油消耗率　　　D. 传动效率

3. 水冷式冷却系统通常由（ACD）等组成。
   A. 散热器　　　B. 机油泵　　　C. 节温器　　　D. 冷却风扇

4. 润滑系统主要由（ABD）等组成。
   A. 机油泵　　　B. 集滤器　　　C. 水套　　　D. 机油滤清器

5. 离合器安装在发动机与变速器之间，它可分为（ABCD）。
   A. 主动部分　　　B. 从动部分　　　C. 压紧装置　　　D. 操纵机构

6. 驱动桥一般由（ABCD）组成。
   A. 主减速器　　　B. 差速器　　　C. 半轴　　　D. 桥壳

7. 按车桥上车轮的功用不同，车桥分为转向桥、驱动桥、转向驱动桥和支持桥，其中（AD）属于从动桥。
   A. 转向桥　　　B. 驱动桥　　　C. 转向驱动桥　　　D. 支持桥

8. 循环球式转向器采有两级传动副，第一级是（AB）。
   A. 转向螺杆　　　B. 螺母　　　C. 齿条　　　D. 齿扇

9. 发动机电气设备由（ABD）等组成。
   A. 蓄电池　　　B. 充电系统　　　C. 信号系统　　　D. 起动系统

10. 电子组合仪表主要有（ABCD）等。
    A. 电子式燃油表　　　　　　B. 发动机电子转速表
    C. 车速表　　　　　　　　　D. 冷却液温度表

第四章 常用机动车材料性能及应用

第一节 车用燃料

1. 汽油的使用性能包括：

(1)蒸发性。指汽油蒸发的难易程度。对发动机的起动、暖机、加速、气阻、燃料耗量等有重要影响。汽油的蒸发性由馏程、蒸气压、气液比3个指标综合评定。

(2)抗爆性。指汽油在各种使用条件下抗爆震燃烧的能力。车用汽油的抗爆性用辛烷值表示。辛烷值高,抗爆性好。高辛烷值汽油可以满足高压缩比汽油机的需要。

(3)安定性。指汽油在自然条件下,长时间放置的稳定性。用胶质和诱导期及碘价表征。胶质越低越好,诱导期越长越好,碘价表示烯烃的含量。

(4)汽油的腐蚀性。若汽油中含有硫及硫化物、有机酸及水溶性酸碱及水分,就有了腐蚀性。

(5)汽油的清洁性。指汽油在生产、运输、储存和使用过程中不应混入炼制工艺以外的杂质,以保持汽油清洁。

2. 我国车用无铅汽油按研究法辛烷值分为多种牌号,现行国Ⅴ标准汽油一般分为92号和95号两个牌号,个别地区还有可能根据当地的实际情况制定了相应的地方燃油标号。

3. 选用汽油主要依据发动机的压缩比:高压缩比的发动机应选用牌号较高的汽油,低压缩比的发动机可选用牌号较低的汽油。

4. 柴油的使用性能包括：

(1)低温流动性。柴油低温流动性以凝点表示。

(2)燃烧性。是指柴油喷入汽缸后立即着火燃烧的性能。燃烧性好的柴油着火延迟期(滞燃期)短,工作平稳。柴油的燃烧性以十六烷值表示。

(3)蒸发性。是指柴油从液态转化为气态的性能,通常用馏程和闪点评价。

(4)黏度。黏度用以表示柴油的稀稠程度,它随温度而变。柴油的黏度与流动性、雾化性、燃烧性和润滑性都有很大关系。

(5)腐蚀性。是指硫分、酸分、水溶性酸或碱对金属材料的破坏作用,其中以柴油中的硫分影响最大。

(6)清洁性。包括柴油中灰分、水分、机械杂质的含量。

5. 目前国内应用的轻柴油按凝点分为 6 个牌号：10 号柴油、0 号柴油、-10 号柴油、-20 号柴油、-35 号柴油和 -50 号柴油。例如：10 号柴油表示该种柴油的凝点不低于 10℃。

6. 柴油应根据不同地区和季节选用。环境温度较高的地区，选用凝点较高的柴油；反之，选用凝点较低的柴油。

7. 一般选用凝点较最低环境温度低 2 ~ 3℃的柴油，以保证在最低气温时不凝固。

8. 低凝点柴油生产工艺复杂，产量比高凝点柴油少，价格也高。所以，在环境温度允许的情况下，尽量延长高凝点柴油使用期。

9. 现阶段开发和具有应用价值的代用燃料有液化石油气（LPG）、天然气（CNG）、生物柴油、醇类、二甲醚、氢气等。

第二节　车用润滑料

1. 发动机润滑油能对发动机起到润滑减磨、辅助冷却降温、密封防漏、防锈防蚀、减振缓冲等作用。

2. 润滑油由基础油和添加剂两部分组成：基础油是润滑油的主要成分，决定着润滑油的基本性质，添加剂则可弥补和改善基础油性能方面的不足，赋予某些新的性能。

3. 发动机润滑油黏度等级划分：

（1）由美国汽车工程师学会（SAE）制定（我国等效采用该标准），有单级油和多级油之分。

（2）如只能满足一组黏度特性要求的为单级油，如 5W、30 等。

（3）如能满足两组黏度特性要求的则为多级油，如 5W/40、10W/20 等。

（4）"W"代表冬季，前面的数字越小说明低温黏度越低，发动机冷起动时的保护能力越好。

（5）"W"后面的数字则是发动机润滑油耐高温性的指标。代表冬用部分的数字越小，代表夏季部分的数字越大者，适用的气温范围越大。

4. 发动机润滑油质量等级划分：

（1）由美国石油学会（API）制定（我国等效采用该标准），分为两类。

（2）"S"开头系列代表汽油发动机用油（我国标准用"Q"开头），规格有：SA、SB、SC、SD、SE、SF、SG、SH、SJ、SL、SM、SN。

（3）"C"开头系列代表柴油发动机用油（我国标准也是"C"开头），规格有：CA、CB、CC、CD、CE、CF、CF-2、CF-4、CG-4、CH-4、CI-4。

（4）当"S"和"C"两个字母同时存在，则表示此润滑油为汽油发动机和柴油发动机通用型。

（5）在 S 或 C 后面的字母表示的意义是：每递增一个字母，润滑油的性能都会优于前一种，润滑油中会有更多用来保护发动机的添加剂。字母越靠后，质量等级越高，国际品牌中润滑油级别多是 SF 级别以上的。

5. 应严格按照汽车使用说明书中的规定,根据汽车发动机的工作条件,选用适当的润滑油品种及使用级别。

6. 汽油润滑油与柴油润滑油,两者不能混用。

7. 不同地区要根据当地环境温度选用不同的黏度级别的润滑油,如北方冬季应选用 5W/30 或 0W/30 的润滑油。

8. 重载低速和高速下应选择黏度较大的发动机润滑油;轻载高速应选择黏度较小的发动机润滑油。

9. 新发动机选择黏度较小的润滑油;磨损程度较重的发动机则选择黏度较大的润滑油。

10. 高质量等级可代替低的质量等级的润滑油,但绝不能用低质量级别的润滑油去代替高质量级别的润滑油,否则会导致发动机故障甚至损坏。

11. 齿轮润滑油多用于变速器、转向器和减速器等总成的润滑。

12. 齿轮润滑油的工作条件与发动机润滑油的工作条件相比,工作温度虽不很高,但油膜所承受的单位压力却很大。

13. 选用齿轮润滑油时,首先根据传动齿轮的类型和使用时的负荷、速度选出齿轮油种类,即普通齿轮润滑油还是双曲线齿轮润滑油。然后再按照使用地区季节的最低气温选出黏度等级,即可得知选用齿轮润滑油的牌号。

14. 润滑脂具有良好的黏附性,不易从摩擦表面流失,可在不密封和受压较大的摩擦零部件上使用,并有防水、防尘、密封作用。

15. 润滑脂由基础油、稠化剂、添加剂三部分组成。

16. 润滑脂的使用性能包括:滴点(反映润滑脂耐热程度)、针入度、胶体安定性、水分和腐蚀性等。

17. 滴点反映了润滑脂耐热程度。

18. 针入度是表示润滑脂稠度的指标,也是表示润滑脂硬度的数值,针入度越小,稠化剂含量越多,润滑脂越硬。润滑脂太硬会增大运动阻力,太软则会在高速时被甩掉。

19. 选用润滑脂时主要考虑以下因素:

(1) 工作温度。温度越高,选用滴点也越高;反之,就选用滴点较低的润滑脂。

(2) 运动速度。速度越大,选用的黏度就应越低;反之,应选高黏度的。

(3) 承载负荷。承载负荷大的,应选针入度小的,以免润滑脂被挤出来;反之,应选针入度较大的润滑脂。

第三节 其他车用材料

1. 制动液是液压制动系统中传递制动压力的液态介质,是制动系统制动不可缺少的工作介质。

2. 国际通用汽车制动液标准,是美国联邦政府运输安全部(DOT)制定的联邦机动车辆安全标准,具体牌号为 DOT3、DOT4、DOT5。

3. 我国的《机动车辆制动液》(GB12981—2012)中规定机动车辆安全使用 HZY3、HZY4、HZY5、HZY6 四种产品,其中 H、Z、Y 分别为合成、制动和液体第一个汉字的汉语拼音首字母,阿拉伯数字作为区别本系列的标记。HZY3、HZY4、HZY5 分别对应国际通用产品 DOT3、DOT4、DOT5。

4. 汽车制动液的技术性能要求主要有较小的橡胶密封件膨胀率、较低的腐蚀性、较高沸点。此外,还要求制动液要有适宜的黏度和良好的低温流动性,以保证在各种气温条件下的制动性能。

5. 制动液的选用及使用注意事项:
(1)选用制动液一般说来,按照使用说明书选择制动液是最合理可靠的。
(2)使用前必须检查是否有白色沉淀。
(3)不得混用制动液,在更换制动液品牌时一定要用新加入的产品清洗管路。
(4)定期更换制动液。建议每隔 2 万 ~4 万 km 或 1 年时间更换一次。
(5)安全存放及时添加。

6. 液力传动油又称自动变速器油(ATF)或自动传动油,用于由液力变矩器、液力耦合器和机械变速器构成的车辆自动变速器中作为工作介质,借助液体的动能起传递能量的作用。

7. 液力传动油的性能要求包括:黏度、热氧化安定性、剪切安定性、抗泡性能和摩擦特性等。

8. 液力传传动油按 100℃ 运动黏度分为 6 号和 8 号两种。其中 6 号液力传动油主要用于大型、重负荷车辆和工程机械的液力传动系统。8 号液力传动油主要用于各种小型、轻重负荷车辆的液力传动系统。

9. 不同厂家同级别的液力传动油品不可以混用。且储存期限不得超过 1 年,常温下密封保存。

10. 冷却液的主要功能为保护发动机正常良好运行,在发动机散热器内循环,起到防冻、防沸、防锈、防腐蚀等效果。

11. 现在的商品防冻液几乎都是用乙二醇配制的,大多为红色或绿色,以观察是否泄漏或与发动机其他液体相区别。

12. 应根据当地冬季最低气温选用适当冰点牌号的防冻液,冰点至少应低于最低气温 5℃。

13. 乙二醇水溶液的膨胀系数较大,发动机的冷却系统注入冷却液的量要比其容积少 5% ~6%,以免发动机温度升高后冷却液外溢。

14. 发动机冷却系统液体可能因渗漏或喷溅而损耗,遇此情况需要补充防冻液,只补充水会使防冻液冰点升高。

15. 在制冷设备中完成制冷循环的工作介质称为制冷剂,俗称冷媒。

16. 制冷剂的性能要求:蒸发潜热大,且易于液化;化学安定性好,不易变质;工作温度和压力适中;对金属物件无腐蚀;不燃烧、不爆炸;无毒性、无污染;可与润滑油(冷冻机油)按照任何比例互溶。

17. 目前汽车空调用制冷剂广泛使用环保型产品 R134a(四氟乙烷)。不同型号的制冷剂是有区别的,使用时切不可用错制冷剂。

18. 轮胎与路面接触,和汽车悬架共同来缓和汽车行驶时所受到的冲击,保证汽车有良好的乘坐舒适性和行驶平顺性;保证车轮和路面有良好的附着性,提高汽车的牵引性、制动性和通过性;承受着汽车的质量。

19. 按轮胎结构、用途不同,轮胎分为普通斜交轮胎和子午线轮胎两种。

20. 我国汽车轮胎规格的表示方法如下:

示例:205/60 R 15 89 H

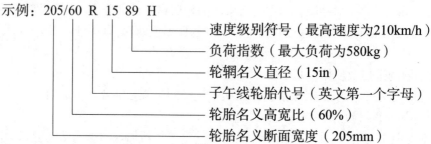

21. 汽车对轮胎的要求是多方面的,选择时不能取决于单一因素,应针对具体汽车的性能要求和使用特点综合考虑,可重点参考轮胎类别、胎面花纹、胎体结构、轮胎材质、规格气压、速度特性等几方面。

22. 汽车常用制造材料包括金属材料和非金属材料两大类。

考试模拟题

一、是非判断题

1. 选用汽油主要依据压缩比,高压缩比的发动机应选用牌号较高的汽油,低压缩比的发动机可选用牌号较低的汽油。　　　　　　　　　　　　　　　　　　　　　　　(√)

2. 我国将车用汽油按研究法辛烷值分为92号和95号等多个牌号,它们反映了汽油的清洁性。　　　　　　　　　　　　　　　　　　　　　　　　　　　　　　　　(×)

3. 气温较高的地区,选用凝点较高的柴油;反之,选用凝点较低的柴油。　　(√)

4. 与发动机润滑油的工作条件相比,齿轮油的工作温度不高,油膜所承受的压力不大,所以可以使用更长的时间。　　　　　　　　　　　　　　　　　　　　　　(×)

二、单项选择题

1. 我国轻柴油牌号是按照(C)进行划分的。
　　A. 十六烷值　　　B. 闪点　　　C. 凝点　　　D. 浊点

2. 汽油的使用性能不包括(D)。
　　A. 蒸发性　　　B. 清洁性　　　C. 腐蚀性　　　D. 低温流动性

3. 关于汽车防冻液的说法错误的是(C)。
   A. 现在的商品防冻液几乎都是用乙二醇配制的
   B. 大多为红色或绿色,以便观察泄漏或与发动机其他液体相区别
   C. 发动机防冻液有少量损耗,只补充清洁的水即可
   D. 应根据当地冬季最低气温选用适当冰点牌号的防冻液,冰点至少应低于最低气温5℃
4. 某北方城市冬季最低气温大约为－23℃,夏季最高气温为35℃,一辆新的家用汽油轿车使用以下(C)发动机润滑油最合适。
   A. SM15W30　　　B. SL20W50　　　C. SM5W40　　　D. CI-420W50

三、多项选择题

1. 下列属于发动机润滑油作用的有(ABCD)。
   A. 润滑　　　B. 冷却　　　C. 密封　　　D. 防锈
2. 下列关于选用发动机润滑油的说法正确的有(BCD)。
   A. 汽油机选用C系列润滑油,柴油机选用S系列为润滑油
   B. 选用发动机润滑油时,高质量等级可代替低的质量等级的油,但绝不能用低质量级别的油去代替高质量级别的油
   C. 重载低速和高速下应选择黏度较大的润滑油;轻载高速应选择黏度较小的润滑油
   D. 新发动机选择黏度较小的润滑油;磨损程度较重的发动机则选择黏度较大的润滑油
3. 选用润滑脂时主要考虑的因素有(ABC)。
   A. 工作温度　　B. 运动速度　　C. 承载负荷　　D. 表面质量
4. 某轮胎规格为 205/60 R16 91H,下列说法正确的是(ACD)。
   A. 轮胎的断面宽度为205mm　　　　B. 轮胎的断面高度为60mm
   C. 轮胎的内径为16in　　　　　　　D. 轮胎能承受的最高速度为210km/h

第五章 常用测量器具

第一节 计量基础知识

1. 计量是指实现单位统一和量值准确可靠的活动。从定义中可以看出,它属于测量,源于测量,而又严于一般测量,它涉及整个测量领域,并按法律规定,对测量起着指导、监督、保证的作用。

2. 测试是具有试验性质的测量,也可理解为测量和试验的综合,它具有探索、分析、研究和试验的特征。

3. 我国的计量法规体系由三部分组成:由全国人大颁布的《中华人民共和国计量法》;国务院制定(或批准)的计量行政法规和省、自治区、直辖市人大常委会制定的地方计量法规;国务院计量行政部门制定的计量管理办法和技术规范,国务院有关部门制定的部门计量管理办法,县级以上人民政府计量行政部门制定的地方计量管理办法。

4. 1977年5月,我国正式加入国际米制公约组织。

5. 1985年9月6日发布《中华人民共和国计量法》。

6. 计量单位是为定量表示同种量的大小而约定定义和采用的特定量。

7. 目前国际单位制(SI)共有七个基本单位:长度单位为米(m)、质量单位为千克(kg)、时间单位为秒(s)、电流单位为安培(A)、热力学温度单位为开尔文(K)、物质的量单位为摩尔(mol)和发光强度单位为坎德拉(cd)。

8. 我国法定计量单位包括以下几种:国际单位制的基本单位;国际单位制的辅助单位;国际单位制中具有专门名称的导出单位;国家选定的非国际单位制单位;由以上单位构成的组合形式的单位和由词头和以上单位构成的十进倍数和分数单位。

第二节 汽车维修常用测量器具的使用

1. 测量时应该注意以下事项:进行测量时,应使测量仪器温度和握持的方法保持在一定的状态;保持固定的测量动作;使用后应注意仪器的清理和维护,并存放在不受灰尘和气体污染的场所;要定期检查仪器精度。

2. 游标卡尺又称四用游标卡尺,简称卡尺,是由尺身和附在尺身上能滑动的游标制造而成的精密测量仪器,能够正确且简单地从事长度、外径、内径及深度的测量。

3. 游标卡尺读数时,首先读出游标零线左边与尺身相邻的第一条刻线的整毫米数,即测得尺寸的整数值,例如,尺身上的读数为45.00mm。再读出游标与尺身刻度线对齐的那一条刻度线所表示的数值,即为测量值的小数,例如,游标的读数为0.25mm。把从尺身上读得的整毫米数和从游标上读得的毫米小数加起来即为测得的实际尺寸,即 45 + 0.25 = 45.25（mm）。

4. 使用游标卡尺时先应依照下列事项逐一检查:测量爪的密合状态;零点校正;游标尺的移动状况。

5. 外径千分尺又称螺旋测微器,它是利用螺纹节距来测量长度的精密测量仪器,是一种用于测量加工精度要求较高的零部件,汽车维修工作中一般使用可以测至1/100mm的外径千分尺,其测量精度可达到0.01mm。

6. 外径千分尺主要由测砧、测微螺杆、尺架、固定套筒、微分筒、棘轮旋钮及锁紧装置等零部件组成。

7. 百分表利用指针和刻度将心轴移动量放大来表示测量尺寸,主要用于测量工件的尺寸误差以及配合间隙。

8. 汽车修理厂大多采用最小刻度为1/100mm的百分表。同时百分表可以和夹具配合使用。

9. 百分表的测量头包括4种类型,分别为:长型,适合在有限空间中使用;滚子型,用于轮胎的凸面/凹面测量;杠杆型,用于测量不能直接接触的部件;平板型,用于测量活塞突出部分等。

10. 百分表表盘刻度分为100格,当量头每移动0.01mm时,大指针偏转1格;当测量头每移动1.0mm时,大指针偏转1周。小指针偏转1格相当于1mm。注意:百分表的表盘是可以转动的。

11. 百分表要装设在支座上才能使用,在支座内部设有磁铁,旋转支座上的旋钮使表座吸附在工具台上,因而又称磁性表座。此外,百分表还可以和夹具、V形槽、检测平板和顶心台合并使用,从事弯曲、振动及平面状态的测定或检查。

12. 量缸表又称内径百分表,是利用百分表制成的测量仪器,也是用于测量孔径的比较常用的测量工具。在汽车维修中,量缸表通常用于测量汽缸的磨耗量及内径。

13. 量缸表主要包括百分表、表杆、替换杆件和替换杆件紧固螺钉等。

14. 在测量内径很小的配件时,如气门导管等部位,就需要另一种类似于量缸表的量具——卡规。

15. 在使用卡规时,将测量端压缩放入被测物体内,读数与量缸表相同,当移动吊耳移动2mm时,则长指针转动一圈,测量精度:0.01mm。

16. 厚薄规俗称塞尺或间隙片,是一组淬硬的钢条或刀片,这些淬硬的钢条或刀片被研磨或滚压成为精确的厚度,它们通常都是成套供应。

17.厚薄规的每条钢片标出了厚度(单位为 mm),它们可以单独使用,也可以将两片或多片组合在一起使用,以便获得所要求的厚度,最薄的一片可以达到 0.02mm。常用厚薄规长度有 50mm、100mm、200mm。

18.厚薄规在汽车维修工作中主要用于测量气门间隙、触点间隙和一些接触面的平直度等。

19.使用厚薄规测量时,应根据间隙的大小,先用较薄片试插,逐步加厚,可以一片或数片重叠在一起插入间隙内,插入深度应在 20mm 左右。例如,用 0.2mm 的厚薄规片刚好能插入两工件的缝隙中,而 0.3mm 的厚薄规片插不进,则说明两工件的结合间隙为 0.2mm。

20.使用厚薄规测量时,必须平整插入,松紧适度,所插入的厚薄规钢片厚度即为间隙尺寸。严禁将厚薄规钢片用大力强硬插入缝隙测量。插入时应特别注意前端,不要用力过猛,否则容易折损或弯曲厚薄规。

21.塑料线间隙规是汽车维修用来测量汽车裂损破坏程度的一种工具,可以为固定表面的间隙测量提供非常简单、精确、有效的测量方法,在汽车维修方面是必不可少的工具。

考试模拟题

一、是非判断题

1.在汽车维修工作中,卡规主要用于测量气门间隙、触点间隙和一些接触面的平直度等。　　　　　　　　　　　　　　　　　　　　　　　　　　　　　　(×)

2.外径千分尺是利用螺纹节距来测量长度的精密测量仪器,是一种用于测量加工精度要求较高的零部件。　　　　　　　　　　　　　　　　　　　　　　　　(√)

二、单项选择题

1.(A)能够正确且简单地从事长度、外径、内径及深度的测量。
　　A.游标卡尺　　　B.外径千分尺　　　C.厚薄规　　　D.百分表

2.(C)我国正式加入国际米制公约组织。
　　A.1957 年 5 月　　B.1967 年 5 月　　C.1977 年 5 月　　D.1987 年 5 月

三、多项选择题

1.第十届国际计量大会决定采用(ABC)等作为基本计量单位。
　　A.米(m)　　　B.千克(kg)　　　C.安培(A)　　　D.分(min)

2.游标卡尺是由尺身和附在尺身上能滑动的游标制造而成的精密测量仪器,能够正确且简单地从事(ABCD)的测量。
　　A.长度　　　　B.外径　　　　C.内径　　　　D.深度

第六章

汽车检测维修安全常识

第一节 汽车维修个人安全防护

1. 个人安全就是保护好自己免受伤害,包括使用防护装置、穿戴安全、职业行为和正确的使用工具和设备。

2. 当工作环境存在损伤眼睛的风险时,就要戴上安全眼镜,对眼睛进行保护。

3. 进行某些作业时,应该佩戴其他的护眼器材,而不是安全眼镜。例如维修汽车制冷系统时,就应当戴着防溅护目镜,用压力喷射清理零部件时就要戴上防护面罩,防护面罩不仅能对眼部部进行保护,还能对面部进行保护。

4. 在蓄电池电解液、燃油、溶剂等化学品不慎进入眼睛时,要用清水长时间冲洗眼睛,还要及时让医生进行药物处理。

5. 在经常有噪声的环境里,应该带上耳罩或耳塞。

6. 汽车维修工经常在有毒化学气体环境中工作,不论是暴露在有毒气体中还是过量尘埃中,都要带上呼吸器或呼吸面罩。用清洗剂清洗零件、部件和喷漆是最常见的需要带上呼吸面罩进行的作业。处理吸附了灰尘的部件或有害物质时,也一定要带高效呼吸面罩。

7. 工作时穿着的服装不但要合体舒适,还要结实。宽松的服装很容易被运动的零部件和机器挂住。

8. 维修汽车时一定要穿用皮革或类似材料做成的并具有防滑底的鞋或靴子。铁头安全鞋可以增强对脚部的保护。

9. 戴上手套可以保护手,避免手受伤。在进行不同的作业时,要选戴不同类型的手套,对手进行保护。

第二节 汽车维修工具、维修设备的使用安全

1. 手工工具的使用安全如下:

(1)选择大小和类型都合适的手工工具来做一项工作,而且只用指定用来做该项工作的手工工具。

(2)保持手工工具处于良好状态,不用时应存放在安全处。保持切削工具有合适的磨锋。

(3)切勿把尖的或削尖的工具放在衣袋里。

(4)加工小零件时,应把小零件夹在台虎钳或夹紧装置上。

(5)手柄活动或断裂的工具应修理或更换。

(6)选用錾子刀口至少要同待加工的錾口一样大。不要用錾子或冲子去冲坚硬部件,如固定销。切勿用錾子、冲子或刮刀当撬棍。过大的力会损坏或折断工具。

(7)多次敲击后,锐边可能折断或形成圆形头,应对其修整,保持全部冲子和錾子的头部打磨平滑。

(8)当使用切削工具时,一定要使金属屑飞离身体,使双手以及手指处在刀口的后面。手柄应清洁、干燥及确保牢固地握住。

(9)切勿用锤子敲击锉刀或把锉刀当作撬棍用。使用锉刀时,锉削行程总是朝向远离自己的方向并用锉刷刷净锉刀。

(10)一字螺丝刀或十字螺丝刀只能用来拧紧或拧松螺钉,切勿当作冲子或撬棍用。确保螺丝刀的刀刃完全固定到螺钉槽中。不正确的配合可能损坏螺钉槽和螺丝刀刀刃。保持螺丝刀刀刃垂直于螺钉槽,使滑移量减至最少。

(11)使用敲击工具时,最好要佩戴合适的眼睛保护装置。对坚硬表面应用软锤。切勿用一锤子敲打另一锤子,否则锤子将会损坏或被敲碎,且飞出碎片易引起伤人。

(12)作业中应使用大小合适的扳手。打滑的扳手会损坏螺栓头和螺母,且易引起人身伤害。使用扳手时,应对扳手施加垂直的、均匀的拉力。若必须推扳手,则用手掌跟部,不要用手指抓住扳手,扳手不得翘起,否则,会使接触点受力增加,导致扳手损坏。

(13)不要用管子来加长扳手,在过大的作用力下,扳手或螺栓会打滑或断裂。也不要把扳手当锤子用,除非该扳手有此特定用途。

(14)更换有裂纹或已磨损的扳手,不要试图把弯曲的扳手矫直,这样只会进一步降低扳手的强度。

(15)鲤鱼钳有固定、夹紧、挤压和剪切作用,但不能用于转动。不要用鲤鱼钳代替扳手,因鲤鱼钳会打滑而损坏螺栓头和螺母。

(16)动力、手动或冲击工具的套筒不应互换使用,否则,会导致损坏或伤害。

(17)扭力扳手只用于拧紧螺栓或螺母,不应把它当一般扳手使用。

2. 以电力和压缩空气为动力的工具称为动力工具。使用时需要注意以下事项:

(1)对动力工具的操作不了解或未经正确使用动力工具的培训,切勿操作动力工具。

(2)开动动力工具前,应确保没有别的物件会碰到动力工具的运转部件。

(3)全部电动工具,除非是双绝缘式的,否则,都必须搭铁连接。不要使用两脚插头插入三脚插座(第三脚是动力工具搭铁线)。切勿使用卸下第三搭铁线插头的动力工具。

(4)动力工具正在运转或接通电源时,切勿试图调整、上油或清洁等。将全部防护装置按照顺序保存在适当位置。

(5)确保气动工具和管路正确连接。

(6)当不用动力工具时,关闭电源和拔出全部插头,并把所有动力工具返回到适当位置。

(7)操作某些动力工具时,应按规定戴安全眼镜、手套、面罩等保护用品。如在砂轮机修磨机件时须戴安全眼镜。

(8)在没有得到正确操作程序说明书时,不要开动任何动力工具。开动动力工具前应阅读使用说明书,学会正确使用动力工具和了解它的局限性。确保全部保护装置就位。

(9)操作动力工具要全神贯注,不要环顾其他人,或与别人交谈。工作场所应清洁、明亮,切勿在潮湿的地方工作。

(10)不要从插座上猛拉电线或将动力工具压在电线上。

(11)使用前,检查动力工具是否有故障。接通动力工具之前应做好所有调整工作。每当去掉安全设施进行调整、更换刀具或进行修理时,都要关掉设备电源,拔出插头。在检查期间,应锁上主开关和加上警示标记,或使断开的动力线随时看得见。

(12)操作时要等待动力工具全速稳定运转后才能开始工作。

(13)在动力工具完全停转后方可离开现场。手与任何刀具或运转零件之间要保持安全距离。手不要伸得太长,要保持身体平衡。

3.举升机可以举升车辆,举升臂必须安置在汽车生产商推荐的举升部位。还应注意以下安全事项:

(1)举升机提升后一定要确保保险锁锁止。

(2)引导别人把汽车驶上举升机时,要站在驾驶员的侧面而不是车前方。

(3)把汽车驶到举升机上之前,应安放好举升臂并确保没有任何阻碍。

(4)放好举升臂接触垫,使之位于车辆支承点位置。

(5)举升车辆前,车门、发动机舱盖和行李舱盖一定要完全关闭,车内有人时绝不能将车辆升起。在车底工作前,确保举升机的保险锁锁止是正常。

(6)当车辆升到所需高度后,将车辆降低至其机械保险装置。

(7)车辆下面一定不要有工具箱、案台或其他设备。

第三节　汽车维修环境安全

1.汽油是一种易燃的挥发性液体,一定要将汽油和柴油装在安全油箱中,不要用汽油擦洗手和工具。

2.要小心处理各种溶剂(或液体),以防泄漏。除了在倒出溶剂之外,所有盛装溶剂的容器都应保持密封,保持使用溶剂和化学品的区域适当通风非常重要。溶剂和其他易燃物品必须存放在符合安全要求的专用存储柜中或房间中。

3.从大容器中倒出易燃物品时要格外小心,静电产生的火花能够引起爆炸。用过的溶剂容器要及时丢弃或清理,容器底部残余的溶剂非常易燃。不要在易燃溶剂和化学品(包括蓄电池电解液)附近点火或吸烟。

4. 沾油抹布也要存放在符合标准的金属容器中。

5. 维修汽车电气系统或进行焊接作业之前,要断开汽车蓄电池负极,以防由电气系统引起的着火和伤害。断开汽车蓄电池负极就是将负极电缆从蓄电池上拆下,并将其放置在远离蓄电池的地方。

6. 要了解车间里所有灭火器的放置地点及其适用的火险类别,在灭火器标签上都清楚地标明了灭火器的类型及其适用的火险类别。灭火时,一定要使用适合火险类别的灭火器,通用干粉灭火剂适用于扑灭一般易燃物、易燃液体和电器着火。汽油着火时,切不可向火中浇水,水会使火焰进一步蔓延,适当类型的灭火器能够使火焰窒息。

7. 灭火时,要站在距离火焰 2~3m 以外,将灭火器牢牢地拿住,对准火焰根部来回摆动喷嘴,扫过整个火焰区,低下身子以免吸入烟气,如果温度太高或烟气太大,就要撤离。记住,无论如何不要返回着火的建筑物内。

8. 使用手提泡沫灭火筒救火时,应用一只手握着灭火筒上端的提环,另一只手握着灭火筒的底边,把灭火筒倒转过来并摇动几下,灭火泡沫就会从喷嘴喷出。

9. 鸭嘴式开关灭火器使用时,先将灭火器提到着火处,将喷嘴对准火焰,拔出开关的保险销,握紧喇叭柄,将上面的鸭嘴向下压,二氧化碳气体即从喷嘴喷出。

10. 干粉灭火器使用时,先将干粉灭火器送到火场,需要上下颠倒几次,在离着火点 3~4m 远处撕去灭火器上的封记,拔出保险销,一只手握紧喷嘴对准火源,另一只手的大拇指将压把按下,干粉即可喷出。迅速摇摆喷嘴使粉雾横扫整个火区,由近而远向前推移可很快灭火。

11. 为了防止触电事故的发生,应采用以下安全措施:电气设备的保护搭铁;电气设备的保护搭铁。

12. 所有从汽车上排放出来的液体都不允许倒入下水道。可以将冷却液回收并再利用或进行正确处理。

13. 汽车上的各种油液滤清器(自动变速器油滤清器、燃油滤清器和机油滤清器)也需要按照既定的方法进行处理。旧滤清器应当将液体排空并压碎或用特殊的转运桶盛放。多数国家规定要求机油滤清器在处理或压碎之前至少要排油 24h。

第四节　汽车维修专业技术人员操作规程

1. 汽车维修安全生产通则如下:

(1)汽车维修工应参加安全教育培训,掌握必要的消防知识,会使用消防器材,会扑救初起火,会报警。

(2)汽车维修工应自觉遵守劳动纪律,按作业性质穿戴防护用品,上岗作业时,不穿拖鞋、不穿背心、不穿短裤和裙子、不干私活、不打瞌睡、不喝酒。

(3)汽车维修工应熟悉其操作设备的性能、使用要求和操作规程。

(4)汽车维修工应合理选用、正确操作、经常维护、定期检修设备和仪器。工作前,应确认所使用的设备、仪器安全技术状况完好。正在运转的设备、仪器,必须有人看管。严禁超负荷使用和带病运行设备和仪器。设备运行过程中,发现操作失灵、异响、电器开关断路及其他故障时,应立即停机,查明原因或请专业维修人员维修。不符合安全要求的陈旧设备,应有计划地更新和改造。

(5) 正确选择和使用工具。作业时,工具必须摆放整齐,不得随地乱放。工作后,应将工具清点检查并擦干净,按要求放入工具车或工具箱内。

(6) 计量器具应经检定合格。

(7) 作业时,应注意保护汽车车身涂层、车内装饰、乘员座椅以及地毯,并随时保持修理车辆的整洁。

(8) 按规定的工艺、标准规范或制造厂汽车维修说明书的程序维修车辆。

(9) 拆装零部件时,应使用合适工具或专用工具,不可大力蛮干,不得用硬质锤子直接敲击零件,谨防飞屑伤人。所有零件拆卸后应按顺序摆放整齐,不可随地堆放。

(10) 仅可使用允许的清洗剂和清洗设备清洗零部件,而不使用易燃、易爆性溶剂,如汽油、煤油、二甲苯等。清洗剂洒落应及时清除。

(11) 在发动机旁作业时,应切断风扇电源,手和工具应离开风扇等可以旋转的部件。维修中,所有人员要避开旋转物体的切线方向。

(12) 工作灯应采用特低压安全灯,工作灯不得冒雨或拖地使用,并应经常检查工作灯导线、插座是否良好,手湿时,不得扳动电力开关或插座。电源线路、熔断丝应按规定安装,不得用铜线、铁线代替。

(13) 不用压缩空气吹自己身上的灰尘,不用压缩空气吹含毒粉尘,不用压缩空气吹其他人。

(14) 升降机等设备应向特种设备安全监督管理部门登记,进行经常性日常维护,定期自行检查,按照安全技术规范的定期检验要求进行检验,并由具有资质的人员操作。

(15) 不在楼梯口、消防通道、运输通道、消防设备、易燃易爆仓库旁等处进行汽车维修作业。

(16) 在易燃、易爆、有毒环境作业时,应使用通风换气装置和防护设施。易燃、易爆、具有腐蚀性、有毒的剩余物品,应及时归仓储存,不允许个人留存。

(17) 不在发动机运转的情况下给汽车加油。不在作业区内进行未经许可的明火作业和加热作业。

(18) 非指定人员不得动用在修车辆。汽车在厂内行驶车速不得超过5km/h,不准在厂内路试制动。

(19) 不在作业区吸烟、玩耍、跑步、做游戏等。

(20) 身体不适作业时,不勉强作业。

(21) 下班时,必须切断电源、气源、熄灭火种、清理场地、关好门窗。

(22) 汽车维修产生的废弃物应集中回收,分类存放,分别情况予以处置。

2. 机动车机电维修专业技术人员安全操作规程如下:

(1) 检修电喷汽油机的供油系统时,应先对系统进行泄压处理。

(2) 在车上作业时,要先拉紧驻车制动器操纵杆,将变速器操纵杆置于空挡位置;在发动机正在运转或驻车制动失效的车上作业时,车轮的前后安放三角垫木。

（3）用千斤顶进行底盘作业时，必须选择平坦、坚实场地，并用三角木将前后车轮塞稳，然后用安全凳按车型规定支撑点将车辆支撑稳固，不得使用软性物体作为支撑。严禁单独用千斤顶顶起车辆在车底作业。

（4）维修过程中，应认真检查原件或更换件是否符合技术要求，并严格按修理技术规范精心进行作业和检查调试。

（5）螺丝刀及尖锐的工具、零部件不可放在衣袋内。

（6）发动机过热时，不得打开散热器盖，谨防烫伤。

（7）进行拆卸、调整、加注作业时，遇有可能的汽油、机油、制动液等冒溢、滴漏、散落，应事先备好盛接容器加以收集。

（8）双手、工具、设备和地面的油污应及时清除，以免工具滑落或人员滑倒。

（9）修竣发动机起动前，应先检查各部件装配是否正确，是否按规定加足润滑油、冷却液，将变速器操纵杆置于空挡。严禁车底有人时，起动车辆。

（10）地面指挥车辆行驶、移位时，不得站在车辆正前方与后方，并注意周围障碍物。

（11）废弃的油、液应分类收集，统一存放，不得随地倒流或倒入排水沟内，防止废油污染。

（12）在装有微机（电脑）控制系统的汽车上进行电工作业时，如无必要，不应触动电子控制部分的各个接头，以防意外损坏电子元件。

（13）取下蓄电池时，应先将电源关闭，以免损坏充电机及蓄电池。

（14）更换安全气囊时，必须先断开汽车电源线；换好安全气囊后，连接蓄电池搭铁线时，驾驶室内不能留人，以防止安全气囊出现故障，发生危险。

（15）蓄电池充电时，应打开蓄电池盖，保持室内通风良好，电解液温度不得超过45℃。新蓄电池充电时，必须遵守两次充足的技术规程。

（16）维修汽车电路时，不可乱拉导线，不可随意换用大容量熔断器。

（17）回收、净化、加注制冷剂时，要戴护目镜，谨防制冷剂溅入眼内或溅到皮肤。进行空调系统作业时，应在通风良好处。回收制冷剂时，应缓慢，防止冷冻机油一起冲出，同时不能与明火及炙热金属接触。

（18）搬运制冷剂钢瓶时，严防振动、撞击，储存时，应储存在通风干燥的库房中，避免日光暴晒。

考试模拟题

一、是非判断题

1. 一字螺丝刀或十字螺丝刀用于拧紧或拧松螺钉，必要时候可当作冲子或撬棍用。

（×）

2. 鲤鱼钳有固定、夹紧、挤压和剪切作用,但不能用于转动。　　　　　　　　(√)

二、单项选择题

1. 引导别人把汽车驾驶上举升机时,要站在驾驶员的(B)。
  A. 前方　　　　　　B. 侧面　　　　　　C. 后方　　　　　　D. 随意位置

2. 灭火时,要站在距离火焰(B)以外,将灭火器牢牢地拿住,对准火焰根部来回摆动喷嘴,扫过整个火焰区
  A. 1m　　　　　　B. 2~3m　　　　　　C. 4~5m　　　　　　D. 6~7m

三、多项选择题

1. 个人安全就是保护好自己免受伤害,包括(ABCD)。
  A. 使用防护装置　　　　　　　　　B. 穿戴安全
  C. 职业行为　　　　　　　　　　　D. 正确地使用工具和设备

2. 操作某些动力工具时,应按规定戴(ABCD)等保护用品。如用砂轮机修磨机件时须戴安全眼镜。
  A. 安全眼镜　　　　B. 手套　　　　　　C. 面罩　　　　　　D. 耳塞

第七章

新能源汽车

1. 新能源汽车是指采用非常规的车用燃料（或同时使用常规车用燃料和新型车载动力装置）作为动力来源，综合车辆的动力控制和驱动方面的先进技术，形成技术原理先进、具有新技术、新结构的汽车。

2. 现在应用及研究中的新能源汽车主要包括电动汽车（包括纯电动汽车、混合动力电动汽车、燃料电池电动汽车等）、气体燃料汽车（包括压缩天然气汽车、液化天然气汽车、液化石油气汽车等）、生物燃料汽车（包括醇类汽车、生物柴油汽车、二甲醚汽车等）、氢气汽车、太阳能汽车等。

3. 电动汽车包括纯电动汽车、混合动力电动汽车和燃料电池电动汽车三种结构形式。

4. 纯电动汽车是指驱动能量完全由电能提供的、由电机驱动的汽车。电机的驱动电能来源于车载可充电储能系统或其他能量储存装置。

5. 纯电动汽车由电力驱动控制系统、驱动力传动等机械系统、完成既定任务的工作装置等组成。纯电动汽车主要由电机驱动，所以没有发动机，替代发动机的是电力驱动控制系统，它是纯电动汽车的核心，主要由电力驱动主模块、车载电源模块和辅助模块三大部分组成。

6. 电力驱动主模块主要包括中央控制器、驱动控制器、电机、机械传动装置和车轮等。它的主要功用是将蓄电池的电能转化为车轮的动能，为车辆提供可靠的驱动力。安装有能量回收装置的车辆还可以将车辆减速制动时车轮的动能转变为电能储存在蓄电池内。

7. 中央控制器根据加速踏板传来的电流信号，向驱动控制器发出指令，对电机进行控制，如加速、减速等。

8. 驱动控制器是按照中央控制器的要求指令、电机的速度和电流反馈信号，对电机的速度、旋转方向等进行控制。电动汽车倒挡功能的实现是通过驱动电机的反转实现的。

9. 车载电源模块主要包括可充电蓄电池、充电控制器和能量管理系统等。

10. 蓄电池是电动汽车的动力来源，制约电动汽车发展的最大瓶颈就是蓄电池。蓄电池占到电动汽车制造成本的1/3左右。电动汽车使用的蓄电池主要有铅酸蓄电池、镍氢蓄电池、镍镉蓄电池、锂离子蓄电池、锌镍蓄电池等。

11. 现代内燃机的起动电源仍采用铅酸蓄电池。铅酸蓄电池的电极主要由铅及其氧化物二氧化铅制成，电解液是硫酸溶液。

12. 镍氢蓄电池是由氢离子和金属镍合成的。它的正极活性物质是氢氧化镍，负极活性物质是储氢合金，是一种碱性蓄电池。

13. 镍镉蓄电池是指采用金属镉作负极活性物质，氢氧化镍作正极活性物质的碱性电池。它的电解液是氢氧化钾水溶液或者氢氧化钠水溶液。

14. 锂离子蓄电池按照正极材料不同可分为锰酸锂离子蓄电池、磷酸铁锂离子蓄电池、镍钴锂离子蓄电池和镍钴锰锂离子蓄电池。

15. 电动汽车的辅助模块主要是一些提高汽车舒适性、安全性和操控性的装置。比如,声光信号、空调、电子助力、音响设备等。

16. 混合动力电动汽车是指能够至少从可消耗的燃料、可再充电能/能量储存装置获得动力的汽车。按照使用可消耗的燃料不同可分为汽油混合动力和柴油混合动力。

17. 混合动力汽车借助内燃机的动力系统提供的动力可以带动空调装置、助力装置等,提高了驾驶时的操控性和乘坐的舒适性。在道路拥堵时可以切换至电动模式,实现零排放。

18. 串联式混合动力电动汽车是指车辆的驱动力只来源于电机的混合动力电动汽车,主要由发动机、发电机、驱动电机和蓄电池组等部件组成。发动机仅仅用于发电,发电机所发出的电能供给电机,电机驱动汽车行驶。发电机发出的部分电能向蓄电池充电,来延长混合动力电动汽车的行驶里程。另外蓄电池还可以单独向电机提供电能来驱动电动汽车,使混合动力电动汽车在零污染状态下行驶。

19. 并联式混合动力电动汽车是指车辆的驱动力电机及发动机同时或单独供给的混合动力电动汽车,主要由发动机、发电机/电动机和蓄电池组等部件组成。并联式驱动系统可以单独使用发动机或电机作为动力源,也可以同时使用电机和发动机作为动力源来驱动汽车。

20. 混联式混合动力电动汽车是指同时具有串联式和并联式驱动方式的混合动力电动汽车,主要由发动机、发电机、电机、行星齿轮机构和蓄电池组等部件组成。

21. 燃料电池电动汽车是指以燃料电池系统作为单一动力源或是以燃料电池系统与可充电储能系统作为混合动力源的电动汽车。

22. 燃料电池电动汽车主要由燃料电池组、控制系统、驱动系统、辅助动力系统和蓄电池组等部分构成。燃料箱供给燃料,燃料电池把燃料氧化的化学能转换为电能,产生的直流电经过控制器变为交流电后供入驱动电机,经传动系统驱动车轮。

23. 常见的气体燃料汽车包括压缩天然气汽车(CNG)、液化天然气汽车(LNG)、液化石油气汽车(LPG)等。

24. 天然气是在油田、气田、煤田和沼泽地带产生的天然气体,主要成分是甲烷,纯天然气甲烷含量一般占90%以上。天然气用作汽车燃料主要方式是压缩天然气和液化天然气。

25. 天然气密度低,不如汽油和柴油容易储存,天然气用于汽车燃料时,需要专用的燃料储运和供给系统。为提供充足的燃料,天然气必须压缩至20.7~24.8MPa,然后进入高压气瓶内。

26. 将气田生产的天然气净化处理,再经超低温(-161℃)处理后,气体天然气就变成了液体天然气,即液化天然气。液化天然气无色、无味、无毒且无腐蚀性,体积约为同量气态天然气体积的1/610,质量仅为同体积水的45%左右。

27. 液化石油气(LPG)是指常温下加压(1MPa左右)而液化的石油气。液化石油气来自炼厂气、湿性天然气或油田伴生气。

28. 常见的生物燃料汽车包括醇类汽车、生物柴油汽车、二甲醚汽车等。

29. 乙醇俗称酒精,它以玉米、小麦、薯类、糖或植物等为原料,经发酵、蒸馏而制成。

30. 燃料乙醇一般不会直接用来当汽车燃料,而是按一定的比例与汽油混合在一起使用,这有利于增加燃料的辛烷值。按照我国的国家标准,乙醇汽油是用90%的普通汽油与10%的燃料乙醇调和而成。

31. 乙醇汽油是燃料乙醇和普通汽油按一定比例混配形成的新型替代能源。

32. 二甲醚又称甲醚,简称DME,能从煤、煤气层、天然气、生物质等多种资源中提取。

33. 氢气在常温常压下为无色、无味、无毒的气体。

34. 目前氢气作为动力汽车主要有两种方式:一种是以氢作为燃料电池的燃料与氧发生化学反应,从而产生出电能起动电动机并驱动汽车;另一种是以氢气直接作为燃料燃烧产生动力。

35. 太阳能汽车是将太阳能转化为电能,并利用该电能驱动车辆行驶的汽车。

36. 太阳能在汽车上的应用技术主要有两个方面:一是作为驱动力,二是用作汽车辅助设备的能源。

37. 太阳能汽车主要由太阳能电池组、自动阳光跟踪系统、驱动系统、控制器、机械系统等组成。

38. 太阳能电池依据所用半导体材料的不同,通常分为硅太阳能电池、硫化镉太阳能电池、砷化镓太阳能电池等,其中最常用的是硅太阳能电池。

考试模拟题

一、是非判断题

1. 常见的气体燃料汽车包括压缩天然气汽车(CNG)、液化天然气汽车(LNG)、液化石油气汽车(LPG)等。　　　　　　　　　　　　　　　　　　　　　　　(√)

2. 乙醇汽油是燃料乙醇和普通汽油按一定比例混配形成的新型替代能源。　(√)

二、单项选择题

1. 蓄电池是电动汽车的动力来源,制约电动汽车发展的最大瓶颈就是蓄电池。蓄电池占到电动汽车制造成本的(C)左右。
   A. 1/5　　　　B. 1/4　　　　C. 1/3　　　　D. 1/2

2. 天然气是在油田、气田、煤田和沼泽地带产生的天然气体,主要成分是(A)。
   A. 甲烷　　　　B. 乙烷　　　　C. 甲醇　　　　D. 乙醇

三、多项选择题

1. 现在应用及研究中的新能源汽车主要包括(ABCD)等。
   A. 电动汽车　　　　B. 气体燃料汽车　　　C. 生物燃料汽车　　　D. 太阳能汽车

2. 电动汽车使用的蓄电池主要有(ABCD)等。
   A. 铅酸蓄电池　　　B. 镍氢蓄电池　　　　C. 镍镉蓄电池　　　　D. 锂离子蓄电池

第八章

机动车专业英语

第一节　专业英语的翻译方法概述

1.科技文体的特点如下：

(1)大量使用名词化结构。科技英语所表述的是客观规律，多用前置性陈述，使主要的信息置于句首。

(2)广泛使用被动语句。因为科技文章侧重叙事推理，强调客观准确。第一、二人称使用过多,会造成主观臆断的印象。因此尽量使用第三人称叙述,采用被动语态。

(3)多用非限定动词。科技文章要求行文简练,结构紧凑,为此,往往使用非限定动词结构。这样可缩短句子,又比较醒目。

(4)多见后置定语。

(5)特定句型较多。

(6)长句较多。

(7)大量使用复合词与缩略词。

2.专业英语翻译应遵循简洁准确,避免误译的原则。

3.专业英语翻译要注意词义引申,应根据上下文和逻辑关系,从其基本含义出发,进一步加以引申,选择适当的词来表达。

4.增词法就是在翻译时根据句法上,意义上或修辞上的需要增加一些词,以便能更加忠实通顺地表达原文的思想内容。

5.重复法是指译文中重复原文中重要的或关键的词,以期达到两个目的；一是清楚,二是强调。

第二节　机动车检测维修常用英文术语

1.常见汽车品牌的中英文对照如下：奥迪(AUDI)；奔驰(BENZ)；宝马(BMW)；雪佛兰

(CHEVROLET);别克(BUICK);法拉利(FERRARI);福特(FORD);通用(GM);凯迪拉克(CADILLAC);本田(HONDA);现代(HYUNDAI);起亚(KIA);日产(NISSAN);丰田(TOYOTA);大众(VOLKSWAGEN);沃尔沃(VOLVO);吉普(JEEP);马自达(MAZDA);标致(PEUGEOT);三菱(MITSUBISHI)。

2.常见汽车维修专业术语的中英文对照如下:汽车维护 Vehicle maintenance;汽车修理 Vehicle repair;汽车技术状况 Technical Condition of Vehicle;汽车维修管理 Administration of Vehicle Maintenance;汽车维修周期 Period of vehicle maintenance;汽车大修平均工时 Average man-hours of vehicle maintenance and repair;汽车大修间隔里程 Average interval mileage of major repair of vehicles;总成互换修理法 Unit exchange repairing method;混装修理法 Depersonalized repair method;就车修理法 Personalized repair method;汽车修理生产纲要 Production program of vehicle repair;汽车修理厂 Vehicle repair plant;汽车维修工具和设备 Instrument and Device for Vehicle Maintenance and Repair;螺丝刀 Screwdriver;扳手 spanner;厚度规 Feeler gauge;活塞环钳(活塞环拆装钳)Piston ring pliers(piston ring tongs);黄油枪 Grease gun;点火正时灯(正时观测灯)Ignition timing light(stroboscope);螺旋千斤顶 Screw jack;轮胎压力计 Pressure gauge;发动机示波器 Engine scope(oscillograph);电子诊断式发动机试验仪 Electronic-diagnostic engine tester;进气歧管真空度表 Intake manifold vacuum meter;汽缸压力表 Cylinder pressure gauge;车轮动平衡机 Dynamic wheel balancer;制动液自动更换装置 Brake flusher;汽车维护 Vehicle maintenance;汽车修理 Vehicle repair;汽车技术状况 Technical Condition of Vehicle;汽车零件磨损 Wear of vehicle part;极限磨损 Limiting wear;故障 Malfunctioning;断裂 Breakdown;损坏 Damage。

3.汽车检测维修常用英语缩略语如下:VIN(车辆识别代号);4WD(4轮驱动);ABS(防抱死制动系统);EBS(电子控制系统);A/C(空气调节器);ACC(自适应巡航控制);A/F(空燃比);ATF(自动变速器用油);BATT(蓄电池电压);BCM(车身控制模块);CAN(控制器局域网);SRS(辅助乘员保护系统);TRC(牵引力控制);S/W(开关);DTC(诊断故障码);ECM(发动机控制模块);ECU(电子控制单元);CNG(压缩天然气);LPG(液化石油气);ESP(电子稳定系统);EPS(电动助力转向系统);FFTA(故障树分析法);GND(搭铁);GPS(全球导向定位系统);EGR(废气再循环)。

第二篇 专业技术篇

第一章

发动机理论与机动车性能

第一节 发动机理论

(1~8条适用于检测维修工程师,其他适用于检测维修士)

1. 气体由初态 p_1、v_1 及 T_1,经过一系列的变化到达终态 p_2、v_2 及 T_2,这种气体状态变化过程称为气体的热力过程。气体的热功转换就是在热力过程中进行的,气体状态变化的基本热力过程有定容过程、定压过程、定温过程和绝热过程。

2. 气体的比体积不变的热力过程称为定容过程,在定容过程中,气体的绝对压力与热力学温度成正比。气体的压力不变的热力过程称为定压过程,在定压过程中,气体的比体积与气体的热力学温度成正比。气体的温度不变的热力过程称为定温过程,在定温过程中气体吸收的热量等于气体所做的功。气体与外界无热量交换的状态变化过程称为绝热过程。

3. 发动机有三种基本理论循环,分别是定容加热循环、定压加热循环和混合加热循环。

4. 循环热效率 η_t 是工质所做循环净功 W_0 与循环加热量 q_1 之比。如果压力升高比和预胀比不变,提高压缩比,可使三种循环的热效率都提高。热效率随绝热指数 κ 增大而提高,混合气中燃油蒸气增多时,κ 值将降低;反之,混合气变稀时,κ 值增大,热效率也提高。

5. 发动机的换气过程包括排气过程和进气过程,四冲程发动机的换气过程包括自由排气阶段、强制排气阶段、进气过程,从排气门开启直到进气门关闭的整个时期。占 410°~480°曲轴转角。换气损失由排气损失和进气损失两部分组成。

6. 四冲程发动机的充气效率是实际进入汽缸的新鲜充量与进气状态下充满汽缸工作容积的新鲜充量之比,提高充气效率是提高发动机动力性的有效手段之一。汽油机充气效率为 0.70~0.85,柴油机充气效率为 0.75~0.88。

7. 影响充气效率的因素有:
(1) 压缩比 ε 增加,燃烧室容积减少,使 η_v 有所增加。
(2) 进气终了压力 p_a 越高,缸内气体密度越大,η_v 越高。
(3) 进气终了温度 T_a 高,密度减少,η_v 降低。
(4) 排气终了压力越高,说明缸内残余废气量越多,使 η_v 下降。
(5) 转速 n 较低时,进气气流速度低,惯性进气少,η_v 较低;随转速的增加,进气流速上升,惯性进气量增大,η_v 上升;在某一中间转速,η_v 达到最大值,再增高转速,由于进气阻力的增加使 η_v 下降。

8. 柴油机燃烧过程分为着火延迟期、速燃期、缓燃期、补燃期四个阶段。影响柴油机燃烧过程的主要因素有燃油性质、供油提前角、负荷、转速、喷油规律和喷雾质量。汽油机的燃烧过程分为着火延迟期、明显燃烧期、补燃期三个阶段。

9. 发动机的性能指标有指示性能指标和有效性能指标两种。以工质在汽缸内完成一个工作循环,对活塞所做的有用功为计算基准的指标称为指示性能指标,简称指示性能指标。以曲轴输出功为计算基准的指标称为有效性能指标,简称有效性能指标。

10. 发动机指示性能指标有指示功、指示功率、指示燃油消耗率和指示热效率。

11. 工质在汽缸内完成一个工作循环,活塞所做的有用功称为指示功。平均指示压力是衡量实际循环动力性能的一个重要指标,它的大致范围是:汽油机为 700~1300kPa;柴油机为 650~1100kPa;车用增压柴油机为 1100~1600kPa。

12. 发动机单位时间内所做的指示功称为指示功率。指示燃油消耗率(简称指示油耗率)是指单位指示功的耗油量,也就是发动机每小时发出 1kW 指示功率时所消耗的燃油量。指示热效率是指实际循环指示功与所消耗的燃油热量的比值。汽油机指示燃油消耗率为 205~320g/kW·h,指示热效率为 0.25~0.40。柴油机指示燃油消耗率为 170~200g/kW·h,指示热效率为 0.43~0.50。

13. 发动机有效性能指标包括有效功率、有效转矩、平均有效压力、有效燃油消耗率和有效热效率。

14. 从发动机功率输出轴上得到的净功率称为有效功率。发动机工作时,由功率输出轴输出的转矩称为有效转矩。发动机单位汽缸工作容积输出的有效功称为平均有效压力,汽油机平均有效压力值的大致范围是 650~1100kPa,柴油机平均有效压力值的大致范围是 600~950kPa;车用增压柴油机平均有效压力值的大致范围是 900~1300kPa。有效燃油消耗率是指单位有效功的耗油量,也就是发动机每有效千瓦小时的耗油量。有效热效率是指实际循环有效功与所消耗的燃油热量的比值。

15. 汽油机有效燃油消耗率为 280~360g/kW·h,有效热效率为 0.2~0.3。柴油机有效燃油消耗率为 220~290g/kW·h,有效热效率为 0.3~0.4。车用增压柴油机有效燃油消耗率为 190~230g/kW·h;有效热效率为 0.4~0.45。

16. 发动机特性是指发动机性能指标随调整情况和运转工况而变化的关系。表示其变化规律的曲线称为发动机特性曲线。发动机性能指标随运转工况变化而变化的关系有速度特性与负荷特性。

17. 发动机性能指标随转速变化的关系称为速度特性。节气门保持全开,所测得的速度特性称为外特性。节气门部分开启时所测得的速度特性称为部分速度特性。

18. 负荷特性是指发动机在某一转速下,燃油经济性指标及其他参数随负荷变化的关系,若用曲线表示则称为负荷特性曲线。当汽车以一定的车速沿着阻力变化的道路行驶时,就是这种情况。

19. 万有特性又称综合特性或多参数特性,最常用的万有特性是以转速为横坐标,平均有效压力或转矩为纵坐标,在图上画出多条等功率曲线、等燃料消耗率曲线。

第二节 机动车性能指标

（本节适用于检测维修士）

1. 汽车动力性,又称汽车牵引性,它是表征汽车加速、爬坡及能达到最高车速的能力。包括加速时间、最高车速、最大爬坡度。

2. 汽车加速性能是指汽车在行驶中迅速增加行驶速度的能力。原地起步加速时间是指用规定的低挡起步,以最大加速度逐步换到最高挡位后,加速到某一规定的车速所需的时间。超车加速时间又称直接挡加速时间,指用最高挡或次高挡,由某一预定车速开始,全力加速到某一高速所需的时间。

3. 汽车最高车速是指汽车以厂定最大总质量状态下,在风速小于或等于 3m/s 的条件下,在干燥、清洁、平坦的混凝土或沥青路面上,汽车能够达到的最高稳定的行驶速度。最大爬坡度是指汽车满载,在良好的混凝土或沥青路面的坡道上,汽车以最低前进挡能够爬上的最大坡度。

4. 汽车的燃油经济性是指汽车以最小的燃料消耗完成单位运输工作量的能力。常用的评价指标有等速行驶百公里的燃油消耗量和循环工况行驶百公里燃油消耗量。

5. 机动车行驶时,能在短距离内迅速停车且维持行驶方向稳定性和在下长坡时能维持一定安全车速,以及在坡道上长时间保持停驻的能力,称为汽车的制动性能。汽车制动性能主要由制动效能、制动效能稳定性和制动时汽车的方向稳定性三个方面来评价。

6. 评价制动效能的指标有制动距离和制动减速度,制动距离是反映车辆制动效能比较简单而又直观的指标。车辆的制动方向稳定性差主要表现为制动跑偏和车轮侧滑。

7. 制动跑偏是指车辆制动时不能按直线方向减速或停车,而无控制地向左或向右偏驶的现象,影响制动跑偏的因素很多。

8. 汽车在制动过程中,车轮向横向滑移的现象称为制动侧滑。汽车在制动过程中当车轮抱死制动时,车轮承受侧向力的能力几乎全部丧失,这时汽车在横向干扰力的作用下极易发生侧滑。

9. 汽车产生跑偏的主要原因是汽车左右轮制动器制动力不相等或制动力增长的快慢不一致造成的。特别是转向轮左右车轮制动器的制动力不相等,更容易引起制动跑偏。悬架系统的结构与刚度、车轮定位参数、轮胎的机械特性、道路状况、轮荷的分配状态等,都对制动跑偏有影响。

10. 机动车的操纵稳定性是指驾驶员不感到过分紧张和疲劳的情况下,汽车抵抗外界各种干扰并按驾驶员通过转向控制机构所给定的方向稳定行驶的能力。

11. 汽车的操纵稳定性包括操纵性和稳定性两个方面。操纵性是指汽车根据道路、地形和交通情况的限制,按驾驶员通过操纵机构所给定方向行驶的能力;稳定性是指汽车抵抗地面不平、坡道、大风等改变其行驶方向的各种干扰,保持稳定行驶的能力。

12. 当弹性车轮在侧向力的作用下,会产生侧向变形,从而使车轮中心平面向侧向力作用方向偏移一段距离。弹性车轮在侧向力作用下,由于轮胎的侧向变形,其实际运动方向不再是车轮平面所指的方向,而是错开一个角度。这种现象称为弹性车轮的侧向偏离,而角度 a 称为侧偏角。侧偏角与侧向力之间的关系称为轮胎的侧偏特性。

13. 对机动车而言,当前轮转角一定时,前、后车轮的侧偏角度 $\alpha_A = \alpha_B$ 时,称汽车具有中性转向(或正常转向)特性。$\alpha_A > \alpha_B$ 时,称汽车具有不足转向特性。具有适度不足转向特性的汽车有良好的操纵稳定性。$\alpha_A < \alpha_B$ 时,称汽车具有过度转向特性。

14. 平顺性是指汽车在一般行驶速度范围内行驶时,避免因汽车在行驶过程中所产生的振动和冲击,使人感到不舒服、疲劳,甚至损害健康,或者使货物损坏的性能。由于行驶平顺性主要是根据乘员的舒适程度来评价,所以又称乘坐舒适性。

15. 汽车行驶平顺性的评价方法,通常是根据人体对振动的生理反应,以及对保持货物完整性的影响制定的,并用振动的物理量,如频率、振幅、加速度等作为行驶平顺性的评价指标。车身振动加速度的极限值应低于 $0.7g$。

16. 汽车的通过性是指汽车在一定负载质量下能以足够高的平均车速通过各种坏路及无路地带和克服各种障碍的能力。汽车的通过性可分为轮廓通过性和牵引支撑通过性。汽车通过性的几何参数包括最小离地间隙、纵向通过角、接近角、离去角、最小转弯直径、车轮半径等。

考试模拟题

一、是非判断题

1. 汽车加速性能是指汽车在行驶中迅速增加行驶速度的能力。　　　　　　　　(√)
2. 燃料经济性可以用单位运输工作量的燃料消耗量作为评价指标。常用的评价指标有等速行驶百公里的燃油消耗量和循环工况行驶百公里燃油消耗量。指标的数值越小,汽车的燃料经济性越差。　　　　　　　　　　　　　　　　　　　　　　　　　　(×)
3. 以工质在汽缸内完成一个工作循环,对活塞所做的功为计算基准的指标称为指示性能指标。　　　　　　　　　　　　　　　　　　　　　　　　　　　　　　　　(×)
4. 发动机性能指标随节气门开度变化的关系称为速度特性。　　　　　　　　(×)

二、单项选择题

1. 下列不能用来评价汽车制动性能指标的是(A)。
　　A. 制动距离　　　　　　　　　　　　B. 制动效能
　　C. 制动效能稳定性　　　　　　　　　D. 制动方向稳定性

2. 当前轮转角一定时,前、后车轮的侧偏角度 $\alpha_A > \alpha_B$ 时,汽车具有(B)特性。
   A. 中性转向　　　　　　　　　　B. 不足转向特性
   C. 过度转向特性　　　　　　　　D. 以上都有可能
3. 发动机的主要性能指标随(C)变化而变化的关系称为发动机特性。
   A. 负荷　　　　　　　　　　　　B. 转速
   C. 调整情况和运转工况　　　　　D. 加速踏板位置
4. 节气门全开时的负荷特性称为发动机的(D)。
   A. 速度特性　　B. 万有特性　　C. 部分负荷特性　　D. 外特性

三、多项选择题

1. 发动机有效性能指标包括(ABD)。
   A. 有效功率　　B. 有效热效率　　C. 指示燃油消耗率　　D. 有效转矩
2. 发动机特性包括(ABC)。
   A. 发动机的速度特性　　　　　　B. 发动机的负荷特性
   C. 发动机的万有特性　　　　　　D. 发动机的输出特性
3. 汽车动力性,又称汽车牵引性,它是表征(BCD)的能力。
   A. 起步　　　　B. 汽车加速　　　C. 爬坡　　　　D. 最高车速
4. 下列关于影响充气效率 η_v 的因素说法正确的有(ABC)。
   A. 压缩比增加,使 η_v 有所增加　　　B. 进气终了压力越高 η_v 越高
   C. 排气终了压力越高,使 η_v 下降　　D. 转速越高 η_v 越高

第二章
发动机机械结构原理与维修诊断

第一节 曲柄连杆机构结构原理与维修诊断

(19~27,36条适用于检测维修工程师,其他适用于检测维修士)

1. 曲柄连杆机构可分为机体组、活塞连杆组和曲轴飞轮组三大部分。
2. 机体组主要由汽缸盖罩、汽缸盖、汽缸垫、汽缸体、汽缸套、曲轴箱等组成。
3. 汽缸盖罩构成了发动机机体的顶部。汽缸盖用来封闭汽缸的上部,并与活塞顶、汽缸壁共同构成燃烧室。目前发动机汽缸盖多数为铝合金材质。汽缸垫用来保证汽缸体与汽缸盖接合面间的密封,防止气体、冷却液和润滑油等的泄漏。汽缸垫的材料应具有一定的弹性,目前应用的汽缸垫主要有金属—石棉汽缸垫、金属—复合材料汽缸垫和纯金属汽缸垫等多种形式。
4. 汽缸体的作用是承受发动机负荷,在其内部安装有曲柄连杆机构和配气机构,在其外部安装有发动机的所有部件。根据汽缸排列形式不同,汽缸体可分为直列式、V形式、对置式等形式。曲轴箱有平分式、龙门式和隧道式三种结构形式。
5. 汽缸套镶入汽缸体内,用来延长汽缸的使用寿命,根据其是否与冷却液相接触,汽缸套分为干式汽缸套和湿式汽缸套。
6. 活塞连杆组主要由活塞、活塞环、活塞销、连杆(含连杆轴承)等组成。
7. 活塞的主要作用是承受汽缸中气体压力所造成的作用力,并将此力通过活塞销传给连杆,以推动曲轴旋转。活塞顶部还与汽缸盖和汽缸壁共同组成燃烧室。活塞的基本构造分顶部、头部和裙部三部分。
8. 活塞环按其功用可分为气环和油环两类。气环用于密封汽缸,以防止燃烧室内的气体泄漏到曲轴箱内,并将活塞顶部的热量传给汽缸壁,由冷却液带走。
9. 在各种发动机上装用的气环按其断面形状可分为矩形环、锥形环、梯形环、桶面环、扭曲环、反扭曲锥形环等。一般发动机上每个活塞安装2~3道气环。
10. 油环有整体式油环和组合式油环两种,其作用是刮除汽缸壁上多余的机油,并在汽缸壁布油。通常发动机的每个活塞安装1道油环。
11. 在组装活塞环时,应注意活塞环标记面朝向上。第一道环的开口方向,应背向发动机做功时的受力面,各道环的开口方向应互呈90°或180°。活塞环的开口位置应交错布置,同时还应避开活塞的活塞销座和膨胀槽方向。扭曲环装入活塞环槽时,其内切口或内倒角应朝上;外切口或外倒角应朝下。

12. 活塞销的功用是连接活塞和连杆小头,将活塞所承受的气体压力传给连杆。活塞销座孔轴线通常向活塞中心线左侧(由发动机前方看)偏移1～2mm,称为活塞销偏置,目的是防止活塞在受气体压力较大的压缩上止点换向时,撞击汽缸壁而产生"敲缸"。活塞销与活塞销座孔和连杆小头衬套孔的连接配合方式有两种,即全浮式和半浮式。

13. 连杆的功用是将活塞承受的气体压力传给曲轴,使活塞的往复直线运动变为曲轴的旋转运动。连杆由连杆小头、连杆杆身和连杆大头(包括连杆盖)三部分组成。

14. 连杆小头与活塞销相连,为润滑连杆衬套和活塞销,在连杆小头和连杆衬套上加工有集油孔或集油槽。连杆大头连接曲轴上的连杆轴颈,连杆大头是分开的,分开的部分称为连杆盖,连杆盖与连杆用连杆螺栓连接。连杆大头内孔装有两半的连杆轴承,轴承有一定的弹性,安装后轴承背面与连杆大头内孔紧密贴合,形成过盈配合。连杆轴承的内表面加工有油槽,用以储油保证可靠润滑。

15. 曲轴飞轮组主要由曲轴、曲轴轴承、飞轮、正时齿轮(或链轮)等组成。

16. 曲轴的主要作用是将活塞连杆组传来的气体压力变为转矩向外输出给底盘的传动机构和行驶机构推动车辆行驶,同时还要通过连杆推动各缸活塞进气、压缩和排气,并驱动配气机构及其他辅助装置。曲轴通过主轴颈支承在汽缸体上,按其支承情况曲轴可分为全支承式和非全支承式两种。全支承曲轴特点是每个曲拐的两端都有支承点(主轴颈),即主轴颈数比连杆轴颈数多一个。非全支承曲轴的主轴颈数少于或等于连杆颈数。

17. 曲轴轴承(主轴承)通常为分开的滑动轴承,按其承载方向可分为径向轴承和轴向(推力)轴承。为了防止曲轴发生前后轴向移动,通常采用止推轴承或止推垫片对曲轴进行轴向定位。

18. 飞轮是一个转动惯量很大的圆盘,其主要功用是储存做功行程的一部分能量,以克服各辅助行程的阻力,使曲轴均匀旋转,使发动机具有克服短时超载的能力。发动机飞轮的外缘上镶有齿圈,起动时起动机上的齿轮与之啮合,供发动机起动用。

19. 曲轴偏置是指曲轴轴线与汽缸中心面偏置,可以向发动机压力侧也可以向发动机背压侧进行曲轴偏置。曲轴正偏置是指朝压力侧偏移,曲轴负偏置是指朝背压侧偏移。

20. 曲柄连杆机构的故障属于机械类故障。此类故障大多数由于部件间的间隙发生变化导致系统出现泄漏和异响。泄漏故障会导致发动机动力不足及油耗增加,泄漏故障可以通过汽缸密封性检查进行判断。异响故障需要根据异响的特点先判断异响发生的部位,然后对部件进行拆卸,对部件的间隙进行测量作出判断分析。

21. 曲柄连杆机构的泄漏主要指汽缸密封不严。造成泄漏的原因主要有汽缸磨损、活塞环磨损、汽缸盖变形、汽缸垫损坏等,可以通过汽缸压力测量、汽缸漏气率测量、曲轴箱窜气量等测量进行检查。

22. 曲柄连杆机构异响故障主要依靠人工经验诊断法。各种异响与发动机的转速、温度、负荷和润滑条件等有关,并具有各自的特点和规律。异响的人工经验方法就是诊断人员综合响声的固有特征(音调)、易听清晰的部位、改变发动机的转速、温度、负荷和润滑条件时响声的变化情况、自身的知识与经验,对故障部位与原因作出判断。

23. 曲轴主轴承响的特点是:发动机突然加速时发出沉重而有力的"铛铛铛"或"刚刚刚"的金属敲击声,严重时机体发生很大的振动;响声随发动机转速的提高而增大,随负荷的增加而增强,响声的部位在汽缸下部的曲轴箱内。

24. 连杆轴承异响的特点是:发动机突然加速时有连续明显的敲击声,响声较清脆、短促;响声随发动机的转速升高而增大,随负荷的增加而增加;响声在发动机温度变化时变化不大;在急速和中速运转时可以听到"格楞"的声音,断油试验响声明显地减弱。

25. 活塞敲缸异响的特点是:速时明显,为"铛、铛"响声,与连杆轴承响相似;响声随发动机温度变化而变化,冷车时较响,热车时响声较轻或消失;当突然加大节气门时就变成"嗒、嗒"的敲击声,多缸敲击时由急速提高到中高速时声响嘈杂无序。

26. 活塞环敲击异响的特点是:发动机发出比较钝哑的"啪啪"响声,随着发动机转速的升高声音也随之增大,并且还变成较杂碎的声音。

27. 活塞销敲击异响的特点是:活塞销敲击声是上下双响(活塞每一工作行程上、下各一次),声音较脆;急速时响声较大较清楚,突然加大节气门时,响声也随之加大加快,高速时响声混浊不清,热机后响声甚至更大。

28. 汽缸盖的检查方法如下:

(1)检查汽缸盖裂纹。用染色渗透法检查进气口、排气口以及汽缸体表面是否有裂纹,如果有裂纹,则更换汽缸盖。

(2)检查汽缸盖平面度。用精密直尺和塞尺在规定位置和方向上测量汽缸盖的平面度。平面度的极限值为 0.05mm,如果超过极限值,则更换汽缸盖。

(3)检查汽缸盖固定螺栓。用游标卡尺测量螺栓受力部分的长度和测量点外的最小直径。如果直径小于最小标准值,则更换螺栓。

29. 汽缸缸径磨损检查方法如下:

(1)组装量缸表。把百分表安装到表杆的上端,并把表盘朝向测量杆的活动点,以便于观察,使表盘的短针有 1~2mm 的压缩量。根据汽缸直径,选择合适的测量接杆,并将其固定在量缸表的下端。测量接杆固定好后,与活动接杆的总长度应与被测汽缸直径相适应。校正量缸表的尺寸,将外径千分尺调整至被测汽缸的标准尺寸,再将量缸表校准到千分尺的尺寸,并使伸缩杆有 2mm 左右的压缩的行程,旋转表盘,使表针对正零位。

(2)用抹布清洁被测量汽缸。

(3)用校准好量缸表在上、中、下三个位置测量止推方向与轴向的汽缸缸径。同时计算汽缸的圆度和圆柱度。测量结果与标准值进行比较,确定汽缸是否正常。

30. 活塞及活塞环的检查方法如下:

(1)测量活塞直径。在规定位置用千分尺测量与活塞销孔成直角的活塞直径。如果直径不符合规定,则更换活塞。

(2)检查活塞径向间隙。用汽缸缸径测量值减去活塞直径测量值。如果径向间隙大于最大标准值,则更换所有活塞。如有必要,更换汽缸体。

(3)检查环槽间隙。使用塞尺测量新活塞环和环槽壁间的间隙。如果环槽间隙不符合规定,则更换活塞。

(4)检查活塞环端隙。用活塞从汽缸体的顶部将活塞环推至活塞环底部使其行程超过50mm。用塞尺测量端隙。如果端隙大于最大标准值,则更换活塞环。换上新的活塞环后,如果端隙仍大于最大标准值,则更换汽缸套或汽缸体。

31.曲轴弯曲检查方法如下:

(1)清洁曲轴和V形支架。

(2)将曲轴置于V形支架上,转动曲轴使其与V形支架完全贴合。

(3)组装磁力表座,使其位于曲轴中间主轴颈位置附近,并将百分表安装在磁力表座上。

(4)调整好磁力表座位置后,转动磁力开关将其固定。

(5)调整百分表触头,使其位于曲轴中间主轴颈中部并与主轴颈垂直,且保证百分表约有1mm的压缩量。

(6)慢慢转动曲轴一周,百分表指针的最大值与最小值的差值的一半即为曲轴的弯曲度。曲轴最大弯曲度为0.03mm。如弯曲度大于最大值,则更换曲轴。

32.用千分尺测量各主轴颈的直径,测量时应在各轴颈的不同横截面和方向上多测量几次,并根据测量值计算轴颈的圆度及圆柱度。每一测量截面中任意角度方向上主轴颈直径误差最大值和最小值的差值的一半即为该截面的圆度。多个测量截面中任意角度方向上的轴颈最大值和最小值的一半即为该轴颈的圆柱度。

33.汽缸压力检查的具体过程如下:

(1)起动发动机,使其工作至正常的工作温度,然后关闭发动机。

(2)拆卸相关零部件。

(3)并拆下所有点火线圈及火花塞。

(4)断开所有喷油器连接器。

(5)连接汽缸压力表,将汽缸压力表插入火花塞孔,将节气门全开,起动发动机使其运转,观察汽缸压力表的读数,测量汽缸压缩压力。用同样的方法检查其他汽缸的压缩压力。

34.如果汽缸压缩压力偏低,通过火花塞孔往汽缸中注入少量的发动机机油并再次检查。如果添加机油后压力增大,则可能是活塞环或缸径磨损或损坏造成;如果压力继续偏低,则可能是气门与气门座密封不严、汽缸垫漏气或汽缸体有裂纹等原因造成。

35.汽缸压力测量前仔细检查汽缸压力表上的止回阀有无松动,以免掉入汽缸内造成发动机严重损坏;在进行汽缸压力测量时,一定要使用完全充电的蓄电池,以使发动机转速能提高到250r/min或更高;在进行汽缸压力测量时,要在尽可能短的时间内完成压缩压力的测量。

36.检查曲轴径向间隙时先检查曲轴轴颈和轴承是否有点蚀和划痕,安装曲轴轴承,将曲轴放到汽缸体上,将塑料间隙规摆放在各轴颈上,将轴承盖安装到汽缸体上,安装主轴承盖(不要转动曲轴),拆下主轴承盖,用间隙规标尺测量塑料间隙规最宽处间隙。如果径向间隙大于最大标准值,则更换曲轴轴承。如有必要,则更换曲轴。

第二节 配气机构结构原理与维修诊断

（7~13条适用于检测维修工程师,其他适用于检测维修士）

1. 配气机构由气门组和气门传动组组成。气门组主要由气门、气门弹簧、气门座、气门导管、气门锁片等零部件组成。气门传动组由凸轮轴和凸轮轴正时齿轮、挺柱和摇臂等组成,其主要作用是使进、排气门按照配气相位规定的时间开启与关闭。

2. 气门由头部、杆身组成。头部用来封闭进、排气道,杆身用来在气门开闭过程中起导向的作用。一般发动机进气门头部直径比排气门大,若两气门一样大时,排气门有记号。气门密封锥面与顶平面之间的夹角称为气门锥角。气门密封锥面应与气门座配对研磨。

3. 汽缸盖上的进、排气道与气门锥面相结合的部位称为气门座,气门座的锥角和气门锥角相同,一般为30°或45°。气门座不仅有密封作用,还起到了冷却气门的作用。

4. 气门导管的功用是给气门的运动作导向,保证气门的往复直线运动和气门关闭时能正确地与气门座贴合,并为气门杆散热。气门导管的外表面与汽缸盖的配合有一定的过盈量,以保证良好地传热和防止松脱。气门导管与气门杆之间留有0.05~0.12mm的间隙,使气门杆能在导管内自由运动。

5. 凸轮轴的作用是由发动机曲轴驱动而旋转,用来驱动和控制各缸气门的开启和关闭,使其符合发动机的工作顺序、配气相位及气门开度的变化规律等要求。凸轮可分为进气凸轮和排气凸轮。

6. 挺柱的作用是将凸轮的推力传递给推杆或气门杆,并承受凸轮轴旋转时所施加的侧向力。液压挺柱的长度能自动调整,因此能够保证配气机构无间隙驱动。液压挺柱由挺柱体、油缸、柱塞、单向球阀、单向球阀弹簧和柱塞弹簧等部件组成。

7. 本田可变配气正时及升程机构(VTEC系统)能够使气门正时和气门升程根据发动机转速的变化作出相应的实时调整,使汽缸的充气量同时能够满足发动机低转速和高转速下的不同需要,从而提高了发动机的动力性和经济性。本田VTEC系统,可变气门正时机构实行单气门与双气门之间的切换主要是依据发动机的转速进行的。

8. 大众车系可变配气正时机构是在进气凸轮轴和排气凸轮之间设置一个凸轮轴调整器,在内部液压缸的作用下,调节器可以上升和下降,由于排气凸轮轴的位置是不可以调节的,因此,调节器的上升和下降就可以调节发动机进气凸轮轴的位置。

9. 丰田汽车公司双VVT-i智能可变配气正时系统的是在进/排气凸轮轴与传动链之间安装有油压离合装置,让进/排气凸轮轴与链轮之间转动的相位差可以改变,通过调整凸轮轴转角对气门正时进行优化。

10. 宝马车系可变配气正时和气门升程机构是通过改变摇臂的角度来实现配气相位和气门升程的改变的。该控制机构是由电动机驱动的,电动机通过蜗杆传动齿轮,然后由齿轮上的凸轮带动摇臂运动来改变摇臂的控制角,然后在凸轮轴的驱动下由摇臂带动气门运动。

11. 配气机构的泄漏主要指气门和气门座密封不严。造成泄漏的原因主要有气门积炭严重、气门和气门座烧蚀、气门油封损坏等。配气机构泄漏的判断可通过汽缸压力测量和气门密封性检查进行。配气机构异响主要指气门响、液压挺柱响及正时齿轮响等。

12. 气门响的特点是怠速时在气门室处听到有节奏、清脆的"嚓嚓嚓"声,且声音忽大忽小,在发动机低温起动时易出现。导致气门异响的主要原因有:气门密封不严、气门座圈损坏、气门弹簧损坏等。

13. 液压挺柱响的特点是有节奏的清脆的"嗒、嗒、嗒"声响。怠速时响声明显,中速以上减弱或消失。温度变化或做断火试验与响声无关,导致液压挺柱异响的主要原因有:机油压力低、有气泡的机油进入间隙调节器中、气门导管磨损、液压挺柱失效等。

14. 气门密封性检查方法如下:
(1)在气门锥面上涂抹一薄层普鲁士蓝。
(2)使气门锥面轻压气门座。
(3)如果整个360°气门锥面均出现普鲁士蓝,则气门锥面是同心的。否则,更换气门。
(4)如果整个360°气门座均出现普鲁士蓝,则气门导管和气门锥面是同心的。否则,重修气门座表面。
(5)检查并确认进气门座接触面在气门锥面的中部,进气门座宽度应为1.0~1.4mm。
(6)检查并确认排气门座接触面在气门锥面的中部,排气门座宽度应为1.0~1.4mm。

15. 气门及气门导管可按如下方法检查:
(1)使用游标卡尺测量气门的总长度。如果总长度小于最小标准值,则更换气门。
(2)使用外径千分尺测量气门杆直径。如果气门杆直径不符合规定,则检查径向间隙。
(3)使用游标卡尺测量气门头部边缘厚度。如果边缘厚度小于最小标准值,则更换气门。
(4)使用测径规测量气门导管衬套的内径,用导管衬套内径测量值减去气门杆直径测量值。如果间隙大于最大标准值,则更换气门和导管衬套。

16. 检查气门弹簧是可以使用游标卡尺测量气门弹簧的自由长度,如果自由长度不符合规定,则更换气门弹簧。使用钢角尺测量气门弹簧的偏移量,如果偏移量大于最大标准值,则更换气门弹簧。

17. 气门座的维修方法如下:
(1)用45°铰刀修整气门座表面,使气门座宽度大于规定值。
(2)用30°和75°铰刀修整气门座,使气门可以接触到气门座的整个圆周。应在气门座的中心接触,且气门座宽度应保持在气门座整个圆周的规定范围内。进排气门座宽度:1.0~1.4mm。
(3)用研磨剂对气门和气门座进行手动研磨。
(4)检查气门落座位置。

第三节 冷却系统结构原理与维修诊断

(7~12,15条适用于检测维修工程师,其他适用于检测维修士)

1. 水冷却系统一般由水泵、散热器、节温器、冷却风扇、风扇控制机构、水套、膨胀水箱、冷却液温度表及报警灯等组成。

2. 水泵是冷却系统动力源,其作用是对冷却液施加一定的压力,使冷却液在整个冷却系统循环流动。电动风扇固定在散热器上,由电动机驱动,为冷却系统提供冷却气流。

3. 散热器的功用是使水套中出来的热水得到迅速冷却,以保持发动机的正常冷却液温度。散热器的主要组成为上储水室、下储水室、散热器芯(包括冷却管和散热带)和散热器盖等。散热器盖安装有一个空气阀和一个蒸汽阀,对冷却系统有密封加压作用。

4. 节温器安装在冷却液循环的通路中(一般安装在汽缸盖的出液口),根据发动机负荷大小和冷却液温度的高低自动改变冷却液的循环流动路线,以达到调节冷却系统的冷却强度。汽车发动机广泛采用蜡式节温器。

5. 节温器控制的循环路径分为小循环和大循环。当冷却液的温度低于85℃时,进行小循环;另一路为大循环,即冷却液流经散热器冷却后,进入装在机体水泵进口处的节温器,流向水泵进水口。当冷却液高于85℃时,部分冷却液进行大循环,当冷却液温度达到(102±3)℃时,流经散热器的冷却液全都参加大循环,而小循环是常开的。

6. 膨胀水箱的主要作用是将冷却系统形成了一个完全封闭的系统,保持冷却系统内冷却液位稳定。膨胀水箱多用半透明材料(如塑料)制成,透过箱体可直接观察到冷却液的液面高度,膨胀水箱上有"高或MAX"和"低或MIN"标记刻线,在使用和添加冷却液时,应使冷却液的液位保持在两刻线之间。

7. 特性曲线式节温器就是在工作元件的膨胀材料内安装了一个电热式加热电阻。发动机管理系统根据存储的特性曲线和实际行驶状况控制加热元件。通过这种"智能型"控制方式可以在发动机部分负荷范围内设置为较高的冷却液温度,满负荷运行时将通过特性曲线式节温器有效降低冷却液温度。

8. 电子冷却液泵可确保热量管理系统要求的冷却液流量不受当前发动机转速的影响。电动冷却液泵必须满足运行安全性较高、结构体积较小、功率消耗较小(大约200W)、无泄漏、实现最小体积流量和能够承受较高的环境温度等要求,因此,选择了带有EC电动机(电子整流)和集成式电子装置且根据湿转子原理工作的电动冷却液泵。

9. 电子冷却液泵内集成的电子装置执行两个基本任务:一是调节并提供电压和电流,从而使EC电动机和冷却液泵运转;二是按照发动机管理系统的要求,以调节泵转速并向发动机管理系统反馈相关信息的方式,调节冷却液流量。

10. 热量管理系统确定当前冷却需求并相应调节冷却系统。可分为109℃经济模式、106℃正常模式、95℃高级模式、80℃高功率运行模式和特性曲线式节温器供电模式四种。

11.检查冷却液冰点时将冷却液滴到冷却液冰点仪上检查冷却液冰点,应符合厂家规定的冷却液冰点。如不符合,则更换冷却液。

12.冷却系统主要故障是冷却液温度过高。造成冷却液温度过高的原因很多,主要是发动机冷却系统工作不良造成。例如冷却液泄漏、冷却风扇不工作、节温器损坏、冷却管路堵塞、散热器盖损坏等。此外,发动机自身工作性能不好也会造成发动机过热,比如发动机燃烧不好、点火正时不准、长时间大负荷工作等。

13.节温器的检查方法如下:

(1)检查阀门处是否有异物。

(2)确保节温器全闭时,阀门弹簧压紧。如果弹簧不紧,更换节温器。

(3)将节温器和温度计吊入装有50:50的乙二醇和水混合液的锅中。勿使节温器或温度计接触锅底,否则由于锅底受热不均匀,将使温度计测量的读数不准确。

(4)用燃烧器加热锅底并用温度计测量受热溶液的温度。

(5)检查节温器的开启温度。节温器开启温度标注在节温器上,为82℃。如果阀门开启温度不符合规定,则更换节温器。

(6)检查节温器的升程。当温度为95℃时,节温器阀门开启10mm以上,如果节温器阀门不在这些温度下打开,则更换节温器。

14.进行冷却系统密封性检查时,向散热器总成中注满发动机冷却液,然后连接检测仪。通过检测仪的加压泵向散热器加压至规定压力,保持5min,然后检查并确认压力是否降低。如果压力下降,则说明冷却系统存在泄漏。

15.电动风扇电动机及线路检查如下:

(1)起动发动机,将空调开关打开,当空调压缩机工作时,检查电动风扇是否工作,如果电动风扇工作,则说明电动风扇电动机完好;如果不工作,则可能是电动风扇电动机损坏或控制线路故障。

(2)断开电动风扇连接器,蓄电池正、负极分别连接到电动风扇电动机的M_+、M_-连接器端子上,检查并确认电动机运转平稳。

(3)将电流表的400A探针连接到电动风扇电动机的端子M_+上,测量电动机运转时的电流并与标准电流进行对比,如果结果不符合规定,则更换电动风扇电动机。

第四节　润滑系统结构原理与维修诊断

(6~13条适用于检测维修工程师,其他适用于检测维修士)

1.润滑系统主要由机油泵、机油滤清器、集滤器、油底壳、油道等组成,另外包括机油压力开关、机油压力警告灯、机油冷却器等。

2. 机油泵一般安装在汽缸体的下部,由发动机曲轴直接驱动,将机油输送到发动机各运动部件接触面。机油泵常见的结构形式有外啮合齿轮式机油泵、内啮合齿轮式机油泵和转子式机油泵三种。

3. 集滤器和滤清器的功用是滤除掉机油中的金属粉末、机油氧化物和燃烧物。为了防止滤清器堵塞失效,必须定期进行更换,一般在更换机油的同时也更换机油滤清器。油底壳主要用于储存机油并密封曲轴箱。

4. 机油压力开关用于监控润滑系统压力,发动机处于静止状态且点火开关打开时,机油压力警告灯通过机油压力开关接地,机油压力警告灯亮起。起动发动机后,机油压力使搭铁触点打开,机油压力警告灯熄灭。在一般的发动机上机油压力开关的响应压力为 $20\sim50$kPa。

5. 机油泵由发动机驱动,将油底壳内的机油经集滤器、机油冷却器、机油滤清器、汽缸体、汽缸盖上的油道,输送到曲轴轴颈、连杆轴颈、凸轮轴轴颈等处,使轴浮在轴承(轴瓦)上旋转,润滑结束后的机油流回到油底壳中。旋转的曲轴曲柄飞溅起来的机油,在汽缸壁等金属表面形成油膜,使摩擦减小。

6. 特性曲线调节式润滑系统采用流量可变式机油泵和特性曲线电磁阀,可根据需要供给机油并降低机油回路内的平均压力,这样可以减小机油泵的能量需求。

7. 流量可变式机油泵采用叶片泵,流量调节功能主要由滑阀的移动来实现。体积流量可变式机油泵的核心部分是滑阀,滑阀可沿泵的轴线移动。

8. 特性曲线调节电磁阀是二位三通电磁阀,能够控制机油泵调节油室内的主机油压。

9. 组合式机油压力和温度传感器用于探测主机油通道内的机油压力和机油温度。压力信号用于特性曲线调节式机油泵,温度信号用于发动机的热量管理系统。

10. 发动机油位由一个机油状态传感器测量并在显示屏上显示出来。通过测定机油状态,可准确判断何时需要更换发动机机油。

11. 润滑系统故障主要表现为润滑系统压力不正常及机油压力警告灯报警。

12. 机油压力过低的主要原因有油底壳中机油不足,机油黏度过低或过高,曲轴瓦、连杆瓦与曲轴之间的配合间隙过大,机油泵相互配合的齿轮磨损或转子与转子室之间的配合间隙过大,机油泵集滤器被堵塞,机油滤清器旁通阀上的弹簧过软或折断,润滑油路中调压阀和回油阀被异物卡滞等。

13. 造成机油压力过高的原因有机油黏度过高,曲轴瓦、连杆瓦与曲轴之间的配合间隙过小,机油滤清器过脏但旁通阀却打不开,汽缸体上的润滑油道堵塞等。无论何种原因,都能通过机油压力判断润滑系统压力是否正常。

14. 进行发动机润滑油系统压力检测时要先断开机油压力开关连接器,拆下机油压力开关,安装机油压力表,使发动机暖机,读取压力表上的机油压力,可以在不同转速下读取压力数据并与标准压力进行比较,判断机油压力是否正常。检测过程中一旦发现压力表读数为零时,必须马上停止发动机。

考试模拟题

一、是非判断题

1. 汽缸垫是用来密封油底壳和曲轴箱接合面的。   （×）
2. 扭曲环装入活塞环槽时,其内切口或内倒角应朝下;外切口或外倒角应朝上。（×）
3. 液压挺柱的长度能自动调整,因此能够保证配气机构无间隙驱动。   （√）
4. 气门导管的功用是给气门的运动作导向,保证气门的往复直线运动和气门关闭时能正确地与气门座贴合。   （√）
5. 膨胀水箱的主要作用是将冷却系统形成了一个完全敞开的系统,保持冷却系统内冷却液位稳定。   （×）
6. 散热器盖安装有一个空气阀和一个蒸汽阀,对冷却系统有密封加压作用。   （√）
7. 机油压力开关用于控制润滑系统压力。   （×）
8. 机油黏度过高会造成机油压力过高。   （√）

二、单项选择题

1. 活塞销偏置的目的是(D)。
   A. 使活塞运动灵活   B. 减少活塞运动惯性
   C. 对活塞形状进形补偿   D. 防止活塞换向时产生"敲缸"
2. 关于曲轴,下列说法不正确的是(B)。
   A. 非全支承曲轴的主轴颈数比连杆颈数少
   B. 曲轴不需要进行轴向定位
   C. 全支承曲轴主轴颈数比连杆轴颈数多
   D. 曲轴的主要作用是将活塞连杆组传来的气体压力变为转矩向外输出
3. (C)安装在冷却液循环的通路中,用来调节冷却系统的冷却强度。
   A. 水泵   B. 冷却液温度传感器
   C. 节温器   D. 风扇
4. 下列说法不正确的是(A)。
   A. 机油压力开关的响应压力为 200~500kPa
   B. 集滤器和滤清器的功用是滤除掉机油中的金属粉末、机油氧化物和燃烧物
   C. 机油泵一般安装在汽缸体的下部,由发动机曲轴直接驱动
   D. 在机油压力检测过程中一旦发现压力表读数为零时,必须马上停止发动机

三、多项选择题

1. 曲轴箱有(BCD)结构形式。

A. 对置式　　　　B. 龙门式　　　　C. 隧道式　　　　D. 平分式
2. 气门传动组由（ABC）等组成。
　　A. 凸轮轴　　　　B. 挺柱　　　　　C. 摇臂　　　　　D. 气门
3. 水冷却系统一般由（ABCD）等组成。
　　A. 水泵　　　　　B. 散热器　　　　C. 节温器　　　　D. 冷却风扇
4. 润滑系统主要由（ABCD）等组成。
　　A. 机油泵　　　　B. 机油滤清器　　C. 机油集滤器　　D. 油底壳

第三章
底盘机械系统结构原理与维修诊断

第一节 离合器结构原理与维修诊断

(6~8条适用于检测维修工程师,其他适用于检测维修士)

1. 离合器分为主动部分、从动部分、压紧装置和操纵机构4个部分。主动部分包括飞轮、离合器盖和压盘,压盘与离合器盖通过连接装置相连,并且可以沿轴向移动;从动部分包括从动盘和从动轴;压紧装置主要指膜片弹簧,将从动盘压紧在飞轮端面上;操纵机构包括离合器踏板、储液罐、主缸、工作缸和管路系统、分离叉、分离套筒、分离轴承等,用来操纵离合器的分离和接合。

2. 离合器在接合状态时,操纵机构各部件在复位弹簧的作用下处于分离位置,压紧弹簧将压盘、从动盘、飞轮互相压紧。发动机的转矩经飞轮直接传给离合器盖和压盘,并通过压盘、从动盘、飞轮之间摩擦面产生的摩擦力矩传给从动盘,再通过花键传给从动轴(变速器输入轴)。

3. 当踩下离合器踏板时,分离套筒和分离轴承在分离叉的推动下,推动从动盘克服压紧弹簧的力而后移,摩擦作用消失,离合器的主、从动部分分离,中断动力传递。

4. 逐渐抬起离合器踏板,压盘在压紧弹簧的作用下前移逐渐压紧从动盘,此时从动盘与压盘、飞轮的接触面之间产生摩擦力矩并逐渐增大,动力由飞轮、压盘传给从动盘经从动轴输出。在这一过程中,从动盘与输出轴转速逐渐提高,直至与主动部分相同,主、从动部分完全接合,接合过程结束,离合器处于接合状态。

5. 在离合器膜片弹簧(或分离杠杆)内端与分离轴承之间预留一定的间隙,一般为几毫米,这个间隙称为离合器的自由间隙。离合器分离过程中,为消除离合器自由间隙和分离机构、操纵机构零件的弹性变形所需要踩下的踏板行程称为离合器踏板自由行程。

6. 离合器故障主要有离合器打滑、离合器抖动、离合器异响、离合器分离不彻底和离合器踏板绵软等,可按离合器故障诊断表进行诊断。

7. 造成离合器抖动的原因有飞轮污染或翘曲、膜片弹簧过软、离合器片被油污染、输入轴花键磨损和压盘或飞轮翘曲。

8. 造成离合器打滑的原因有离合器片磨损或离合器油是否污染、离合器油回油不正常、工作缸卡滞和压盘翘曲。

9. 离合器踏板检查步骤如下：

(1)用直尺检查离合器踏板高度,离合器踏板标准高度应符合要求。

(2)用直尺检查离合器踏板自由行程和推杆行程。轻轻踩下离合器踏板直至阻力开始增大,离合器踏板顶端处的推杆行程:1.0~5.0mm。踩下离合器踏板直至开始感觉到离合器阻力。离合器踏板自由行程:5.0~15.0mm。

(3)检查离合器分离点。拉紧驻车制动器操纵杆并安装车轮止动楔,起动发动机并使其怠速运转,未踩下离合器踏板时,缓慢移动换挡杆至倒挡直至齿轮接触,逐渐踩下离合器踏板,并测量从齿轮噪声停止点(分离点)到离合器踏板行程终点位置的行程距离。

10. 从动盘摩擦片的磨损程度可用游标卡尺进行测量,铆钉头埋入深度应不小于0.20mm。如果检查结果超过要求,则应更换从动盘。

11. 离合器压盘平面度检查可以使用钢直尺压在压盘上,然后用塞尺测量。离合器压盘平面度不应超过0.2mm,否则应更换压盘。离合器盖与飞轮的接合面的平面度应小于0.5mm,如有翘曲、裂纹、螺纹磨损等应更换离合器盖。

12. 用游标卡尺测量膜片弹簧与分离轴承接触部位磨损的深度和宽度。深度应小于0.6mm,宽度应小于5mm,否则应更换。

13. 膜片弹簧的变形的检查可用专用工具盖住弹簧分离指内端(小端),然后用塞尺测量弹簧分离指内端与专用工具之间的间隙。弹簧分离指内端应在同一平面内,间隙不应超过0.5mm。

14. 用手固定分离轴承内圈,转动外圈,同时在轴向施加压力,如有阻滞或有明显间隙感时,应更换分离轴承。分离轴承通常是一次性加注润滑脂,维护时切勿随意拆卸清洗。若有脏污,可用干净抹布擦净表面。

第二节 手动变速器结构原理与维修诊断

(6~8条适用于检测维修工程师,其他适用于检测维修士)

1. 手动变速器包括变速传动机构和操纵机构两大部分。变速传动机构的主要作用是改变转矩和转速的数值和方向;操纵机构的作用是实现变速器传动比的变换和换挡。

2. 二轴式变速器的变速传动机构有输入轴和输出轴,两轴平行布置,前进挡时,输出轴与输入轴反向转动,倒挡时,输入轴与输出轴同向转动。

3. 三轴式变速器有3根主要的传动轴:一轴、二轴和中间轴。前进挡位时,输出轴与输入轴同向转动,倒挡时,输出轴与输入轴反向转动。

4. 同步器的功用是使接合套与待啮合的齿圈迅速同步,缩短换挡时间,且防止在同步前啮合而产生换挡冲击。目前乘用车中所采用的多数是锁环式同步器。

5. 变速器操纵机构按照变速操纵杆位置的不同,可分为直接操纵式和远距离操纵式两种类型。

6. 变速器换挡锁止装置包括自锁装置、互锁装置和倒挡锁装置。自锁装置用于防止变速器自动脱挡,并保证轮齿以全齿合。互锁装置用于防止同时挂上两个挡位。倒挡锁装置用于防止误挂倒挡。

7. 手动变速器的常见故障主要有漏油、跳挡、挂挡困难、异响等。可根据手动变速器故障诊断表进行检查和诊断。

8. 造成变速器异响的原因有变速器油位过低、油质变质、同步器锁磨损、轴承损坏和齿轮损坏。

9. 检查变速器接合套和变速器离合器毂之间的滑动情况,检查并确认变速器接合套的花键齿轮轮齿尖端未磨损。

10. 用游标卡尺测量变速器接合套凹槽宽度和换挡拨叉卡爪部分的厚度,并计算间隙。如果间隙超出规定范围,更换变速器接合套和换挡拨叉。

11. 在齿轮锥上涂抹齿轮油,将同步器锁环推向齿轮锥的同时使其沿一个方向转动,检查并确认锁环锁止,如果同步器锁环未锁止,更换锁环或齿轮。

12. 用塞尺测量同步器锁环和齿轮花键末端之间的间隙,标准间隙为 0.75~1.65mm,如果间隙超出规定范围,则更换同步器锁环。

13. 变速器轴不应有裂纹,轴颈及花键不应有严重磨损,轴上的齿轮不应有断齿和严重磨损,否则应更换;检查轴的径向圆跳动,不应超过 0.05mm,否则应更换。

第三节 驱动桥结构原理与维修诊断

(5~7条适用于检测维修工程师,其他适用于检测维修士)

1. 驱动桥是传动系统的最后一个总成,一般由主减速器、差速器、半轴和桥壳等组成。

2. 单级主减速器结构简单、质量轻、体积小、传动效率高,主要用于乘用车及中型以下客货车上。

3. 对于发动机纵向布置的汽车,由于需要改变动力传递方向,单级主减速器都采用一对锥齿轮传动。对于发动机前置前轮驱动,其主减速器装于变速器壳体内,变速器输出轴即为主减速器主动轴,单级主减速器采用一对圆柱齿轮即可。

4. 应用最广泛的普通齿轮差速器为锥齿轮差速器,由差速器壳、行星齿轮轴、2个行星齿轮、2个半轴齿轮、球面垫片和垫圈等组成。直线行驶时行星齿轮公转,没有自转。转弯时行星齿轮一边公转,一边绕着半轴齿轮自转。

5. 驱动桥的主减速器、差速器、半轴、轴承和油封等长期承受冲击载荷,使其各配合副磨损严重、各零部件损坏,导致驱动桥过热、异响和漏油等故障发生。

6.造成驱动桥异响的原因有主从动齿轮、行星齿轮和半轴齿轮啮合间隙不正确,半轴齿轮花键槽与半轴的配合间隙过大,主从动齿轮轴承、差速器圆锥滚子轴承松旷,差速器行星齿轮半轴齿轮、差速器十字轴轴颈磨损,行星齿轮支承垫圈磨损。

7.造成驱动桥过热的原因有驱动桥齿轮油油面高度过低、油封过紧、轴承损坏或调整不当、减速器齿轮啮合间隙过小、差速器齿轮啮合间隙和行星齿轮与半轴齿轮啮合间隙过小。

8.进行驱动桥油位检查时拆下驱动桥注油螺塞和衬垫,检查并确认油面在变速器注油螺塞开口最低点以下5mm范围内。如果油位偏低,则检查驱动桥是否漏油。检查的重点部位包括壳体的接合面处、轴或里程表从动绳索伸出的区域、油封处、排油塞和加注塞。检查时一般是将上述部位用干净抹布擦拭干净,然后行驶一段时间再检查。

9.驱动桥检查步骤如下:

(1)检查前差速器半轴齿轮齿隙。将前差速器行星齿轮装配至前差速器壳侧,用百分表测量前差速器半轴齿轮齿隙,标准齿隙为0.05~0.20mm。如果齿隙超出规定范围,则更换半轴齿轮止推垫圈。

(2)用千分尺测量前差速器行星齿轮止推垫圈的厚度,最小厚度标准值为0.92mm。如果厚度小于最小标准值,则更换前差速器行星齿轮止推垫圈。

(3)用千分尺测量前差速器1号行星齿轮轴的外径。如果外径小于最小标准值,则更换前差速器1号行星齿轮轴。

10.对于后驱车辆的驱动桥,主减速器装配中的调整包括主、从动锥齿轮轴承预紧度的调整,主、从动锥齿轮啮合印痕和啮合间隙的调整等项目。在进行调整作业时,必须遵守先调整轴承的预紧度,再调整啮合印痕,最后调整啮合间隙的调整规则。

11.主、从动锥齿轮轴承的预紧度必须按原厂规定的数值和方法进行调整与检查,在主减速器调整过程中,轴承的预紧度不得变更,始终都应符合原厂规定值;在保证啮合印痕合格的前提下,调整啮合间隙;啮合印痕、啮合间隙和啮合间隙的变化量都必须符合技术条件,否则成对更换齿轮副。

12.准双曲线锥齿轮、奥利康锥齿轮(等高齿)和格利森锥齿轮(圆弧非等高齿)啮合印痕的技术标准不尽相同,调整方法也有差异。前两种齿轮往往以移动主动锥齿轮调整啮合印痕,以移动从动锥齿轮调整啮合间隙;而对格利森齿轮的调整则无特殊的要求。

第四节 常规转向系统结构原理与维修诊断

(12、13、21条适用于检测维修工程师,其他适用于检测维修士)

1.常规液压动力转向系统由转向操纵机构、机械转向器、转向传动机构和动力机构四大部分组成。

2.转向操纵机构包括转向盘、转向轴、万向节、转向传动轴;机械转向器采用齿轮齿条转向器;转向传动机构主要指安装在转向器与车轮相之间杆件(主要是转向横拉杆);动力机构主要包括转向油泵、转向油罐和转向控制阀及管路等。

3. 转向油泵安装在发动机上,由曲轴通过皮带驱动运转向外输出油压,转向油罐有进、出油管接头,通过油管分别和转向油泵和转向控制阀连接。

4. 动力转向器为整体式动力转向器,转向控制阀用以改变油路。由齿条—活塞和缸体形成 R 和 L 两个工作腔。R 腔为右转向动力腔,L 腔为左转向动力腔,它们分别通过油道和转向控制阀连接。

5. 当汽车直线行驶时,转向控制阀将转向油泵泵出来的工作液与油罐相通,转向油泵处于卸荷状态,动力转向不工作。当汽车需要转弯时,如右转弯,驾驶员向右打转向盘,转向控制阀将转向油泵泵出来的工作液与 R 腔接通,将 L 腔与油罐接通,在油压的作用下,齿条—活塞移动,使齿条向右移动,通过左、右横拉杆使左、右轮向右摆,从而实现右转向。左转弯则相反。

6. 动力转向器主要由齿轮齿条转向器和转向控制阀组成。齿轮齿条式转向器主要由壳体、转向齿轮及齿轮轴、齿条、橡胶防尘套等组成,采用一级传动副,主动副是齿轮,从动副是齿条。转向盘的转动通过中间轴传递到小齿轮,小齿轮通过与齿条的啮合驱使齿条向左或向右移动,然后将该力通过转向横拉杆传递到转向节,以转变车轮的行驶方向。

7. 转向控制阀将来自动力转向泵的动力转向液导入齿条—活塞的一侧,推动齿条—活塞向左或向右移动,产生助力作用。

8. 动力转向油泵一般为叶片泵,由发动机曲轴通过驱动带驱动。叶片泵主要由叶轮、叶轮轴、叶片和凸轮环组成。当转子叶轮顺时针方向旋转时,叶片在离心力作用下紧贴在定子的内表面上,其工作容积开始由小变大,从吸油口吸进油液;而后工作容积由大变小,压缩油液,经压油口向外供油。

9. 转向储液罐用于盛装转向液压油,其上有进、出油管,壳体标有油面高度检查刻线。

10. 转向传动机构的功用是将转向器输出的力和运动传给转向轮,使两侧转向轮偏转以实现汽车转向,同时还要保证左右转向轮的偏转角符合转向规律。

11. 转向器齿条的两端制有内螺纹,转向横拉杆的内端安装有带螺纹的球头,并将其旋入齿条中。横拉杆的外端也通过螺纹与横拉杆接头连接,并用螺母锁紧。横拉杆接头外端通过球头销与转向节连接。松开锁紧螺母,转动转向横拉杆,可以调整前轮前束。

12. 常规动力转向系统在使用过程中会出现转向沉重、转向异响、左右转向助力不均及转向时转向盘抖动等故障,可根据转向系统故障诊断表对其进行检查诊断。

13. 造成转向沉重的原因有前轮胎气压不足、轮胎磨损、前轮定位不正确、油泵驱动皮带过松或打滑、管路泄漏、管路中有空气、转向油泵故障、转向机总成故障。

14. 起动发动机,转动转向盘使前轮处于直线行驶位置,轻轻移动转向盘,在转向轮就要开始移动时(或感觉到阻力时),使用直尺测量转向盘外缘的移动量即为转向盘自由行程,一般应为 15~20mm。如果不符合要求,应该检查转向器间隙、调整转向球头销等。

15. 用两手握住转向盘,向上下和左右四个方向晃动转向盘,检查转向盘有没有松动或者摆动。如果车辆配备倾斜转向系统或者伸缩转向系统,则要在转向盘整个移动范围内检查松动情况。

16. 将点火开关转至"LOCK"位置,轻轻转动转向盘,此时转向盘应该锁止不能转动。将点火开关转动到 ACC 挡,转动转向盘,检查转向盘是否可以自由移动。

17. 检查转向联动装置、球节、防尘套以及其他部件是否松动、磨损、损坏和润滑脂泄漏。用手摇晃转向联动装置,检查这些部位是否松动或者摆动。

18. 检查转向器壳体和防尘套有无松动、损坏及润滑脂有无泄漏,检查与转向管柱的连接是否松动,检查转向连接机构是否弯曲或者损坏,检查液压管路各接头是否泄漏。

19. 根据动力转向液压油储液罐的刻度检查液位高度。当油温处于 50~80℃时,液位应处于"HOT"位置,当油温处于 0~30℃时,液位应处于"COLD"位置。如果液位过低,添加动力转向液压油。

20. 检查转向油泵 V 形带时,可以用手以约 100N 的力从 V 形带的中间位置按下,V 形带应有约 10mm 挠度为合适,否则必须调整。有条件时可使用皮带紧度测量仪,将测量表安装在 V 形带上,然后测量 V 形带产生标准变形量时所需力的大小。

21. 将油压测试器串联在动力转向器的进油管道上,转动转向盘,使转向车轮向右转至极限位置;起动发动机,使其转速稳定在 1500~1600r/min;关闭截止阀,油压表指示压力应符合原厂规定(一般不低于7MPa),截止阀关闭时间不宜超过10s,以免对转向油泵造成不良影响。

第五节 常规悬架结构原理与维修诊断

(15~27,31,32 条适用于检测维修工程师,其他适用于检测维修士)

1. 转向桥通常位于汽车前部,故也称为前桥。转向桥可以与独立悬架匹配,也可以与非独立悬架匹配。轿向驱动桥用在一些前置前驱的乘用车上,这种类型的转向驱动桥多采用麦弗逊式独立悬架,其特点是结构简单,布置紧凑,便于维修。支持桥属于从动桥,发动机前置前驱动乘用车的后桥就属于支持桥,该车桥悬架通过两个上下重叠的横摆臂和一个纵摆臂实现。

2. 悬架一般都由弹性元件、减振器、导向机构等组成,乘用车一般还有横向稳定器。

3. 汽车上常用的弹性元件包括钢板弹簧、螺旋弹簧、扭杆弹簧、气体弹簧、橡胶弹簧等。

4. 减振器在汽车中的作用是迅速衰减由车轮通过悬架弹簧传给车身的冲击和振动,提高汽车行驶的平顺性能。减振器在汽车悬架中是与弹性元件并联安装的。

5. 汽车悬架系统中广泛采用液压减振器,当车架与车桥作往复的相对运动而使活塞在缸筒内往复移动时,减振器壳体内的油液便反复地从内腔通过一些窄小的孔隙流入另一内腔,此时孔壁与油液间的摩擦及液体分子内的摩擦便形成对振动的阻尼力,使车身和车架的振动能量转化为热能被油液和减振器壳体所吸收,然后扩散到大气中。

6. 横向稳定杆又称防倾杆,它的两端分别固定于左右悬架上,它在汽车转弯时,可减小车身侧倾程度,使车身尽量保持平衡。一般在注重运动型的车型上采用,前后悬架都可使用。

7. 螺旋弹簧非独立悬架一般只用于乘用车的后悬架。两根纵向推力杆的中部与后桥焊接为一体,前端通过带橡胶的支撑座与车身做铰链连接,后端与轮毂相连接。纵向推力杆用以传递纵向力及其力矩。整个后桥、纵向推力杆及车轮可以绕支撑座的铰支点连线相对于车身作上、下纵向摆动。

8. 麦弗逊式独立悬架目前在乘用车中应用很广泛,筒式减振器上端用螺栓与车身连接,下端通过球铰链与悬架下摇臂相连,承受前桥的侧向力和弯矩以增加侧向刚度,使前轮不易发生偏摆,减振器外部套有螺旋弹簧。

9. 主销轴线为上、下铰链中心连线。当车轮上下跳动时,减振器下支点随前悬架摇臂摆动,故主销轴线角度是变化的,这说明车轮是沿着摆动的主销轴线而运动。

10. 双横臂式悬架的下部结构与麦弗逊式悬架一样,为一根横臂,同时转向节上部也有一根横臂与车身相连。减振弹簧和减振器一般与下横臂相连。此时的减振支柱只负责支撑车体和减振任务,车轮的横向力、纵向力则都由横臂来完成。

11. 多连杆式独立悬架可分为多连杆前悬架系统和多连杆后悬架系统。多连杆式独立悬架不仅可以保证拥有一定的舒适性,而且由于连杆较多,可以使车轮和地面尽可能保持垂直,可减小车身的倾斜,能维持轮胎的贴地性,提高操纵的稳定性和乘坐舒适性。

12. 漏气保用轮胎采用加厚的橡胶侧壁,即使失去气压,侧壁也能够支撑车辆的质量,不会导致严重的变形,因此轮胎爆胎后并不会严重影响车辆的行驶,甚至车主有可能感觉不到。

13. 在轮胎侧面标有主商标、辅商标、规格、负荷、结构、认证、生产周期及用途等字符标记。例如,标记 225/45R17 91W,225/45R17:表示轮胎断面宽度为 225mm,高宽比为 45%,子午线轮胎,轮辋名义直径为 17in。

91W:91 表示载重(负荷)指数,是指轮胎的最高载质量,不同的载重指数代表不同的最高载质量;W 表示轮胎速度代号,是指轮胎的最高速度级别,单位是 km/h。

14. 轮胎换位多采用交叉换位和循环换位两种方法。交叉换位法适用于经常在拱形路面行驶的汽车以及一些子午线轮胎;循环换位法,适用于经常在较平坦道路上行驶的汽车。

15. 轴距是指前轴中心到后轴中心的距离。轮距是指左右轮胎中心之间的距离。

16. 车轮中心线是经过轮胎中心并且与车轮平面垂直的直线,车轮接触点是车轮中心线与车轮轴的交点,前轮的轮距就是左前车轮接触点与右前车轮接触点之间的距离。

17. 车辆中心对称面是汽车纵向几何中心平面,它通过前后轴的轮距中点并且垂直于行驶平面。而车辆中心线是把前轴左右车轮接触点连线的中点与后轴左右车轮接触点连线的中点相连接形成的车辆中线。

18. 转向轴是转向车轮绕其转向的实际轴。它在车轮悬架装置的上部回转点和下部回转点的连接线上。上部和下部回转点的位置由悬架的结构形式决定。

19. 最大总转角是最大转向时,内侧车轮和外侧车轮中心线与车辆中心线间角度,汽车左右两侧不同的最大转向角度,导致转弯半径不同。

20. 在汽车的横向垂面内,车轮平面与地面垂线的夹角称为前轮外倾角。适度的车轮外倾角可以保护车轮轴承,提高车辆的安全性能。但是外倾角也不宜过大,否则会使轮胎产生偏磨损。当车轮顶部向外侧倾斜时外倾角为正,向内侧倾斜时外倾角为负。

21.两侧车轮前后距离之差称为车轮前束值。当车轮前端距离大于后端距离时,称为正前束,反之称为负前束,又称后束。前束有后轮单独前束、前轮单独前束和总前束之分,各自都有明确的定义。

22.总前束是用一根轴上左右两个车轮的单独前束角之和来计算的,实际初始测量值以角度为单位。

23.几何轴线又称推力线,是后轴总前束的角平分线。

24.后轮单独前束是车辆中心线与单侧后轮的车轮中心线间的夹角。前轮单独前束是指几何轴线(推力线)与单侧前轮的车轮中心线间的夹角。

25.驱动偏角是车辆中心对称面与几何轴线之间的夹角。当左右后轮的单独前束相等时,推力线与车辆中心线重合,推力偏角为"0"。当左右后轮的单独前束不相等时,推力线作为总前束的角平分线将偏离车辆中心线,推力偏角不为"0",通常定义当几何轴线位于车辆中心对称面的左边时为正值。汽车直线行驶时,沿着几何驱动偏角的方向即实际推力线的方向前进。驱动偏角较小可能引起转向盘略微偏斜,过大将导致车辆直线行驶能力差、行驶跑偏。

26.主销内倾角是指主销(转向轴)在车辆的横向平面向内倾斜,主销(转向轴)轴线与地面垂线间的夹角,即主销轴线在横向垂面内的投影与地面垂线的夹角。内倾角的作用是在车辆转向时产生一个使车轮和转向盘回到正前位置的力矩,即自动回正。

27.当汽车水平停放时,在汽车的纵向垂面内,主销上部向后倾斜一个角度,主销轴线在纵向垂面内的投影与地面垂线的夹角称为主销后倾角。当车轮与地面接触点在主销延长线与地面接触点后面时,主销后倾角为正;当车轮与地面接触点在主销延长线与地面接触点前面时,主销后倾角为负。主销后倾角的主要作用是使车轮自动回正,使转向轻便。

28.悬架外观检查包括检查减振器外部筒体是否变形、锈蚀、漏油,上下端衬套是否磨损、老化或损坏;检查螺旋弹簧是否存在裂纹、塑性变形和锈蚀等现象;检查其他杆件是否存在连接间隙和变形;双手转动车轮,检查车轮轴承是否松旷及是否存在异响。

29.悬架功能可通过按压车身的方法进行检查。将轮胎压力调整至规定值,在要检查的悬架支柱一侧按压车辆前部,使车体上下连续回跳3~4次。

30.车轮动平衡的步骤如下:

(1)清除被测车轮上的泥土、石子和旧平衡块,清洁轮辋。

(2)检查轮胎气压,并调整至规定值。

(3)根据轮辋中心孔的大小选择锥体,安装上车轮,并用锁紧装置锁紧车轮。

(4)打开电源开关,检查指示与控制装置的面板是否指示正确。

(5)根据要求选择车轮类型、平衡模式和平衡块类型。

(6)用卡尺测量轮辋宽度、轮辋直径(也可由胎侧读出),用平衡机上的标尺测量轮辋边缘至机箱距离,再用键入或选择器旋钮对准测量值的方法将数值输入到指示与控制装置中去。

(7)放下车轮防护罩,按下启动键,车轮旋转,平衡测试开始,微机自动采集数据。

(8)车轮自动停转或听到"笛"声按下停止键并操纵制动装置使车轮停转后,从指示装置读取车轮内、外两侧不平衡量和不平衡位置。

（9）抬起车轮防护罩，用手慢慢转动车轮，当指示装置发出指示时停止转动。根据仪器的提示，在轮辋的内侧或外侧的加装指示装置显示该侧平衡块质量。平衡块的安装内、外侧要分别进行，平衡块装卡要牢固。

（10）安装平衡块后有可能产生新的不平衡，应重新进行平衡试验，直至不平衡量小于5g，指示装置显示"00"或"OK"时才结束平衡工作。

31. 车辆在进行四轮定位之前应做好如下检查工作：

（1）轮辋和轮胎规格是否一致，是否符合车辆要求。

（2）轮胎气压是否符合规定，如果不符合规定，则调至标准胎压。

（3）检查轮胎花纹深度，胎纹深度在同一个车桥上的左右轮胎之间允许有 3~4mm 的偏差。

（4）检查转向系统间隙是否正常。

（5）检查车轮是否有轮辋偏位的情况。

（6）检查车轮轴承间隙是否正常。

（7）检查弹簧减振装置的状态是否正常。

（8）检查车辆的负载情况。

（9）检查底盘组件是否有变形，如果有，应进行更换。

（10）清洁车轮轮辋上的定位孔。

（11）清洁定位仪及转角盘，并检查转角盘是否转动灵活。

（12）测量车辆的轮距、轴距，以便调整四轮定位仪转角盘位置。

（13）清洁转角盘上的安全定位孔和安全定位销。

32. 四轮定位的调整顺序一般都是先调后桥再调前桥，对于同一车轿，一般都是先调外倾再调前束。具体操作流程如下：

（1）调整好转角盘，并将安全定位销插入定位孔中。

（2）将车辆驶到定位仪上。

（3）将定位夹具装到车轮上。

（4）将 4 个测量传感器插入到卡具里，用测量传感器上的水平仪为其找平，并在找平后用卡具的绿色翼形螺钉将其拧紧。

（5）使用短电缆将转动台座和测量传感器连接起来，并将转动台座的安全销拔出。

（6）将测量传感器连接到电源上。按下所有测量传感器的接通按键。这样，车轴测量仪就做好了测量准备。

（7）安装制动踏板固定杆。

（8）按定位仪的提示选择车辆，输入胎压、车身高度等数据，进行调整前的数据检测。

（9）安装转向盘固定杆和车身固定杆。

（10）根据定位仪的提示对定位数据进行调整，调整方法和项目因车型而异，调整后的数据直接显示在屏幕上。

（11）调整完成后，进行调整后数据检查，如果各定位数据正常，定位工作结束，复位仪器和车辆。

第六节 常规制动系统结构原理与维修诊断

(12~16,25,26条适用于检测维修工程师,其他适用于检测维修士)

1. 汽车制动系统主要由传动装置和制动器两部分组成。制动系统的传动装置包括制动主缸、真空助力器、制动油管、制动轮缸及驻车制动器拉索等。

2. 制动器是产生制动力的部件,包括前轮制动器及后轮制动器等。汽车上常使用摩擦制动器,它是利用固定元件与旋转元件工作表面的摩擦而产生制动力矩。制动器有盘式制动器和鼓式制动器两种。

3. 双腔串联式制动主缸主要由储液罐、制动主缸外壳、前活塞、后活塞及前后活塞弹簧、推杆、皮碗等组成。缸体内装有两个活塞,将主缸内腔分为两个工作腔。

4. 制动时,推杆推动第一活塞向前移动,在其密封圈遮住补偿孔后,第一工作腔的油压开始升高。油液一方面通过腔内出油孔进车桥制动管路,一方面又对第二活塞产生推力,在此推力及第一活塞左端弹簧力的共同作用下,第二活塞也向前移动,这样第二工作腔也产生了压力,推开腔内出油阀,油液进入车桥另一制动管路,于是两管路对汽车施行制动作用。

5. 真空助力器由前后壳体、膜片、推杆、复位弹簧、空气阀和真空阀等组成。真空助力器的前壳、后壳、活塞及膜片用于形成泵体,并形成前、后气室,膜片和活塞可以在前、后气室有压力差的情况下带动助力器推动移动。前气室通过止回阀与真空管路相连。空气阀用于控制外界空气与后气室导通,真空阀用于控制前、后气室的通风孔导通,空气阀和真空阀可在真空助力器推杆的推动下开启和关闭。

6. 制动轮缸的作用是将液压能转变为制动蹄的机械促动力,通常鼓式制动器轮缸是使制动蹄张开,盘式制动器轮缸是使制动块压紧。

7. 盘式制动器按制动钳固定在支架上的结构形式分为定钳盘式和浮钳盘式两种。

8. 在定钳盘式制动器中,内、外两侧钳体实际上各为一个液压缸缸体。制动时,制动油液由制动主缸经进油口进入钳体中两个相通的液压腔中,两活塞在液压作用下移向制动盘,将两侧的制动块压向与车轮固定连接的制动盘,从而产生制动力。

9. 在浮钳盘式制动器中,制动钳体只在制动盘的内侧设置油缸。制动时,来自制动主缸的液压油通过进油口进入制动油缸,推动活塞及其上的制动块向右移动,并压到制动盘上,于是制动盘给活塞一个向左的反作用力,使得活塞连同制动钳体整体沿导向销向左移动,直到制动盘右侧的制动块也压紧在制动盘上。此时,两侧的制动块都压在制动盘上,夹住制动盘使其制动。

10. 鼓式车轮制动器主要由制动鼓、制动底板、制动蹄、制动轮缸、复位弹簧以及连接部件所组成。制动时,驾驶员踩下制动踏板,主缸推杆便推动制动主缸内的活塞前移,迫使制动液经管路进入制动轮缸,推动轮缸的活塞向外移动,使制动蹄克服复位弹簧的拉力绕支撑销转动而张开,消除制动蹄与制动鼓之间的间隙后压紧在制动鼓上。此时,不旋转的制动蹄摩擦片对旋转的制动鼓就产生一个摩擦力矩,其方向与车轮的旋转方向相反。

11. 驻车制动装置的作用是使停驶后的汽车驻留原地不动,便于坡道起步,当行车制动器效能失效后临时使用或配合行车制动器进行紧急制动。驻车制动装置按其安装位置可分为中央制动式和车轮制动式两种。

12. 电子驻车制动系统(Electrical Park Brake,EPB)由电控单元、驻车制动开关、AUTO-HOLD 开关、离合器位置传感器、带操作电动机的制动钳等组成。

13. 电子驻车系统除了一般驻车制动系统所具有的驻车制动、紧急制动功能外,还有自适应辅助起步功能,而且系统在紧急制动状态下能提供更大的制动力。

14. 电子驻车的功能是由 EPB 电控单元通过安装在后制动盘上的制动电动机系统来实现。当需要驻车制动时,EPB 按钮被按下,按钮操作信号输送给电控单元,电控单元控制电动机和行星减速齿轮机构工作,对左右后制动钳实施制动。

15. 如果车速高于一定范围,此时拉起制动开关,电子驻车系统就能够实现车辆紧急制动,制动过程将由 ESP(电子稳定程序)完成,在紧急制动期间,如果踩下加速踏板,系统功能停止工作。

16. 电子驻车系统具有以下优点:

(1)电子驻车系统取消了驻车制动器操纵杆,为车厢内留出更多的空间。

(2)驻车制动由一个触手可及的电子按钮进行,驾驶员不必费力拉驻车制动器操纵杆,简单省力。

(3)电子驻车系统可以在发动机熄火后自动施加驻车制动。

(4)车辆起步不会发生溜滑现象。

(5)电子驻车系统提高了驾驶与操纵的舒适性与方便性,并且提高了车辆的安全性。

17. 检查储液罐中的制动液液位应位于最高液位(MAX)和最低液位(MIN)液位线之间,制动液的外观应清澈透明或呈琥珀色、无杂质、无沉淀和无悬浮物。

18. 对制动摩擦片厚度的进行检查时,如果制动摩擦片已拆下,可直接用游标卡尺测量。如果制动摩擦片没拆下,可用专用工具进行检查。

19. 对于制动管路的检查,应重点检查管接头部位。检查制动管路是否有凹痕或其他损坏。检查制动软管是否有扭曲、磨损、开裂、隆起等损坏。

20. 检查真空助力器工作情况时,需要起动发动机,怠速运转 1~2min 后停机;踩下制动踏板数次,检查制动踏板是否升高;踩下制动踏板后,起动发动机,检查制动踏板是否下沉。制动踏板踩下并保持 30s 后停止发动机,检查制动踏板高度是否不变。否则,说明真空管路泄漏或真空助力器工作不良。

21. 使用仪器对制动系统排气的过程如下:

(1)连接制动液加注—排空装置和储液罐。

(2)接通制动液加注—排空装置开关,调节仪器压力值,不允许超过 0.2MPa。

(3)将排气软管及容器插在相应的排气阀上,打开排气阀并冲洗,直至流出的制动液纯净无气泡,关闭排气阀。按照离制动储液罐由远及近的顺序打开其他车轮制动器的排气阀。

(4)关闭制动液自动加注和排气装置,并从储液罐上拆下。

(5)检查制动液液面高度,并将制动液液面调整到"MAX"液位。

22. 目视检查制动盘是否存在刻痕、锈迹、异常磨损、裂纹和其他损坏。

23. 在检查制动盘厚度及平行度时,可以利用千分尺,在制动盘外缘往圆心10mm均匀的8个点处,测量其厚度。如果最小值小于最大修整极限,则更换制动盘。最大值与最小值的差值即为平行度,平行度不能超过规定值,否则需要更换或维修制动盘。

24. 在进行制动盘圆跳动检查时,检测前清理制动盘的污锈,安装上合适的垫片和车轮螺母,安装百分表及支座,让百分表测量杆处于制动盘外缘往圆心10mm处,转动制动盘,测量制动盘的径向圆跳动。制动盘最大径向圆跳动为0.05mm。如果径向圆跳动超过最大值,则研磨或更换制动盘。

25. 缓慢将驻车制动杠杆向上拉到底,并计算"咔嗒"声的次数。驻车制动杠杆行程:200N 时为6~9个槽口。如果杠杆锁定齿数不在规定齿数范围之内,则调整驻车制动器操纵杆。当上拉驻车制动器操纵杆6~9个齿槽距离时,后轮应锁住,车轮在双手尽力转动情况下应保持不动。释放驻车制动器操纵杆,后轮应能够自由转动,如听到轻微的接触声,则视为正常。

26. 驻车制动器调整后需检查其功能是否符合标准,功能检查需要在试验台上完成。将车辆驶到试验台上,变速器杆置于空挡,用中等力拉紧驻车制动器操纵杆5次。在制动器测试台上测试时应满如下要求:

(1)第0齿:驻车制动器操纵杆被松开。
(2)第1齿:针对第0齿没有制动力增加,指示灯可以亮起。
(3)第2齿:指示灯必须亮起。
(4)第3齿:制动力增加。
(5)第5齿:制动力显示必须达到规定值。
(6)检查车轮的制动力差:拉紧驻车制动器操纵杆,直到车轮制动力达到规定值为止。最大允许的左右制动力差小于规定值。

考试模拟题

一、是非判断题

1. 离合器分为主动部分、从动部分、压紧装置和操纵机构4个部分。（√）
2. 离合器自由间隙是为了保证离合器在传递转矩时不出现打滑,在压盘和从动盘之间预留的间隙。（×）
3. 变速器换挡自锁装置能够保证变速器每次只能挂上一个挡位。（×）
4. 两轴变速器在前进挡位时,输出轴与输入轴同向转动。（×）
5. 差速器可以让左、右半轴以不同转速旋转,以满足两侧驱动轮差速的需要。（√）

6. 驱动桥一般由主减速器、差速器、半轴和桥壳等组成。 （√）
7. 转向控制阀用来控制动力转向液的流向。 （√）
8. 齿轮齿条转向器的从动副是齿轮,主动副是齿条。 （×）
9. 汽车上常用的弹性元件包括钢板弹簧、螺旋弹簧、扭杆弹簧、气体弹簧、橡胶弹簧等。
 （√）
10. 防爆轮胎在行驶的过程中不会爆胎。 （×）
11. 制动器是产生制动力的部件。 （√）
12. 制动系统中多采用双腔并联式制动主缸。 （×）

二、单项选择题

1. 下列不属于离合器的主动部分的是(C)。
　　A. 飞轮　　　　　　B. 压盘　　　　　　C. 压紧弹簧　　　　D. 离合器盖
2. 下列关于变速器的说法不正确的是(D)。
　　A. 同步器的功用是使接合套与待啮合的齿圈迅速同步且防止在同步前啮合而产生换挡冲击
　　B. 互锁装置用于防止同时挂上两个挡位
　　C. 自锁装置用于防止变速器自动脱挡,并保证轮齿以全齿宽啮合
　　D. 倒挡锁装置用于防止倒挡脱挡
3. 下列关于驱动桥说法不正确的有(C)。
　　A. 驱动桥主要由主减速器和差速器组成
　　B. 驱动桥可以改变动力传递方向
　　C. 单级主减速器都采用锥齿轮传动
　　D. 主减速器装配中的调整包括主、从动锥齿轮轴承预紧度的调整
4. 转向盘自由行程一般为(C)。
　　A. 0～5mm　　　　B. 5～10mm　　　　C. 15～20mm　　　D. 20～25mm
5. 下列轮胎说法不正确的是(B)。
　　A. 轮胎换位多采用交叉换位和循环换位两种方法
　　B. 在进行车轮运平衡时要检查轮胎气压,并调整至最大值
　　C. 在轮胎侧面的字符标记能找到轮胎的生产日期
　　D. RSC爆胎后并不会严重影响车辆的行驶
6. 下列关于制动系统说法不正确的是(B)。
　　A. 在浮钳盘式制动器中,制动钳体只在制动盘的外侧设置油缸
　　B. 制动系统排气应按照离制动储液罐由远及近的顺序进行
　　C. 制动器是产生制动力的部件
　　D. 制动系统采用的是双腔串联式制动主缸

三、多项选择题

1. 离合器由(ABCD)组成。

A.主动部分　　　　　B.从动部分　　　　　C.压紧装置　　　　　D.操纵机构
2.变速器换挡锁止装置包括(ABC)。
　　　A.自锁装置　　　　　B.互锁装置　　　　　C.倒挡锁装置　　　　D.超速挡锁装置
3.驱动桥是由(ABCD)等组成。
　　　A.主减速器　　　　　B.差速器　　　　　　C.半轴　　　　　　　D.桥壳
4.转向系统的基本检查的内容包括(ABCD)。
　　　A.检查转向盘自由行程　　　　　　　　　B.检查转向盘的松动和摆动
　　　C.检查转向盘锁定情况　　　　　　　　　D.检查动力转向液压油液位
5.汽车的悬架一般都由(ABC)等组成。
　　　A.弹性元件　　　　　B.减振器　　　　　　C.导向机构　　　　　D.车轮
6.制动器的传动装置包括(ABC)。
　　　A.制动主缸　　　　　B.真空助力器　　　　C.制动轮缸　　　　　D.制动器

第四章
电气系统结构原理与维修诊断

第一节　电源系统结构原理与维修诊断

（19,20,27,28,29条适用于检测维修工程师,其他适用于检测维修士）

1. 汽车蓄电池由多个单格电池组成。单格电池主要由极板组（包括正极板、负极板和隔板）、联条、极柱、壳体、盖板及内部的电解液等组成。

2. 极板组主要由正极板、负极板和隔板组成。极板是蓄电池的核心部分,由栅架和活性物质组成,可分为正极板和负极板,正极板为咖啡色微粒结晶状的过氧化铅(PbO_2),负极板为海绵状的纯铅(Pb)。栅架是极板的骨架,其主要成分为铅(Pb),加入5%~12%的锑(Sb)制成。

3. 在正极板与负极板间使用一片多孔材质的绝缘板来分隔,称为隔板。其材质有木材、微孔硬橡胶、合成树脂、玻璃强化纤维板、玻璃纤维板等,目前以使用微孔硬橡胶及玻璃纤维板等较多。

4. 将多块正极板及负极板分别用联条连接成一体,正负极板间插入隔板,即形成极板组,每一分电池中放置一组极板组。极板组中负极板比正极板多一片,即正极板的两面都要有负极板,因正极板充放电时的膨胀率大,若仅有一面作用容易弯曲损坏,负极板则不会,故极板组中的极板数均为单数。

5. 联条的作用是将分电池串联起来,提高整个电池的端电压。普通电池联条的串联方式一般是外露式,而新型蓄电池联条的串联方式是封闭式。蓄电池顶部有两个极柱露出,是将各分电池的极板串联后,成为输出或输入的总接头。为了便于识别,极柱的上方或旁边刻有"+""-"标记,也有的在正极柱上涂有红色油漆。

6. 免维护蓄电池在盖板上均设有密度与液面观察窗,俗称电眼,以显示蓄电池的充电情况及电解液液面是否过低。当蓄电池液面及充电正常时,绿色浮球在中央最高点,从视窗中在黑色区可看到绿色圆圈;当蓄电池液面正常,但充电不足时,绿色浮球在球室下方,从视窗中看不到绿色圆圈,整个是黑色,当蓄电池液面过低时,视窗中看到的是透明色,表示蓄电池需换新。

7. 蓄电池中的电解液俗称电水,是以蒸馏水或精制水与硫酸配合而成的稀硫酸,具有较强腐蚀性,一般密度为1.260~1.280g/cm³。电解液必须保持高出极板10~12mm。

8. 蓄电池的工作原理就是化学能与电能的相互转化。当蓄电池将化学能转化为电能而向外供电时,称为放电过程,放电的结果是正、负极板都变成相同结构的硫酸铅,而电解液中的硫酸成分减少,水的成分增加。当蓄电池与外界直流电源相连而将电能转化为化学能储存起来时,称为充电过程。充满电后,蓄电池的负极板成为海绵状铅(Pb),正极板成为二氧化铅(PbO_2),电解液为稀硫酸($H_2SO_4 + H_2O$)。

9. 交流发电机由定子、转子、整流器、前盖板、电刷、后盖板、风扇等组成。

10. 交流发电机的定子又称电枢,是用来产生交流电动势的。由定子线圈及硅钢片叠成的定子铁芯组成。定子铁芯由许多涂有绝缘漆的硅钢片叠成,内有直槽,以容放定子线圈,槽数为转子磁极数的3倍。定子线圈由漆包线绕成,共有三组线圈,每组线圈由与转子磁极数相等数量的线圈串联而成。定子绕组的接法有星形(Y)三角形(△)两种方式。发电机一般采用星形连接,即每相绕组的首端分别与整流器的硅二极管相接,作为交流发电机的输出端,每相绕组的尾端接在一起,形成中性点 N。

11. 流发电机的转子是用来建立磁场的,主要由磁极、磁场线圈、集电环和轴等组成。磁场线圈以细的漆包线绕成,线的两端各接在一个集电环上,与轴及磁极有良好绝缘。集电环安装在转子轴的一端,以黄铜或铜制成,与轴绝缘,供电流输入磁场线圈用。

12. 整流器的作用是将定子绕组产生的三相交流电变成直流电输出。3个正极整流二极管安装在一块金属板上成为正整流板,3个负极整流二极管安装在另一块金属板上成为负整流板,两块整流板安装在铝制的端盖上。

13. 三相交流发电机的三组线路使用6只整流二极管,即可做全波整流。有些交流发电机的整流器采用9只二极管,增加的是3只小功率磁场二极管,专门用来供给励磁电流,这样可以提高发电机的电压调节精度。

14. 有些交流发电机为了提高中性点电压,提高发电机输出功率,增加了2只二极管对中性点电压进行整流,汇入发电机的输出端。同时具备上述两种功能的发电机整流器共有11只整流二极管。

15. 电压调节器是把发电机输出电压控制在规定范围内的调节装置,其功用是在发电机转速和发电机的负载发生变化时自动控制发电机电压,使其保持恒定。

16. 电压调节器就是利用自动调节磁场电流使磁极磁通量改变这一原理来调节发电机输出电压的。电压调节器通常利用功率管的开关特性,使磁场电流接通与切断,从而来调节磁场电流,以控制发电机输出电压。

17. 目前广泛采用的晶体管电压调节器又称电子调节器。它以稳压管作为电压感受元件,控制三极管的通断来调节励磁电流,从而使发电机电压保持稳定。这种调节器在使用过程中无须维护,结构简单,体积小,质量轻。

18. 充电警告灯用来表示电源系统的工作情况,当接通点火开关,起动发动机,当发电机不发电或发电不足时,充电指示灯便会点亮;当发电机的发电电压高于蓄电池电压时,充电指示灯便熄灭。

19. 电源系统在使用过程中会出现发电机不发电、发电机发电过高、发电机噪声等故障,可以根据电源系统故障诊断表进行检查。

20. 发电机不发电的原因有传动带打滑、发电机内部故障、充电线路故障、充电指示灯线路故障、电压调节器故障等。

21. 蓄电池外观检查包括观察蓄电池外壳表面有无电解液漏出或渗出,检查蓄电池在汽车上安装是否牢固,导线接头与极桩、导线接头与车架(搭铁线)是否连接紧固,清除蓄电池盖上的灰尘、泥土、酸垢,擦去蓄电池盖上的电解液,保持通气孔畅通,清除极桩和导线接头上的氧化物等。

22. 可以通过观察蓄电池壳体上标示液面高度的刻线来检查电解液液面高度。电解液必须保持高出极板 10~15mm,高度不足时,直接添加蒸馏水。也可以直接通过观察窗观察孔的颜色进行检查,如果观察孔出现透明色,说明液面过低,应更换蓄电池。

23. 用万用表测量蓄电池开路端电压时,电压值 12V 以上为正常值,电压值低于 12V,表明蓄电池已放电,需进行补充充电。

24. 用专用蓄电池检测仪测量蓄电池端电压时,一般存电 80% 以上显示为良好,可将结果通过检测仪自带的打印机打印出来。

25. 在检查充电指示灯工作情况时,转动点火开关位于"ON"挡位,此时组合仪表中的充电指示灯应点亮;起动发动机,并提高转速到 600~800r/min,充电指示灯应自动熄灭。

26. 在进行充电系统空载电压检测时,需要起动发动机,并将发动机转速提高到大约 1500r/min,在无负载的情况下,充电系统电压应比开路电压高约 2V,根据汽车型号的不同在 13.5~15V 之间。测量结果若低于 13.5V,表明充电系统存在发电不足的问题;若高于 15V,表明发电机的发电电压过高。

27. 使用可调直流稳压电源和测试灯试验其性能,检测设备包括可调直流稳压电源(输出电压为 0~30V,电流为 5A)和一只 20W 的汽车灯泡(代替发电机磁场线圈)。检查内搭铁式晶体管调节器时,测试灯应接在调节器"F"与"-"接线柱之间;检查外搭铁式晶体管调节器时,测试灯应接在调节器"F"与"+"接线柱之间。

28. 调节直流稳压电源,使其输出电压从零逐渐升高,当电压升高到 6V 时,测试灯开始点亮;随着电压的不断升高,测试灯逐渐变亮,当电压升高到(14±0.5)V 时,测试灯应立即熄灭。继续调节直流稳压电源,使电压逐渐降低,测试灯又重新变亮,且亮度随电压的降低逐渐减弱,则说明调节器良好。

29. 用示波器测量发电机的发电波形,通过观察发电机波形的电压及波纹可以判断发电机调节电压及整流器性能。

第二节　起动系统结构原理与维修诊断

(8、13 条适用于检测维修工程师,其他适用于检测维修士)

1. 起动机由直流串励式电动机、传动机构和电磁开关三部分组成。
2. 直流电动机是将电能转化为机械能的装置,其功用是产生发动机起动时所需要的电磁转矩。直流电动机主要由外壳与磁极、电枢、电刷、换向器、端盖等组成。
3. 外壳为软钢制的圆筒,作为磁力线的回路。磁极也是用软钢制成,与外壳精密配合,用螺钉固定在外壳上,通常使用4个磁极。磁场线圈以扁铜条和绝缘纸绕成,通常使用4个磁场线圈。

4. 起动机电枢包括轴、硅钢片迭合成的铁芯、换向器及电枢线圈。电枢轴上有直槽或螺旋槽,供小齿轮移动用。铁芯的硅钢表面上涂有绝缘油,可以防止涡电流的产生而发热。电枢线圈绕在铁芯上,每一槽中只有两条,用绝缘纸包扎。

5. 电刷的功用是将直流电引入电枢绕组中,并经搭铁电刷回到蓄电池负极形成闭合电流回路。一般采用4个电刷,2个绝缘电刷和2个搭铁电刷,通过4个电刷架固定在前端盖上。电刷由铜与石墨粉压制而成,含铜量达80%左右,因此电刷又称铜刷,也有称为炭刷。

6. 电磁开关主要作用是用来控制起动机驱动齿轮与飞轮齿圈的接合与分离,并控制起动机主电路的接通与切断。电磁开关由吸引线圈、保持线圈、柱塞、复位弹簧及接触片等组成。

7. 传动机构的作用是把直流电动机产生的转矩传递给飞轮齿圈,再通过飞轮齿圈把转矩传递给发动机的曲轴,使发动机起动;起动后,飞轮齿圈与驱动齿轮自动打滑脱离。传动机构一般由驱动齿轮、单向离合器、拨叉等组成。单向离合器多采用滚柱式。

8. 起动系在使用过程中会出现起动机不工作、起动机运转无力等故障。造成起动机不工作的可能原因有蓄电池电量不足、供电线路接触不良、控制线路故障、电磁开关故障和直流电动机故障。

9. 用万用表测量吸引线圈和保持线圈的电阻,吸引线圈的电阻值一般在 0.6Ω 以下,而保持线圈的电阻值一般在 1Ω 左右。

10. 在进行起动机吸引动作测试时,拆下起动机"C"端子上的电缆引线;用带夹子的电缆将起动机"C"端子、电磁开关的壳体与蓄电池的负极相连;用带夹子的电缆将起动机"50"端子与蓄电池正极连接,驱动齿轮应向外移动;若不移动,说明电磁开关有故障,应进行修理或更换。

11. 在进行起动机保持动作的测试时,当驱动齿轮保持在伸出位置时,拆下起动机"C"端子上的电缆引线,此时驱动齿轮应保持在伸出位置不动,若驱动齿轮回位,说明保持线圈断路,应进行维修。

12. 在进行传动机构的检查时,应检查行星齿轮的轮齿、内齿轮和单向离合器是否磨损或损坏,如果损坏,则进行更换。左手抓住离合器,右手转动小齿轮,一个方向能旋转,另一个方向则不能转动,表示离合器正常。

13. 检查起动继电器时,可以在继电器线圈端子两端加蓄电池电压,同时用万用表测量触点端子之间的电阻值,标准阻值为小于 1Ω。

第三节 照明信号系统结构原理与维修诊断

(18、19、23、24条适用于检测维修工程师,其他适用于检测维修士)

1. 前照灯一般由反射镜、配光镜和灯泡三部分组成。反射镜的作用是最大限度地将灯泡发出的光线聚合成强光束,以增加照射距离。它一般呈抛物面状,内表面镀铬、铝或银,然后抛光,目前多采用真空镀铝。

2. 配光镜能再分配反射的光束及散射的光线,可获得较佳的照明效果。玻璃或塑胶镜头上有许多纵、横或不规则的条纹,整个镜头可分割成极大数量的方形块,也就是每一个单独的小镜头均会引导光线,来改善光线的投射或光束的形式。

3. 前照灯的灯泡主要使用白炽灯泡和卤钨灯泡两种。白炽灯泡的灯丝用钨丝制成,电流流经钨丝时,钨丝烧红成白炽状,产生光及热;灯泡内的真空,可避免空气中的氧使灯丝烧尽。

4. 卤素灯泡是在白炽灯泡内充入氟、氯、碘等卤素气体,卤素气体是一种惰性气体,在此气体内灯丝烧耗慢,并允许灯丝在高温下工作。

5. 卤素灯泡比普通灯泡在同样功率条件下亮度高,寿命长,光度稳定。但卤素灯泡内的钨丝温度高达2900℃以上,因此必须使用即使因温度剧烈变化,也不会在玻璃内产生过度内部张力的石英玻璃。石英玻璃表面不可以手指碰触,若手指上的油脂黏附在玻璃表面时,会形成热点,以致石英玻璃变形甚至破裂。

6. 氙灯是一种含有氙气的新型前照灯,又称高强度放电灯或气体放电灯,英文简称HID。氙灯亮度大,发出的亮色调与太阳光比较接近,消耗功率低,可靠性高,不受车上电压波动的影响。

7. HID前照灯系统由小型石英灯泡、变压器和电子单元组成。接通电源后,通过变压器,在几微秒内升压到2万V以上的高压脉冲电加在石英灯泡内的金属电极之间,激励灯泡内的物质(氙气、少量的汞蒸气、金属卤化物)在电弧中电离产生光亮。由于高温导致碰撞激发,并随压力升高使线光谱变宽形成带光谱。在灯开关接通的一瞬间,氙灯即产生与55W卤素灯一样的亮度,约3s达到全部光通量。

8. LED省电、不发热、反应速度极快、寿命长及设计自由度高等,LED技术目前已被广泛应用,LED将取代白炽灯泡,成为现代汽车在指示、定位、室内照明及造型设计的主流。

9. 灯光开关用来控制各种照明灯光和信号灯光,其形式有旋转式和组合式两种。现代汽车上用得较多的是将控制前照灯、尾灯、转向灯及变光等开关制成一体的组合式开关,根据车型不同,有不同的结构形式和安装位置。

10. 喇叭继电器以喇叭按钮的小电流控制经过触点的大电流,可以减少喇叭电路的电压降,缩短电源与喇叭的配线长度。喇叭继电器上有三个接头,分别连接按钮、喇叭和电源。

11. 当喇叭按钮按下时,喇叭继电器线圈通电,使继电器触点闭合,闭合后电流进入喇叭线圈后搭铁。喇叭电磁线圈的吸力将活动铁片吸引,使膜片及调整螺母一起下移,调整螺母将触点拉开,线圈电路中断,膜片的弹性使膜片及活动铁片弹回。线圈电流中断时产生的感应电流由与触点并联的电阻或电容器吸收。膜片弹回后,触点又闭合,电流又接通,线圈的磁力又将活动铁片及膜片拉下,使触点又分开。如此膜片不断地来回振动,使空气因振动而发出声音。

12. 汽车的转向信号由车辆左侧或右侧转向灯的闪烁表示。为使转向信号醒目可靠,转向灯的颜色都用橙色,闪光频率应在60~120次/min。转向灯由转向灯开关和闪光器控制。

13. 转向灯开关包含在组合开关内,用来控制转向灯电路的接通,转向灯开关有L、OFF

与 R 三个位置。

14.转向灯的闪烁是由闪光器来控制的,闪光器串联在转向灯电路中,在汽车转弯(或变道)时,可以使转向灯以规定的频率闪烁发光,以指示汽车的行驶趋向。常见的闪光器有电容式、晶体管式和集成电路式(IC 式)等类型。

15.汽车危险警告信号由左右转向灯的同时闪烁表示,由危险警告信灯开关控制。危险警告灯为所有转向灯均同时闪亮,作为危险警告用;另外危险警告灯不经点火开关控制,只要压下开关,车外的转向灯及车内的转向指示灯均同时闪烁。

16.汽车制动信号由车尾部制动灯的亮起表示。制动灯由制动灯开关控制。制动灯要求采用红色,两个制动灯的安装位置应与汽车纵轴线对称,并在同一高度;制动灯的红色灯光应保证夜间 100m 以外能够看清。

17.倒车信号以倒车灯点亮和倒车蜂鸣器发声表示。倒车灯色为白色,倒车灯由安装在变速器上的倒车灯开关控制,当选挡杆拨至倒车挡时,倒车信号开关将倒车信号电路接通,倒车灯点亮。有的倒车灯电路上安装有蜂鸣器,倒车时,倒车蜂鸣器发了语音提示"倒车请注意"。

18.照明系统在使用过程中会出现照明系统不工作、照明系统无法关闭、单侧照明系统工作等故障。造成前照灯不工作的可能原因有供电线路故障、熔断丝故障、前照灯继电器故障、灯光开关及灯泡故障。

19.信号系统在使用过程中会出现信号系统不工作和工作不正常等故障。造成危险警告灯和转向信号灯不工作的原因有供电线路故障、熔断丝故障、转向信号闪光继电器故障、线束或连接器故障。

20.在进行灯光检查前应确保前照灯周围车身没有损坏或变形,加注燃油,确保油液加注到规定液位,确保冷却液加注到规定液位,将轮胎充气至适当压力,将行李舱和车辆卸载,确保备胎、工具和千斤顶在原来的位置,让一个体重一般(75kg 左右)的人坐在驾驶员座椅上,带有高度可调悬架的车辆将车辆高度调节到最低,带有手动可调前照灯的车辆将其高度调节到"0"。

21.前照灯光束仪器检查的具体步骤如下:

(1)测试仪垂直放置,汽车和测试仪的相对位置应保证测试仪聚光凸透镜与前照灯配光镜之间的距离为 1m。

(2)调整测试仪,使对正校准器对准被测汽车的纵向中心线,即对中。

(3)利用前照灯对正校准器,通过上下、左右调整测试仪,使前照灯中心与测试仪聚光凸透镜中心对中,然后将测试仪固定在支柱上。

(4)接通前照灯,将光度光轴开关转到光轴位置上。左右、上下偏移指示计。转动左右、上下调整旋钮,将左右、上下偏移指示计的指针指示中央位置。

(5)将光度光轴开关转到光度位置上,读取此时光度计的指示值和左右、上下调整旋钮转动时的刻度值,即测出了发光强度、光轴的左右、上下偏移量。

22.前照灯的对光调整可通过调整螺钉进行,可进行垂直调整和水平调整。

23.前照灯系统检修可根据电路图对熔断丝及电源线路、供电与灯泡之间的线路、前照灯开关、前照灯继电器及灯泡用万用表进行检修。

24. 转向信号系统检修可根据电路图对熔断丝及电源线路、转向灯线路、转向灯开关、转向信号闪光器、转向灯泡用万用表进行检修。

第四节　仪表系统结构原理与维修诊断

（16条适用于检测维修工程师，其他适用于检测维修士）

1. 汽车上的仪表主要有燃油表、车速表、转速表及冷却液温度表。

2. 燃油表用于指示汽车油箱中的存油量，由安装在油箱中的传感器和组合仪表中的燃油表组成，常用燃油表有电磁式和电子式。

3. 电磁式燃油表是利用线圈产生的电磁力使燃油表指针转动以显示燃油量的显示装置。当电流发生变化时，合成磁场的方向也发生变化，从而使得磁性转子的位置发生变化，同时指示相应的燃油量值。

4. 电子式燃油表由传感器、处理器及显示器组成。燃油箱可变电阻式传感器（信号器）产生模拟信号，模拟/数字转换器将模拟信号转换为二进位数或称二进制代码的信号给微型计算机，经微型计算机处理后将数字信号送给仪表板内电路，从而显示出燃油存量。

5. 无论使用何种类型的燃油表，都安装有燃油量不足报警灯，当燃油量少于规定值时，红色的报警灯点亮，以提醒驾驶员注意加油，防止损坏燃油泵。

6. 冷却液温度表也分为电磁式和电子式。

7. 电磁式冷却液温度表的结构原理与电磁式燃油表类似。当冷却液温度高于规定值时，冷却液温度传感器向冷却液温度报警灯电路提供报警信号，使冷却液温度报警灯点亮，以提醒驾驶员注意。

8. 电子式温度表是由可变电阻器（冷却液温度传感器）、处理器（计算机）及显示器组成。当冷却液温度低时，负温度系数（NTC）的冷却液温度传感器电阻高，流过的电流小，传感器两端的电压高，模拟/数字转换器将高电压信号转为数字信号，送给微处理器，微处理器再送出信号给输出驱动器，使显示器显示出较低的冷却液温度。反之，显示器显示出较高的冷却液温度。

9. 发动机转速表用于指示发动机转速，使驾驶员了解发动机的运转状况，避免发动机超速运转。发动机转速表通常都是利用发动机转速传感器产生的电压脉冲信号，使指示器作用，以显示发动机转速。

10. 车速表用于显示汽车行驶的速度，按照其工作原理的不同可分为机械式车速表和电子式车速表。

11. 机械式车速表为电磁式，由变速器输出轴带动的软轴所驱动。车速表指针的指示是因软轴带动磁铁旋转时，使转盘也发生旋转力，此旋转力与游丝弹簧的弹力平衡时指示在一定位置。

12. 电子式车速表是由车速传感器(VSS)、处理器及指针式车速表组成。车速传感器采用电磁式,为一种小型的交流(AC)信号产生器,由变速器输出轴驱动,当汽车行驶时,VSS 产生的电压信号与车速成正比,送给处理器放大、计算及处理后,使指针摆动以显示速度。

13. 里程表用来显示汽车累计行驶的里程数和短里程数,按照其工作原理的不同可分为机械式里程表和机械电子式里程表。

14. 机械式里程表是以车速表旋转磁铁的驱动软轴来驱动特殊的齿轮来带动计数环来计算行驶里程。全程表通常有五个计数环,末位数每转一圈代表汽车行驶 1km。短程表通常为三位数,随时可以用归零装置,使每个计数环都回到 0 位。

15. 机械电子式里程表是由车速传感器(VSS)、处理器及步进电动机与机械式里程表组成。VSS 信号送给处理器,处理器控制步进电动机作用,使机械式里程表显示正确的数字。

16. 仪表系统在使用过程中会出现整个仪表不工作、单个仪表工作不正常等故障。造成单个仪表工作不正常的原因有传感器故障、传感器线路故障、仪表线路故障。

17. 仪表系统具有诊断功能,当仪表控制单元发现系统有故障时,会将故障以故障码的形式储存在控制单元的存储器里,以便得到故障部位的准确提示,迅速排除故障。可用专用的故障检测仪器读取故障码,并根据故障码进行诊断。

18. 通过发动机检测仪对仪表系统进行主动测试,根据各仪表在测试时的工作情况可进一步判断所测试仪表的性能。

第五节 电动刮水器系统结构原理与维修诊断

(7,8 条适用于检测维修工程师,其他适用于检测维修士)

1. 电动风窗刮水器主要由直流电动机、蜗轮箱、曲柄、连杆、摆杆、摆臂和刮水片等组成。

2. 刮水电动机有绕线式和永磁式两种。绕线式刮水电动机的磁极绕有励磁绕组,通电时产生磁场,而永磁式刮水电动机的磁极用永久磁铁制成。

3. 永磁式刮水电动机是利用三个电刷来改变正、负电刷之间串联线圈的个数实现变速的。

4. 刮水器的开关有三个挡位,它可以控制刮水器的速度和自动复位。

5. 当把刮水器开关退回到 0 挡时,如果刮水片没有停止到规定的位置,由于触点与铜环相接触,则电流继续流入电枢,电动机仍以低速运转,直至蜗轮旋转到复位位置,电路中断。由于电枢的运动惯性,电动机不能立即停止转动,此时电动机以发电机方式运行。因此电枢绕组通过触点臂与铜环接通而短路,电枢绕组将产生强大制动力矩,电动机迅速停止运转,使刮水片复位到风窗玻璃的下部。

6. 汽车风窗刮水器的间歇控制一般是利用自动复位装置和电子振荡电路或集成电路实

现的。

7. 电动刮水器系统在使用过程中会出现不工作或不回位等故障。造成前刮水器系统不工作的原因有供电线路故障、熔断丝故障、风窗玻璃刮水器开关故障和刮水器电动机故障。

8. 电动刮水器系统检修可根据电路图对供电线路、刮水器电动机线路、刮水器开关线路用万用表进行检修。

9. 将蓄电池正极(+)引线连接至供电低速端子,并将蓄电池负极(−)引线连接至搭铁端子,同时检查并确认电动机是否低速(LO)运转。

10. 将蓄电池正极(+)引线连接至供电高速端子,并将蓄电池负极(−)引线连接至搭铁端子,同时检查并确认电动机是否高速(HI)运转。

第六节　电动车窗、座椅结构原理与维修诊断

(10、13 条适用于检测维修工程师,其他适用于检测维修士)

1. 电动车窗一般由车窗玻璃、车窗玻璃升降器、车窗电动机、控制开关及线路组成。

2. 电动车窗常使用可左右旋转的串联式电动机。磁场线圈有两只方向相反的线圈,当不同的磁场线圈通电时,电枢的转动方向不相同,使电动车窗玻璃向上或向下运动。

3. 玻璃升降器安装在车门内,将电动车窗驱动电动机的旋转运动转变为车窗玻璃的直线运动,实现车窗打开或关闭。常见的电动车窗升降器有软轴式和绳轮式。

4. 电动车窗升降开关用来接通车窗电动机的电路,以控制电动机的旋转方向。车窗开关一般包括主开关、分开关和锁止开关。

5. 用主开关控制电动车窗上升的控制电路为:蓄电池正极→点火开关→电路断路器→车窗主开关 Up 触点→车窗分开关 Up 触点→车窗电动机→车窗分开关 Down 触点→车窗主开关 Down 触点→搭铁。同时接通四个车窗电动机电路,电动机旋转,使车窗上升。

6. 用主开关控制电动车窗上升的控制电路为:蓄电池正极→点火开关→电路断路器→车窗分开关 Up 触点→电动机→车窗分控关 Down 触点→车窗主开关 Down 触点→搭铁。此时,接通相应车窗电动机电路,电动机旋转,使单个车窗玻璃上升。

7. 电动座椅由若干个双向电动机、传动装置(变速器、软轴、齿轮传动机构)和控制电路(控制开关及线路)组成。双向电动机产生动力,传动装置可以把动力传至座椅,通过控制开关实现座椅不同位置的调节。

8. 电动座椅中使用的电动机一般为永磁式双向直流电动机。它通过控制开关来改变流经电动机内部的电流方向,从而实现转动方向的改变。

9. 电动座椅的传动装置主要包括变速器、联轴器、软轴及齿轮传动机构等。变速器的作用是降速增扭。电动机轴与软轴相连,软轴再和变速器的输入轴相连,动力经过变速器的降

速增扭以后,从变速器的输出轴输出,变速器的输出轴与蜗杆轴或齿轮轴相连,最终蜗轮蜗杆或齿轮齿条带动座椅支架产生位移。

10.电动车窗、座椅系统在使用过程中会出现系统不工作或工作不正常等故障。造成电动车窗、电动座椅不工作的原因有熔断丝故障、供电线路故障、线束或连接器故障、调节电动机故障、电动车窗和电动座椅开关故障。

11.电动车窗、座椅系统具有诊断功能,当控制单元发现系统有故障时,会将故障以故障码的形式储存在控制单元的存储器里,以便得到故障部位的准确提示,迅速排除故障。可以用发动机检测仪器读取故障码,并根据故障码进行诊断。

12.通过发动机检测仪对电动车窗、座椅系统进行主动测试,根据车窗和座椅在测试时的工作情况可进一步判断电动车窗和座椅的性能。

13.电动车窗、座椅系统的检修可根据电路图对供电线路、开关线路、继电器线路、电动机线路用万用表进行相应测量检查。

考试模拟题

一、是非判断题

1. 铅酸蓄电池正极板为咖啡色微粒结晶状的二氧化铅(PbO_2)。　　　　　　　(√)
2. 交流发电机的定子是用来建立磁场的。　　　　　　　　　　　　　　　　　(×)
3. 电磁开关又称起动机的控制机构,主要作用是用来控制起动机驱动齿轮与飞轮齿圈的接合与分离,并控制起动机主电路的接通与切断。　　　　　　　　　　　(√)
4. 前照灯一般由反射镜、配光镜和灯泡三部分组成。　　　　　　　　　　　　(√)
5. 转向灯的闪烁是由闪光继电器来控制的。　　　　　　　　　　　　　　　　(√)
6. 汽车上的仪表主要有燃油表、车速表、转速表及冷却液温度表。　　　　　　(√)
7. 发动机转速表通常都是利用车速传感器产生的电压脉冲信号。　　　　　　　(×)
8. 永磁式刮水电动机是利用三个电刷来改变正、负电刷之间串联线圈的个数实现变速的。　　　　　　　　　　　　　　　　　　　　　　　　　　　　　　　　(√)
9. 汽车的电动车窗常使用可左右旋转的串联式电动机。　　　　　　　　　　　(√)

二、单项选择题

1. 关于铅酸蓄电池,下列说法错误的是(D)。
   A. 铅酸蓄电池由多个单格电池组成
   B. 铅酸蓄电池正极板为二氧化铅
   C. 铅酸蓄电池负极板为海绵状的纯铅(Pb)
   D. 铅酸蓄电池极板组中正极板比负极板多一片

2. 关于发电机,下列说法不正确的是(A)。
   A. 交流发电机整流器用9只整流二极管实现全波整流
   B. 定子线圈共有三组
   C. 交流发电机的定子是用来产生交流电动势的
   D. 交流发电机的转子是用来建立磁场的

3. 下列关于起动机的说法不正确的是(A)。
   A. 起动机采直流并励式电动机
   B. 电磁开关用来控制起动机驱动齿轮与飞轮齿圈的接合与分离
   C. 传动机构把直流电动机产生的转矩传递给飞轮齿圈
   D. 起动后,单向离合器使飞轮齿圈与驱动齿轮自动打滑脱离

4. 下列说法不正确的是(C)。
   A. 卤素灯泡内充入卤素气体
   B. 反射镜的作用是最大限度地将灯泡发出的光线聚合成强光束,以增加照射距离
   C. 氙灯灯泡采用金属灯丝
   D. LED前照灯与其他类型前照灯相比寿命更长

5. 下列说法不正确的是(C)。
   A. 喇叭继电器以喇叭按钮的小电流控制经过触点的大电流
   B. 转向灯的闪烁是由闪光继电器来控制
   C. 危险警告灯由点火开关控制
   D. 倒车灯由安装在变速器上的倒车灯开关控制

6. 下列说法不正确的是(B)。
   A. 里程表用来显示汽车累计行驶的里程数和短时里程数
   B. 当冷却液温度高时,冷却液温度传感器向温度表传递的较大阻值信息,便温度表显示高冷却液温度
   C. 发动机转速表利用发动机转速传感器产生的电压脉冲信号驱动
   D. 机械式车速表由变速器输出轴带动的软轴驱动

7. 下列说法不正确的是(A)。
   A. 每个电动车窗使用两个电动机实现车窗玻璃的上升和下降
   B. 更换了电动车窗电动机或电动车窗升降器后需要进行初始化
   C. 玻璃升降器将电动车窗驱动电动机的旋转运动转变为车窗玻璃的直线运动
   D. 电动车窗锁止开关安装在驾驶员侧车门,可以控制各车门分开关

三、多项选择题

1. 关于发电机整流器的说法正确的是(AB)。
   A. 整流器将交流电变成直流电输出
   B. 三相交流发电机的三组线路使用6只整流二极管即可做全波整流
   C. 负整流板所有整流管的负极连接在一起
   D. 正整流板所有整流管的正极连接在一起

2. 起动机由（ACD）组成。
   A. 直流串励式电动机　　　　　　B. 起动开关
   C. 电磁开关　　　　　　　　　　D. 传动机构

3. 关于前照灯对光调整前的车辆准备工作说法正确的有（ABCD）。
   A. 确保油液加注到规定液位
   B. 加注燃油
   C. 将轮胎充气至规定压力
   D. 将行李舱和车辆卸载，确保备胎、工具和千斤顶在原来的位置

4. 关于信号报警系统说法正确的是（ACD）。
   A. 转向灯的颜色都用橙色，闪光频率应在 60～120 次/min
   B. 汽车危险警告信号由左右转向灯的同时闪烁表示，危险警告灯由点火开关控制
   C. 制动灯的红色灯光应保证夜间 100m 以外能够看清
   D. 当选挡杆拨至倒车挡时，倒车灯点亮

5. 汽车上的仪表主要有（ABCD）。
   A. 燃油表　　　B. 车速表　　　C. 转速表　　　D. 冷却液温度表

6. 下列关于刮水器说法正确的有（ACD）。
   A. 刮水电动机有绕线式和永磁式两种
   B. 永磁式刮水电动机是利用四个电刷来改变正、负电刷之间串联线圈的个数实现变速的
   C. 刮水器的间歇控制一般是利用自动复位装置和电子振荡电路或集成电路实现的
   D. 刮水器的开关有三个挡位，它可以控制刮水器的速度和自动复位

第五章

发动机控制系统结构原理与维修诊断

第一节　发动机控制系统概述

（本节适用于检测维修士）

1. 发动机控制系统主要由信号输入装置(传感器)、电子控制单元(ECU)和执行元件三部分组成。

2. 信号输入装置主要指各种传感器(曲轴位置传感器、凸轮轴位置传感器、爆震传感器、进气管绝对压力传感器、节气门位置传感器、冷却液温度传感器等)，其作用是采集控制系统所需的信号，并转换成电信号通过线路输送给ECU。

3. 电子控制单元是发动机电控系统的控制中枢。它不断接收各输入信号输入的信息，并进行运算、分析、比较，按内部存储的程序计算出最佳的控制参数，并向执行器发出控制指令。同时，控制单元还具有自诊断功能，当各传感器的输入信号和执行器的工作情况出现异常时，会记录相应的故障信息，以便于诊断时读取。

4. 执行元件接受ECU控制指令，具体执行某项控制功能，主要指各种电动机、电磁阀和加热元件。

5. 发动机电控系统的主要功能是根据各种传感器的信号控制发动机的喷油和点火，同时还具有怠速控制、排放控制、进气增压控制、巡航控制、自诊断及应急控制等许多辅助控制功能。

6. 燃油喷射控制是指发动机控制单元根据进气量控制基本喷油量，然后根据其他传感器对喷油量进行修正，使发动机在各种工况下都获得最佳浓度的混合气。此外燃油喷射控制还包括喷油正时、减速断油及燃油泵控制功能。

7. 点火控制是指发动机控制单元根据发动机转速和位置信号控制基本点火提前角，然后根据其他传感器对点火提前角进行修正，使发动机在各种工况条件下都能获得最佳点火提前角。

8. 排放控制包括曲轴箱强制通风控制、汽油蒸气排放(EVAP)控制、废气再循环控制(EGR)、三元催化转化器(TWC)与空燃比反馈控制、二次空气供给控制等。排放控制的目的是减小发动机排气对环境造成的污染。

9. 自诊断控制是指电控系统具有自我诊断能力,可对电控制系统工作情况进行监控,当识别到系统有故障时,仪表板上的故障指示灯会发出警报,并将故障码存储。在维修时,通过一定操作程序可将故障码调出,进行有针对性的检查。

10. 在电控系统中,当自诊断系统判定某传感器或其电路出现故障(即失效)时,失效保护控制便进入工作状态,给 ECU 提供设定的目标信号来代替故障信号,以保持控制系统继续工作,确保发动机仍能继续运转。

第二节　发动机电控燃油喷射系统结构原理与维修诊断

(21~25,54 条适用于检测维修工程师,其他适用于检测维修士)

1. 电控燃油喷射系统可分为进气系统、燃料供给系统和电子控制系统三大部分。

2. 进气系统的功用是测量和控制汽油燃烧时所需的空气量,为发动机可燃混合气的形成提供必需的空气。主要由空气滤清器、空气流量计(或绝对压力传感器)、节气门总成(包括怠速控制机构)、进气歧管等组成。

3. 燃料供给系统的功能是为发动机提供所需的清洁的燃油,主要由电动燃油泵、燃油滤清器、燃油压力调节器和喷油器等组成。

4. 电子控制系统的功能是根据发动机运转状况和车辆运行状况确定最佳燃油喷射量,由传感器、ECU 和执行器组成。

5. 空气滤清器是用来滤清空气中所含的尘土,以减少汽缸、活塞、活塞环等零件的磨损,延长发动机的使用寿命。

6. 空气流量计的作用是测量发动机进气量,是确定基本喷油量的主要依据之一。空气流量计设置在空气滤清器与节气门体之间,目前常用的是热式空气流量计。热式空气流量计按其检测元件的不同,可分为热线式空气流量计和热膜式空气流量计。

7. 在以速度密度方式检测进气量的进气系统中,发动机控制单元(ECU)通过进气歧管压力和发动机转速推算发动机进气量。进气歧管压力的测定是靠绝对压力传感器完成的。车上应用较多的是半导体压敏电阻式进气歧管绝对压力传感器。

8. 节气门体是调节控制吸入发动机的空气的部件,主要由节气门、用于检测节气门开闭状态的节气门位置传感器、节气门定位电位计、节气门定位器(电动机)、节气门电位片和怠速开关等组成。

9. 进气歧管的功用是将空气或可燃混合气引入汽缸,并保证进气充分及各缸进气量均匀一致。

10. 燃油箱是用来储存燃油的,内部设置了燃油箱蒸发排放控制装置,将活性炭罐与燃油箱相连接,挥发的汽油蒸气被吸附在活性炭上。

11. 电动燃油泵的作用是把燃油从油箱内吸出并通过喷油器供给发动机各汽缸。现在车上的燃油泵多安装在燃油箱内(内置式燃油泵),内置式燃油泵不易发生气阻和漏油现象。内置式燃油泵主要有叶片式和滚柱式两种。

12. 燃油滤清器可清除燃油中的杂质,防止堵塞喷油器等部件,减少运动部件的磨损。燃油滤清器一般采用纸滤芯,燃油滤清器有内置和外置两种形式。

13. 燃油压力调节器的作用是调节燃油供给系统油压,保持系统压差(燃油压力与进气歧管压力)或压力恒定。压力调节器根据安装位置的不同,可分为外置式和内置式两种。外置式压力调节器安装在燃油分配管上,内置式燃油压力调节器与燃油泵一起安装在油箱里。内置式燃油压力调节器与外置式燃油压力调节器相比不仅缩短了回油管,而且还可以降低燃油的温度,减小发生气阻的可能性。

14. 燃油分配管的功用是将燃油均匀、等压地输送给各缸喷油器。由于它的容积较大,故有储油蓄压、减缓油压脉动的作用。

15. 喷油器是发动机电控燃油喷射系统的一个重要的执行元件,它接收 ECU 送来的喷油脉冲信号,准确地计量燃油喷射量,同时,将燃油喷射后雾化。轴针式喷油器主要由轴针、针阀、衔铁、复位弹簧及电磁线圈等组成。

16. 冷却液温度传感器的功用是检测发动机冷却液温度。冷却液温度传感器由封闭在金属盒内的对温度变化非常敏感的负温度系数热敏电阻(NTC 电阻)构成,利用电阻值的变化来检测冷却液的温度。冷却液温度越低电阻值越大,冷却液温度越高电阻值越小。

17. 曲轴位置传感器是发动机电子控制系统中最主要的传感器之一,它提供点火时刻(点火提前角)、确认曲轴位置的信号,用于检测活塞上止点、曲轴转角及发动机转速,使用最多的是磁感应式曲轴位置传感器和霍尔效应式曲轴位置传感器。

18. 氧传感器安装在排气管上,用来检测排气中氧的浓度,并将该信号转变为电信号输入 ECU,ECU 根据该信号,对喷油时间进行修正,实现空燃比的反馈控制。目前使用的氧传感器有氧化锆(ZrO_2)式氧传感器、氧化钛(TiO_2)式氧传感器和宽量程氧传感器三种。

19. 氧化锆式氧传感器和氧化钛式氧传感器产生的电压将在理论空燃比时发生突变:当混合气较稀时,输出电压几乎为零;当混合气较浓时,输出电压接近1V。

20. 宽量程氧传感器可以检测到 0.7～2.5 整个范围的空燃比,且宽量程氧传感器在从稀到浓的整个区域均呈现线性输出特性。

21. 高压直射系统是利用燃油高压泵将低压电动泵输入的燃油加压到 100～200MPa 的高压,然后通过安装在汽缸内的高压喷油器直接喷射到汽缸内。高压直喷系统具有控制精度高、喷油雾化好、燃油经济性好、发动机功率高、排放污染小等优点。

22. 高压直喷系统与低压电控燃油喷射相比,增加高压泵以便产生所需要的高压燃油,同时增加了油轨压力传感器,检查高压系统燃油压力,喷油器也改成了高压喷油器。其他部分部件与低压电控燃油喷射系统相同。

23. 燃油在高压泵内通过进油阀进入高压区域内,在高压泵的高压区域内对燃油加压,燃油由高压泵输出通过高压管路送至共轨装置。出油阀用于防止燃油从共轨装置回流到高压泵内。燃油量控制阀安装在高压泵内,用于根据负荷和转速调节高压泵的输送量。

24. 高压喷油器有压电和电磁阀两种。电磁阀高压喷油器与低压喷油器结构基本一样。压电高压喷油器主要由压电元件、热补偿器和向外打开的喷嘴针三个总成组成。压电元件通电后膨胀使喷嘴针向外伸出阀座。为了能够承受相应阀门开启升程的不同运行温度,喷射器安装有一个热补偿元件。压电高压喷油器的喷油响应性好,喷油控制精确,但对燃油的品质要求较高。

25. 燃油高压压力传感器由一个集成式传感器元件、一个带分析电路的印制电路板、一个带电气插口的传感器壳体构成。燃油通过高压接口到达一个传感器隔膜处,隔膜上有一个传感器元件(半导体元件),该元件用于将因压力而产生的变形转换为一个电信号。产生的电信号通过连接导线传至一个分析电路,该电路将经过处理的测量信号通过接口提供给控制单元。

26. 第一代柴油机电控燃油喷射系统称为位置控制系统,也称电控泵—管—嘴系统,它用电子伺服机构代替调速器控制供油滑套位置以实现供油量的调整。

27. 第二代柴油机电控燃油喷射系统称为时间控制系统,也称电控泵—喷嘴系统,其特点是供油仍维持传统的脉动式柱塞泵油方式,但油量和定时的调节则由ECU控制电磁阀的开闭时刻所决定。

28. 第三代柴油机电控燃油喷射系统称为直接数控系统,也称共轨式喷射系统,它完全脱开了传统的油泵分缸燃油供应方式,通过共轨压力和喷油压力/时间的综合控制,实现各种复杂的供油回路和特性。

29. 柴油机电控燃油喷射系统与传统柴油机相比具有改善了低温起动性、提高柴油机的动力性和经济性、减少柴油机的排气污染物、提高柴油机的运转稳定性、具有自动保护功能等优点。

30. 柴油机电控燃油喷射系统的功能主要包括供(喷)油量控制、供(喷)油正时控制、供(喷)油速率控制、喷油压力控制、柴油机低油压保护和增压器工作保护等。

31. 泵—管—嘴位置式电控燃油喷射系统是通过对滑套位置进行电子控制,从而控制燃油喷射量。ECU根据加速踏板位置传感器、转速传感器以及油温、冷却液温度传感器所传来的发动机工况信息,进行实时优化计算得到油量和提前角控制值,驱动执行机构调节供油量和提前角。

32. 根据发动机工作时燃油压力的不同,柴油发动机燃料供给系统可分为高压油路和低压油路两部分。低压油路主要包括燃油箱、输油泵、柴油滤清器和低压油管等。高压油路主要包括直列柱塞泵、喷油器和高压油管等。柴油机工作时,输油泵将柴油从燃油箱内吸出,并以 0.15~0.30MPa 的低压输送给柴油滤清器,清洁的柴油经低压油管进入直列柱塞泵;直列柱塞泵将柴油压力提高到 10MPa。

33. 柴油机电控燃油喷射系统是以直列柱塞式喷油泵为基础改造的,用电子调速器取代原有的机械调速器,以实现对喷油量的控制;用正时控制器取代原有的机械离心式供油提前角自动调节器,来对喷油正时进行控制;并设有油量调节拉杆(或齿条)位置传感器和正时传感器,对喷油量和喷油正时的控制均采用闭环控制方式。

34. 泵—喷嘴指的是喷油泵、喷油嘴组合在一起。发动机每个缸都有一个泵—喷嘴,不需要高压管或分配式喷射泵。因而避免了在高压油管中的压力脉动,进而可以精确控制喷射循环。泵—喷嘴系统能够产生所需要的高喷射压力,能按正确的时间和正确的喷油量喷射。

35. 泵—喷嘴柴油机电控燃油喷射系统的柴油供给系统主要由燃油箱、燃油滤清器、油泵、分配管、泵—喷嘴、油温传感器和燃油冷却器等组成。

36. 泵—喷嘴主要由驱动机构、高压泵、控制电磁阀和喷油器四部分组成。泵—喷嘴驱动机构包括喷射凸轮、滚柱式摇臂和球销等,其功用是驱动泵—喷嘴中的高压泵完成泵油。高压泵由泵油柱塞和高压腔组成,其功用是产生高压油。控制电磁阀的功用是控制泵—喷嘴的喷油正时和喷油量。喷油器主要由针阀、针阀体、喷嘴弹簧、收缩活塞和针阀缓冲元件等组成,喷油器的针阀和针阀体与普通柴油机喷油器相同,收缩活塞和针阀缓冲元件用于控制喷油器的喷油规律。

37. 泵—喷嘴柴油机电控燃油喷射系统的电子控制系统由传感器、ECU、执行元件三部分组成。执行元件包括喷油器电磁阀、燃油冷却泵继电器、预热塞继电器、废气再循环电磁阀、增压压力控制电磁阀和进气歧管翻板转换电磁阀等。

38. 在共轨式电控燃油喷射系统中,由高压(或中压)输油泵将高压始油输送到公共油轨,ECU 对共轨内的油压和喷油时间进行控制。保持喷油压力一定,通过控制喷油时间来控制喷油量,即称为时间—压力控制方式;保持喷油时间一定,通过控制喷油压力来控制喷油量,即称为压力控制方式。

39. 按照共轨中的压力高低,共轨系统可分为高压共轨和中压共轨两种基本类型。

40. 高压共轨系统是指由高压输油泵(压力为 120MPa 以上)直接产生高压燃油输送至共轨中,经消除压力的脉动后,再分送至各喷油器;ECU 根据柴油机的工作需要控制高速电磁阀迅速打开或关闭,进而控制喷油器按设定的要求开始喷油或停止喷油。此类系统一般采用时间—压力控制方式,又称第一代共轨式电控燃油喷射系统。

41. 中压共轨系统是指由中压输油泵(压力为 10~13MPa)将中压燃油输送到共轨中,经消除压力的脉动后再分送至带有增压作用的喷油器;与高压共轨系统不同的是,在喷油开始前,喷油器内的增压装置先对来自共轨的中压柴油进行增压,使之达到规定的喷油压力(120~150MPa)。

42. 中压共轨系统是第二代共轨式电控燃油喷射系统。中压共轨系统主要由低压输油泵、蓄压式电液控制喷油器、调压阀和共轨等组成。ECU 根据各传感器信号控制调压阀,以调节共轨中的油压;ECU 同时通过控制安装在喷油器上的电磁阀工作,使喷油持续时间保持不变,以实现喷油量的压力控制。

43. 供油齿条(滑套)位置传感器。在泵第一代和第二代柴油机电控燃料供给系统中,采用供油齿条位置传感器(柱塞泵)或滑套位置传感器(分配泵)对供(喷)油量进行检测,常用的是差动变压器式传感器。

44. 针阀升程传感器。在采用无压力室喷油器的压电式共轨系统中,ECU 通过控制喷油器针阀升程(即喷油孔流通截面)来控制喷油量,并利用针阀升程传感器实现喷油量的闭环控制。

45. 在柴油机电控燃油喷射系统中,检测实际供(喷)油正时的方法不同,所采用的传感器也不同。在共轨式电控系统中,通过检测喷油器针阀开启始点、高速电磁阀关闭始点和燃烧室着火始点来确定实际供(喷)油正时的传感器。

46. 喷油器针阀开启始点即喷油器的喷油始点,所以喷油器针阀开启始点传感器也称为喷油始点传感器或喷油器针阀升程传感器。该传感器安装在喷油器内,直接检测针阀的升程变化,通常采用电磁感应式或霍尔式。

47. 高速电磁阀关闭始点传感器通常采用触点式,其结构和工作原理与触点式针阀升程传感器基本相同,它将高速电磁阀的阀门与阀座作为触点开关,阀杆上镀有绝缘层与阀体保持绝缘,高速电磁阀关闭时,传感器输出信号电压为0;高速电磁阀开启时,传感器输出信号电压不为0。

48. 在柴油机电控燃油喷射系统中,控制供(喷)油正时的最终目的是控制燃烧过程的开始时刻,为此在有些柴油机上安装了光电式着火始点传感器,又称光电式着火正时传感器。

49. 可以使用发动机检测仪读取存储在控制单元内的故障码及燃油系统相关数据流,能够快速地找到故障部位,以方便检修。

50. 在进行燃油泵线路检查时,断开燃油泵连接器,用万用表测量燃油泵连接器两端子之间的电压。当点火开关打开瞬间或起动发动机时标准值为10~14V。用万用表测量熔断丝阻值,标准阻值应小于1Ω。

51. 给燃油泵继电器线圈两端施加蓄电池电压,测量两触点端子之间的电阻值应小于1Ω,如果不符合规定,则更换继电器。

52. 燃油泵可通过测量电阻的方法检查其好坏,用万用表测量燃油泵阻值,在常温下,标准阻值为0.2~3.0Ω。

53. 通过发动机检测仪的执行元件测试功能可以对电动燃油泵执行主动测试,在执行测试时可以通过根据燃油泵工作声音对燃油泵进行判断。

54. 可以用发光二极管对喷油器线路进行检查。断开喷油器连接器,将发光二极管测试灯连接在喷油器连接器上,起动发动机,检查发光二极管测试灯是否承受发动机转速闪烁。如果闪烁,则喷油器控制线路正常,检查喷油器;如果不闪烁或闪烁不正常,则检查喷油器供电、控制线路及发动机控制单元。

55. 喷油器可通过测量电阻的方法检查其好坏,用万用表测量喷油器阻值,在常温下,其标准阻值为11.6~12.4Ω。

56. 燃油压力检测的具体步骤如下:

(1)燃油系统卸压。断开燃油泵插头或熔断丝后起动发动机,在发动机自然停止后,关闭点火开关。

(2)断开蓄电池负极电缆,从主燃油管上断开燃油软管,将燃油压力表接入管路内。

(3)将蓄电池负极电缆接上,起动发动机测量燃油压力。与燃油系统标准压力进行对比,如果燃油压力大于标准值,则更换燃油压力调节器。如果燃油压力小于标准值,则检查燃油软管和连接情况、燃油泵、燃油滤清器和燃油压力调节器。

(4)关闭发动机,检查并确认燃油压力在发动机停止5min后是否能保持住压力,如果燃油压力不符合规定,则检查燃油泵或喷油器。

57. 可以通过读取传感器数据流并与标准数据进行比对来判断传感器性能。

58. 在进行传感器线路检查时,断开传感器连接器,打开点火开关,用万用表测量传感器供电端子与车身搭铁之间的电压。传感器的供电电压一般为控制单元提供的5V电压。

59. 可以用万用表测量传感器信号线的电压并与标准电压进行比对来判断传感器信号

是否正常,标准电压为 0.2~4.9V。在发动机运转时用示波器测量传感器波形,并与标准波形对比也可以判断传感器输出信号是否正常。

第三节　发动机电控点火系统结构原理与维修诊断

(11,15,16 条适用于检测维修工程师,其他适用于检测维修士)

1. 电控点火系统主要由传感器、电控单元(ECU)及执行器组成。传感器用来检测发动机工作状态,并将信号传给 ECU;ECU 负责对传感器传送的信号进行分析、比较、处理,向执行器发出控制命令;执行器(点火控制器)接收 ECU 发出的控制指令,并按指令对点火线圈初级绕组电流进行控制,以产生足够的点火高压电。

2. 电控点火系统按照有无分电器可分为有分电器式电控点火系统和分电器式微机控制点火系统;无分电器的电子点火控制系统按配电方式的不同可分为双缸同时点火的配电方式、二极管配电点火方式和单独点火的配电方式三种类型。

3. 点火线圈将汽车电源提供的 12V 低压电转变成能击穿火花塞电极间隙的 15~20kV 的高压直流电,点火线圈的结构形式有多种,目前普遍使用的是独立式闭磁路点火线圈。

4. 火花塞的作用是将高压电引入汽缸燃烧室,产生电火花点燃可燃混合气。火花塞主要由接线帽、陶瓷绝缘体、中心电极、侧电极和壳体等组成。火花塞电极一般采用耐高温、耐腐蚀的镍锰合金钢或铬锰氮、钨、镍锰硅等合金制成,也有采用镍包铜材料制成,以提高散热性能。

5. 爆震传感器用于点火系统的闭环控制,用来监控发动机是否出现爆燃情况。发动机用爆震传感器多数采用压电式,通常安装到发动机机体上,通过发动机机体的振动来监控发动机的振动情况,并将发动机的振动转换成电压信号输送到 ECU,ECU 根据输入电压信号对是否爆燃进行判断。

6. 电控点火系统的控制内容包括点火提前角控制、通电时间控制(点火能量控制)和爆燃控制三个方面。

7. 电控点火系统是由 ECU 来控制点火线圈中的初级线圈电流的接通及切断时刻来控制点火提前角的。根据发动机转速以及吸入的空气量即可进行点火提前角的控制;此外也可以根据发动机其他传感器信号做修正。点火时间控制可分为两个阶段控制:第一阶段是起动时点火时间控制,第二阶段是起动后点火时间控制。

8. 起动时发动机转速通常都低于 500r/min,由于进气量或进气歧管压力信号不稳定,故根据发动机形式,将点火时间固定在一定值,通常由 ECU 内的备用 IC 直接设定固定点火时间。起动后的点火时间 = 固定时间 + 基本点火时间 + 修正点火时间。

9. 通电时间控制又称闭合角控制,对于电感储能式点火系统而言,只有通电时间达到一定值时,初级电流才可能达到饱和,而次级线圈高压最大值与初级断开电流成正比,为了获得足够的点火能量,必须使初级电流达到饱和。但是,如果通电时间过长、点火线圈又会发热,并使电能消耗增大。因此,要控制一个最佳通电时间,应兼顾上述两方面的要求。

10. 发动机 ECU 根据爆震传感器信号,能够对发动机是否发生爆燃作出判断,然后发出相应的执行指令,对点火时间进行调节,从而有效控制避免爆燃的发生,爆燃控制也是点火系统的闭环控制。

11. 点火系统的故障特征主要表现为无火、缺火、火花弱和点火不正时,会造成发动机不能起动或运转不正常。

12. 电控点火系统同样具有自诊断功能,通过发动机检测仪读取故障码及数据流可以方便快捷对相关部件进行故障判断,方便检修。

13. 更换火花塞时应注意以下事项:

(1)拆下火花塞之前要用压缩空气吹净火花塞座孔内的杂物,防止杂物掉入汽缸造成发动机严重损坏。

(2)如果热车时拆下火花塞会很烫,不要用手触摸,防止烫伤。

(3)安装火花塞时一定要注意对正火花塞螺纹与缸盖螺纹,否则可能造成缸盖损坏。

(4)一定要按规定力矩拧紧火花塞,否则可能造成点火系统工作不良。

14. 使用间隙量规检查火花塞间隙,火花塞间隙应为 1.0~1.2mm。

15. 拆下火花塞,将火花塞安装到高压线上,并将火花塞搭铁,同时断开喷油器线束连接器。起动发动机,检查火花塞是否出现火花。测试结果如果出现正常火花,说明点火系统控制电路及该汽缸高压线、火花塞工作正常;如果没有出现火花或出现的火花不正常,说明点火系统有故障,则进行相应线路检查。

16. 如果试火测试中无火花,而线路检查、输入信号与输出信号检查及火花塞都正常的情况下,可用一个确信无故障的点火控制器总成进行替换检查,如果替换后故障排除,则说明原来的点火控制器有故障。

第四节 发动机排放控制系统结构原理与维修诊断

(19,20 条适用于检测维修工程师,其他适用于检测维修士)

1. 一氧化碳(CO)的形成是碳在氧化反应过程中,因氧气不足而生成的产物,其生成量主要取决于空燃比(或过量空气系数 λ)和燃烧气体的温度。当使用 $\lambda<1$ 的浓混合气时,因氧气相对不足,生成的 CO 较多。即使 $\lambda>1$,如果混合气混合及分配不均匀也会产生少量的 CO。

2. 碳氢化合物(HC)是燃料没有燃烧或不完全燃烧的产物,也有一些是高温下分解的产物。

3. 氮氧化物(NO_x)。是由空气中的氮和氧在燃烧室高温高压作用下反应生成的。NO_x 的生成量取决于燃烧的最高温度、高温持续时间、混合气浓度等。

4. 发动机排出的有害气体受空燃比影响很大,当空燃比在 14.7 以下时,随着空燃比的下降,混合气浓度增大,氧气不足,不完全燃烧现象严重,使 CO、HC 排放增多,NO_x 排放减少。当空燃比大于 14.7 时,由于混合气混合不均匀,仍有少量的 CO 生成;但当空燃比大于 16 时,由于氧化反应速度慢,燃烧温度下降,使 HC 排放增多,NO_x 减少。在理论空燃比附近,HC、CO 排放浓度最小,而 NO_x 排放浓度最大。

5. 汽油机怠速小负荷时,充气量少,混合气浓,温度低,燃烧速度慢,易引起不完全燃烧,使排放中的 CO、HC 含量增多;中负荷时,混合气较经济,CO、HC 排放减少,但燃烧室温度升高,使 NO_x 生成量增多;大负荷时,混合气浓,压力温度升高,有较多的 NO_x 生成,CO 浓度也会因氧气不足而上升,而 HC 浓度下降。

6. 发动机在节气门开度一定的条件下,随发动机转速升高,混合气混合均匀,燃烧速度加快,减少了热损失,使 CO、HC 排放减少,NO_x 排放增多,当转速升到最高车速的 3/4 左右时,燃烧温度最高,NO_x 生成量最大。

7. 汽车发动机点火提前角推迟可以使 NO、HC 减少,但不能过迟,否则由于燃烧速度缓慢使 HC 增多。适当降低压缩比,可以使 NO_x 排放降低。

8. 二次空气喷射系统是将定量的新鲜空气喷入排气系统,使排气中的 HC 和 CO 继续燃烧。排气管中安装三元催化转化器,当废气从三元催化转化器中经过时,能同时降低废气中的 CO、HC 和 NO_x。采用汽油蒸发排放控制系统可以有效防止汽油蒸气泄漏。

9. 降低排放量的措施有电控汽油喷射、电子控制点火、废气再循环、降低燃烧室面容比和改进配气相位等。

10. 三元催化转化器的功能是利用转化器中的三元催化剂的作用,将发动机排出废气中的有害气体如碳氢化合物(HC)、一氧化碳(CO)、氮氧化合物(NO_x)转变为无害二氧化碳(CO_2)、水(H_2O)及氮气(N_2)。

11. 三元催化转化器一般由壳体、减振层、载体和催化剂涂层部分组成,催化剂又称触媒,常用贵重金属(如铂、钯、铑)制成,可以促进废气中 CO、HC 氧化反应及 NO_x 还原反应的速度,而其本身不被消耗和改变。

12. 采用三元催化转化器系统的发动机通常安装有闭环控制燃油喷射系统。发动机只有在理论空燃比工作的情况下,三元催化转化器的转化效率最佳。

13. 废气再循环装置是在发动机工作过程中,将一部分废气引入进气歧管,返回汽缸内进行再循环,降低发动机的最高燃烧温度,以减少 NO_x 的排放量。

14. 在 EGR 系统中,通过一个特殊的通道将排气歧管与进气歧管连通,在该通道上安装有 EGR 阀。通过控制 EGR 的开度,控制再循环的废气量,EGR 阀由阀体、膜片及弹簧组成。真空度大,阀门开度大,循环的废气量大;反之,真空度小,循环废气量小。

15. 废气再循环控制分成两大类:一是机械式控制 EGR 阀装置,另一种是电子式控制 EGR 系统。电子式控制 EGR 系统主要由排气再循环控制阀、排气再循环控制电磁阀、节气门位置传感器、曲轴位置传感器、冷却液温度传感器、起动信号和 ECU 等组成。

16. 燃油蒸气(Evaporative-EVAP)控制系统用来收集汽油箱内蒸发的汽油蒸气,并根据发动机工况,将适量的汽油蒸气导入汽缸参加燃烧,从而防止汽油蒸气直接排入大气而造成污染。

17. 燃油蒸气控制系统主要由止回阀、进气管、电磁阀、真空控制阀、定量排放孔、活性炭罐等组成。

18. 在一定工况下,将新鲜空气送入排气管,促使废气中的一氧化碳和碳氢化合物进一步氧化,从而降低一氧化碳和 HC 的排放量,同时加快三元催化转化器的升温。空气喷射式二次空气喷射系统主要由二次空气电磁阀、空气泵、二次空气控制阀、止回阀、继电器和 ECU 等组成。

19. 三元催化转化器故障主要体现在堵塞和失效两个方面。三元催化转化器失效后发动机排放警告灯会点亮,也可通过氧传感器数据流进行分析判断。三元催化转化器堵塞后会出现发动机动力不足,可通过进气管真空和排气背压法进行检查,也可以用内窥镜对其进行检查。

20. 燃油蒸发排放控制系统出现故障的部位不同体现的症状也不尽相同,主要体现在燃油味重、加油跳枪和油箱异响等方面。

21. 怠速尾气分析法是让发动机怠速运转,使用尾气分析仪测量排气中的 CO 含量。当发动机正常工作时(空燃比为14.7:1),这时的 CO 含量为 0.5% ~1%,当使用二次空气喷射和催化转化技术可以使怠速时的 CO 含量接近于0,最大不应超过 0.3%,否则说明三元催化转化器损坏。另外,据经验分析,通常在怠速时候的 NO_x 数值应不高于 100×10^{-6},而在稳定工况下,NO_x 数值应该不高于 1000×10^{-6},在发动机一切正常的情况下,而 NO_x 过高就可能为三元催化转化器故障。

22. 用红外测温仪测量三元催化转化器前、后排气管的温度,在三元催化转化器正常工作时,后端温度应比前端温度至少高出38℃,若后端温度等于或低于前端,则说明在三元催化转化器内无氧化反应发生,此时应该检查二次空气喷射系统是否有故障。若二次空气喷射系统无故障,则说明三元催化转化器已经损坏,应更换三元催化转化器。

23. 对燃油蒸发排放控制系统进行检查时要检查各连接管路有无破损或漏气,必要时更换连接软管;检查活性炭罐壳体有无裂纹、底部进气滤芯是否脏污,必要时更换炭罐或滤芯。

24. 发动机在正常温度下怠速运转,从 EGR 上拆下真空管,用真空泵在阀上加真空,发动机怠速会开始不稳或停车,当移去真空信号时怠速恢复正常。如果发动机怠速反应不正确或没反应,则可能是阀膜片泄漏、密封不严或进气歧管排气通道受阻。

25. 用手动真空泵给 EGR 阀膜片上方施加约 15kPa 的真空度,EGR 阀应能开启,不施加真空度,EGR 阀应能完全关闭,否则应更换 EGR 阀。

考试模拟题

一、是非判断题

1. 发动机控制系统主要由信号输入装置、电子控制单元 ECU 和执行元件三部分组成。

(√)

2. 当自诊断系统判定某传感器或其电路出现故障(即失效)时,失效保护控制便进入工作状态,给 ECU 提供设定的目标信号来代替故障信号。 (√)
3. 速度密度方式发动机电控系统是利用空气流量传感器直接测量吸入的空气量。(×)
4. 外置式燃油压力调节器与内置式燃油压力调节器相比可以降低燃油的温度,减小发生气阻的可能性。 (×)
5. 氧传感器安装在进气管上,用来检测进气中氧的浓度,实现空燃比的反馈控制。(×)
6. 中压共轨系统输油泵压力为 100～130MPa。 (×)
7. 利用针阀升程传感器实现喷油量的闭环控制。 (√)
8. 点火线圈将汽车电源提供的 12V 低压电转变成能击穿火花塞电极间隙的 15～20kV 的高压直流电。 (√)
9. 当使用 λ<1 的混合气时,生成的 CO 较少。 (×)

二、单项选择题

1. 关于传感器的说法,下列不正确的是(B)。
   A. 空气流量计是确定基本喷油量的主要依据之一
   B. 进气歧管绝对压力传感器用来检测发动机进气量
   C. 氧传感器检测排气中氧的浓度,实现空燃比的反馈控制
   D. 曲轴位置传感器用于检测活塞上止点、曲轴转角及发动机转速
2. 宽量程氧传感器可以检测空燃比的范围是(C)。
   A. 0.5～1.5   B. 0.6～2.0   C. 0.7～2.5   D. 0.8～3.0
3. 高压共轨系统是指由高压输油泵产生(D)以上压力。
   A. 30MPa   B. 60MPa   C. 90MPa   D. 120MPa
4. 下列不属于喷油正时传感器的是(A)。
   A. 针阀升程传感器   B. 着火始点传感器
   C. 喷油器针阀开启始点传感器   D. 高速电磁阀关闭始点传感器
5. 关于点火系统说法正确的是(A)。
   A. 爆震传感器用于点火系统的闭环控制
   B. 爆震传感器多数采用霍尔式
   C. 起动时发动机的点火时间根据发动机转速变化而变化
   D. 电控点火系统是通过 ECU 来控制点火线圈中的次级线圈电流的接通及切断时刻来控制点火提前角的
6. 下列说法不正确的是(D)。
   A. 一氧化碳(CO)是因氧气不足而生成的产物
   B. 碳氢化合物(HC)是燃料没有燃烧或不完全燃烧的产物
   C. 氮氧化物(NO_x)是由空气中的氮和氧在燃烧室高温高压作用下反应生成的
   D. 当 λ=1 时,一氧化碳(CO)、碳氢化合物(HC)、氮氧化物(NO_x)的排放含量最低

三、多项选择题

1. 发动机控制系统的功能有(ABCD)。

A. 喷油控制　　　　B. 怠速控制　　　　C. 排放控制　　　　D. 进气增压控制
2. 以下说法正确的有(ABD)。
　　A. 内置式燃油泵不易发生气阻
　　B. 电控燃油喷射系统可分为进气系统、燃料供给系统和电子控制系统
　　C. 空气流量计安装在节气门体与进气门之间
　　D. 燃油压力调节器的作用保持系统压差或压力恒定
3. 目前使用的氧传感器有(ACD)。
　　A. 氧化锆式　　　　B. 氧化硅式　　　　C. 宽量程式　　　　D. 氧化钛式
4. 以下属于柴油机电控燃油喷射系统传感器独有的传感器是(ABC)。
　　A. 高速电磁阀关闭始点传感器　　　　B. 针阀升程传感器
　　C. 着火始点传感器　　　　　　　　　D. 氧传感器
5. 电控点火系统的控制内容包括(ABC)。
　　A. 点火提前角控制　B. 通电时间控制　C. 爆燃控制　　　D. 点火电压控制
6. 常用于诊断催化转化器的方法有(ABC)。
　　A. 读氧传感器数据流　　　　　　　　B. 测催化转化器前后温度差
　　C. 内窥镜直接观察　　　　　　　　　D. 查看进气压力数据

第六章
底盘控制系统结构原理与维修诊断

第一节　自动变速器结构原理与维修诊断

(43~48,55~62条适用于检测维修工程师,其他适用于检测维修士)

1. 自动变速器主要由液力变矩器、齿轮变速机构、换挡执行机构、液压控制系统、电子控制系统、冷却滤油装置等组成。

2. 液力变矩器是一个通过自动变速器油(ATF)传递动力的装置,可以实现动力的柔和传递。液力变矩器的主要作用是利用油液循环流动将发动机的动力传递给自动变速器的输入轴,并能根据汽车行驶阻力的变化,在一定范围内自动改变传动比和转矩比,具有一定的减速增扭功能。

3. 液力变矩器主要由泵轮(主动部分)、涡轮(从动部分)、导轮(导向部分)、单向离合器、锁止离合器、壳体等部分组成。

4. 齿轮变速机构可分为行星齿轮变速机构和非行星齿轮变速机构,目前多数齿轮变速机构都采用行星齿轮变速机构。行星齿轮机构根据其组合形式的不同可分为单排行星齿轮机构和双排行星齿轮机构。

5. 单排行星齿轮机构主要由一个太阳轮(或称中心轮)、一个带有若干个行星齿轮的行星架和一个齿圈组成。

6. 单排行星齿轮机构有两个自由度,通过对太阳轮、齿圈和行星架三者中的某个元件的运动进行约束和限制,则机构就可以得到一个自由度,整个行星齿轮机构就可以按一定的传动比传递动力。齿圈为主动件,行星架为从动件,太阳轮固定,传动比大于1,可以作为降速挡。行星架为主动件,齿圈为从动件,太阳轮固定,传动比小于1,可以作为超速挡。太阳轮为主动件,行星架为从动件,齿圈固定,由于传动比大于1,可以作为降速挡。若使太阳轮、齿圈和行星架3个元件中的任何2个元件连为一体转动,整个行星齿轮机构中所有元件之间均无相对运动,用于变速器的直接挡传动。

7. 换挡执行元件包括离合器、制动器和单向离合器。离合器和制动器以液压方式控制行星齿轮机构的元件,单向离合器是以机械方式控制行星齿轮机构的元件。

8. 离合器的功用是连接轴和行星齿轮机构中的元件或连接行星齿轮机构中的不同元

件。自动变速器上的离合器多采用多片湿式离合器。离合器主要由离合器鼓、花键毂、活塞、主动摩擦片、从动钢片、复位弹簧等组成。

9.制动器的功用是固定行星齿轮机构中的元件,防止其转动。自动变速器中采用的制动器有片式和带式两种形式。

10.片式制动器与片式离合器的结构和原理相同,不同之处是离合器是起连接作用而传递动力,而片式制动器是通过连接而起制动作用。

11.带式制动器由制动带和控制油缸等组成,制动带是内表面带有镀层的开口式环形钢带。制动带的一端支承在与变速器壳体固连的支座上,另一端与控制油缸的活塞杆相连。

12.单向离合器的作用是使某一元件只能按一定方向旋转,而在另一方向上锁止时实现单向锁止。单向离合器有楔块式和滚柱式两种。

13.液压控制系统的基本组成包括动力源、执行机构和控制机构3部分。

14.液压控制系统的动力源是油泵(或称液压泵),它是整个液压控制系统的工作基础。如各种阀体的动作、换挡执行元件的工作等都需要一定压力的ATF。油泵的基本功用就是提供满足需求的ATF油量和油压。

15.执行机构主要由离合器、制动器油缸等组成,其功用是在控制油压的作用下实现离合器的接合和分离、制动器的制动和松开动作,以便得到相应的挡位。

16.控制机构包括阀体和各种阀,包括主调压阀、手动阀、换挡阀等。液压控制系统还包括一些辅助装置,如用于防止换挡冲击的蓄能器、止回阀等。

17.油泵主要有内啮合齿轮泵、转子泵和叶片泵,3种泵的共同特点是内部元件(转子)由液力变矩器花键毂或驱动轴驱动,外部元件与内部元件之间有一定的偏心距。

18.使用油泵应注意以下事项:

(1)发动机不工作,油泵不转,自动变速器无油压,即使在D位和R位,也不能靠推车起动发动机。

(2)长距离拖车时,由于发动机不转,油泵也不转,齿轮系统没有润滑油,磨损会加剧,因此要求车速慢、距离短。

(3)变速器齿轮系统有故障或严重漏油时,牵引车辆应将传动轴脱开。对于前轮驱动的汽车,应将前轮悬空牵引。

19.主调压阀的作用是将液压泵输出压力精确调节到所需值后再输入主油路。应满足主油路系统在不同工况、不同挡位时,具有不同油压的要求。节气门开度较小时,主油路压力可以降低。节气门开度较大时,主油路压力要升高。汽车低速挡行驶时,所传递的转矩较大,主油路压力要高。在高速挡行驶时,可降低主油路油压。倒挡的使用时间较少,为减小自动变速器尺寸,倒挡执行机构被做得较小,为避免出现打滑,需提高操纵油压。

20.次级调压阀是把主调压阀输出的油压调节成变矩器油压。手动阀又称手控阀或手动换挡阀,与驾驶室内的换挡杆相连,其功用是控制各挡位油路的转换。换挡阀用来控制通往换挡执行元件的油路,实现挡位变换。阀体用于装载各种液压阀,其上制造有许多密集复杂的油道,用于控制液压及切换液压通道,阀体通常分为上阀体、下阀体和手动阀体。

21. 自动变速器的电子控制系统包括传感器、电子控制单元(ECU)和执行器 3 部分。传感器部分主要包括节气门位置传感器、车速传感器、发动机转速传感器、输入轴转速传感器、冷却液温度传感器、自动变速器油温传感器、空挡起动开关、强制降挡开关、制动灯开关、模式选择开关、OD 开关等。执行器部分主要包括各种电磁阀和故障指示灯等。ECU 是电子控制系统的核心,主要完成换挡控制、锁止离合器控制、油压控制、故障诊断、失效保护等功能。

22. 节气门位置传感器安装在节气门体上,用于检测节气门开度的大小,并将数据传送给电控单元,电控单元根据此信号判断发动机负荷,从而控制自动变速器的换挡、调节主油压和对锁止离合器控制。

23. 节气门位置传感器一般是采用线性输出型可变电阻式传感器。它实际上是一个滑动变阻器,有 4 个接线端子,E 是搭铁端子,IDL 是怠速端子,VTA 是节气门开度信号端子,VC 是 ECU 供电端子,由电控单元提供恒定 5V 电压。当节气门开度增加,节气门开度信号触点逆时针转动,VTA 端子输出电压也随之线性增大,VTA 端子输出电压与节气门开度成正比。当怠速时,怠速开关闭合,IDL 端子电压为 0V。

24. 车速传感器用于检测自动变速器输出轴转速,自动变速器 ECU 根据车速传感器输入的信号计算出车速,并以此信号控制自动变速器的换挡和锁止离合器的锁止。常见的车速传感器有电磁式、舌簧开关式、光电式 3 种形式。

25. 输入轴转速传感器用于检测输入轴转速,自动变速器 ECU 根据输入轴转速传感器的信号可以更精确地控制换挡。另外,ECU 还可以把该信号与发动机转速信号进行比较,计算出变矩器的转速比,使主油压和锁止离合器的控制得到优化,以改善换挡、提高行驶性能。

26. 空挡起动开关有两个功用:一是给自动变速器 ECU 提供挡位信息;二是保证只有换挡杆置于 P 或 N 位才能起动发动机。OD 开关一般安装在换挡杆上,由驾驶员操作控制,可以使自动变速器有或没有超速挡。自动变速器 ECU 通过制动灯开关检测是否踩下制动踏板,如果踩下制动踏板,ECU 会取消锁止离合器的工作。

27. 电子控制系统的执行器主要指各种电磁阀,电磁阀根据功能的不同可以分为换挡电磁阀、锁止离合器电磁阀和油压电磁阀。根据工作原理的不同可以分为开关式电磁阀和占空比式(脉冲线性式)电磁阀。绝大多数换挡电磁阀是采用开关式电磁阀,油压电磁阀是采用占空比式电磁阀,而锁止离合器电磁阀采用开关式的和占空比式的都有。

28. 电子控制单元(ECU),是自动变速器电子控制系统的核心,具有换挡控制、锁止离合器控制锁、换挡平顺性控制、故障诊断、失效保护等功能。

29. 自动变速器 ECU 根据模式选择开关信号、节气门开度信号、车速信号等参数来打开或关闭换挡电磁阀,从而打开或关闭通往离合器、制动器的油路,使自动变速器升挡或降挡。

30. 自动变速器 ECU 存储着各种行驶模式下锁止离合器的工作方式的控制程序,可根据各种输入信号,控制锁止离合器电磁阀的通、断电,从而控制锁止离合器的工作。

31. 当满足以下条件时,锁止离合器才工作:换挡杆置于 D 位,且挡位在 D_2、D_3 或 D_4 挡;车速高于规定值;节气门开启(节气门位置传感器 IDL 触点未闭合);冷却液温度高于规定值;未踩下制动踏板(制动灯开关未接通)。

32. 如果符合以下条件中的任何一项,ECU 就会给锁止离合器电磁阀断电,使锁止离合器分离。

(1) 踩下制动踏板(制动灯开关接通)。

(2) 发动机怠速(节气门位置传感器 IDL 触点未闭合)。

(3) 冷却液温度低于规定值。

(4) 当巡航系统工作时,如果车速降至设定车速以下至少 10km/h。

33. 自动变速器改善换挡平顺性的方法有换挡油压控制、减少转矩控制和 N-D 换挡控制。

34. 自动变速器在升挡和降挡的瞬间,ECU 会通过油压电磁阀适当降低主油压,以减少换挡冲击,改善换挡。

35. 在自动变速器换挡的瞬间,通过推迟发动机点火时刻或减少喷油量,减少发动机输出转矩,以减少换挡冲击和输出轴的转矩波动。

36. 当换挡杆由 P 位或 N 位置于 D 位或 R 位时,或由 D 位或 R 位置于 P 位或 N 位时,通过调整喷油量,把发动机转速的变化减少到最小限度,以改善换挡。

37. 当自动变速器出现故障时,为了尽可能使自动变速器保持最基本的工作能力,以维持汽车行驶,便于汽车进厂维修,电控自动变速器 ECU 都具有失效保护功能。

38. 节气门位置传感器出现故障时,ECU 根据怠速开关的状态进行控制。当怠速开关断开时(加速踏板被踩下),按节气门开度为 1/2 进行控制,同时节气门油压为最大值;当怠速开关接通时(加速踏板完全放松),按节气门处于全闭状态进行控制,同时节气门油压为最小值。

39. 车速传感器出现故障时,ECU 不能进行自动换挡控制,此时自动变速器的挡位由换挡杆的位置决定。在 D 位和 2 位时固定为超速挡或 3 挡,在 L 位时固定为 2 挡或 1 挡;或不论换挡杆在任何前进挡位,都固定为 1 挡,以保持汽车最基本的行驶能力。

40. 冷却液或自动变速器油温度传感器出现故障时,ECU 按温度为 80℃ 的设定进行控制。

41. 换挡电磁阀出现故障时,ECU 一般会将自动变速器锁挡,挡位与换挡杆的位置有关。

42. 油压电磁阀出现故障时,ECU 会停止油压的控制,使油路压力保持为最大。

43. 辛普森行星齿轮机构是由两个单排行星齿轮组连接而成的一种双排行星齿轮机构,其结构特点是前后两个行星齿轮机构共用一个太阳轮。换挡执行机构包括 3 个离合器、4 个制动器和 3 个单向离合器共 10 个元件。

44. 拉威挪行星齿轮机构是一种双排单、双级复合式行星齿轮机构。前排为单级机构,后排是双级机构,前后排共用一个齿圈和一个行星架。在行星架上,外行星轮为长行星轮,它的小端与齿圈啮合,大端与太阳轮啮合。内行星轮为短行星轮,与小太阳轮和长行星轮的小端同时啮合。

45. 拉威挪行星齿轮变速器有 6 个执行元件,其中离合器 K_2 用于驱动大太阳轮,离合器 K_3 用于驱动行星齿轮架,制动器 B_1 用于制动行星齿轮架,制动器 B_2 用于制动大太阳轮,单向离合器 F 防止行星架逆时针转动,锁止离合器 LC 将变矩器的泵轮和涡轮刚性连在一起。

46. 自动变速器在使用过程中会出现换挡冲击、无倒挡、无前进挡、无法升挡等故障现象,可根据自动变速器故障诊断表进行检查诊断。

47. 造成自动变速器打滑故障的原因有:

(1) 变速器油面过低而导致主油路油压太低,导致离合器和制动器打滑。

(2) 液压油油面太高,运转中被行星排搅动后产生大量气泡。

(3) 离合器或制动器摩擦片(或制动器制动带)磨损严重或已烧焦而引起打滑。

(4) 油泵磨损严重或主油路有泄漏而造成主油路油压过低。

(5) 自动变速器中单向离合器打滑。

(6) 离合器或制动器活塞密封圈损坏而漏油,导致油压过低。

(7) 减振器活塞密封圈损坏,导致漏油。

48. 造成自动变速器换挡冲击大故障的原因有:

(1) 发动机转速过高而引起换挡时的冲击。

(2) 节气门拉索或节气门位置传感器调整不当而使主油路的油压过高导致换挡冲击。

(3) 主油路油压调节器不良而使主油路的油压过高导致换挡冲击。

(4) 油压电磁阀或线路不良而使主油路油压异常。

(5) 减振器不良(如活塞卡住)而使换挡瞬间油压过高导致换挡冲击。

(6) 止回阀损坏或止回阀钢球漏装而导致换挡执行元件接合过快。

(7) 换挡执行元件打滑。

(8) 升挡过迟而引起换挡冲击。

(9) 自动变速器 ECU 故障。

49. 自动变速器油位检查的步骤如下:

(1) 让发动机怠速运转,使发动机的温度达到正常的工作温度。

(2) 踩住制动踏板,将变速杆置于每一个挡位,并在每个挡位上停留几秒,使液力变矩器和所有换挡执行元件中都充满液压油,最后将变速杆拨至停车挡(P)位。

(3) 从加油管内拔出自动变速器油尺,将擦干净的油尺全部插入加油管后再拔出,检查油尺上的油面高度。冷态时应在下线附近,热态时应在上线附近。

(4) 将油尺上的自动变速器油滴在干净的白纸上,检查油的颜色、气味和状态,如油液呈棕色、有焦味、有渣粒,说明油已变质。

50. 自动变速器控制单元具有自诊断功能,可通过发动机检测仪读取控制单元存储的故障码、数据流,对执行元件进行主动测试,以帮助对故障的分析和判断。

51. 固定专用工具使其正好置于变矩器毂的槽口和单向离合器外座圈的槽口处,竖直放置变矩器并转动专用工具,检查并确定其顺时针旋转时运转平稳,而逆时针旋转时被锁止。如有必要,则清洁变矩器并检查单向离合器。如果单向离合器的工作情况仍不符合规定,则更换变矩器。

52. 检查电磁阀电阻,开关式电磁阀应为 11~15Ω,占空比式电磁阀应为 3.6~4.0Ω。

53. 给电磁阀通电,检查是否有工作响声。由于占空比式电磁阀线圈的电阻很小,不可与12V蓄电池直接相连,否则容易烧毁电磁阀线圈。检测时将蓄电池串联一个低电阻,如一个 8~10W 的灯泡,然后再与电磁线圈相连,电磁阀应当动作,否则应更换电磁阀。

54. 拆下电磁阀,施加 0.5MPa 的压缩空气,检查电磁阀是否漏气。

55. 发动机失速转速测试的目的在于通过测量 D 位置的失速转速检查变速器和发动机的整体性能。

56. 失速转速测试应在 ATF 的正常工作温度为 50～80℃,铺设完好的道路上进行行驶测试,不要连续执行失速转速测试超过 5s。为确保安全,应在能够提供良好牵引力的宽阔而空旷的平地上进行失速转速测试,失速转速测试务必由两人一起完成,一名维修人员进行测试时,另一名维修人员应在车外观察车轮或车轮挡块的状况。

57. 失速转速测试的具体过程如下:
(1) 塞住 4 个车轮。
(2) 将发动机检测仪连接到诊断接口上。
(3) 完全拉紧驻车制动器操纵杆。
(4) 左脚一直牢牢踩住制动踏板。
(5) 起动发动机。
(6) 换至 D 位置。用右脚将加速踏板踩到底。
(7) 此时快速读取失速转速。失速转速:(2400±300)r/min。如果 D 位置发动机失速转速低,则可能是发动机动力不足,单向离合器工作异常。如果 D 位置失速转速高,则可能是管路压力低,离合器打滑,单向离合器工作异常。

58. 在发动机怠速运转的情况下变换换挡杆时,在感觉到冲击之前将有一定的时延或时滞。这可用于检查离合器和制动器的状态。在 ATF(自动变速器油)的正常工作温度为 50～80℃下执行测试。两次测试之间一定要有 1min 的间隔。进行 3 次测试,并测量时滞。计算这 3 个时滞的平均值。

59. 时滞试验的具体过程如下:
(1) 将发动机检测仪连接到诊断接口。
(2) 完全拉紧驻车制动器操纵杆。
(3) 起动发动机并使其暖机,检查怠速转速。怠速转速:大约 700r/min(在 N 位置并且空调关闭)。
(4) 将换挡杆从 N 位换至 D 位。用秒表测量从切换换挡杆到感受到冲击的时间间隔。时滞:N→D 的时间少于 1.2s。
(5) 按照同样的方法测量 N→R 的时滞。时滞:N→R 的时间少于 1.5s。
如果时滞较长,则可能是管路压力低、离合器或制动器磨损、单向离合器工作异常。

60. 执行液压测试必须在 ATF 的正常工作温度为 50～80℃下、检查和调整发动机之后、空调关闭的情况下执行。液压测试务必由两人一起完成,一名维修人员进行测试时,另一名维修人员应在车外观察车轮或车轮挡块的状况。

61. 液压测试的具体步骤如下:
(1) 使 ATF 变暖。
(2) 拆下传动桥壳左前侧的检测螺塞并连接专用工具。
(3) 完全拉紧驻车制动器操纵杆并塞住 4 个车轮。
(4) 将发动机检测仪连接到诊断接口上。

(5) 起动发动机并检查怠速。
(6) 用左脚踩住制动踏板并换至 D 位置。
(7) 在发动机怠速运转时测量管路压力。
(8) 将加速踏板踩到底。发动机转速达到失速转速时,迅速读取最高管路压力。
(9) 用同样的方法在 R 位置进行测试。

62. 怠速时 D 位压力为 370~410kPa,R 位压力为 550~620kPa。失速时,D 位压力为 1120~1230kPa,R 位压力为 1660~1870kPa。如果所有位置压力都偏高,则可能是换挡电磁阀和调压阀故障。如果所有位置压力都偏低,则可能是换挡电磁阀、调压阀和机油泵故障。

第二节　电控转向系统结构原理与维修诊断

(10~18 条适用于检测维修工程师,其他适用于检测维修士)

1. 电控液压动力转向系统是在常规液压动力转向系统的基础上增加了电子控制单元(ECU)、控制液体流量的电磁阀及相关传感器。

2. 电控液压动力转向系统转向助力的大小可根据行驶速度进行调节。电子控制单元(ECU)根据车辆的行驶速度和转向角度等输入信号计算出理想的输出信号,通过控制液体流量电磁阀调节转向辅助泵中的液压压力,可使转向动力的放大倍率连续可调。

3. 电控电动式动力转向系统(EPS)是一种直接依靠电动机提供辅助转矩的电动助力式转向系统。与电控液压动力转向系统相比,取消了液压系统的所有元件和管路,是一种干式转向系统。因此,更加环保,布置也更加方便,在乘用车上应用较为广泛。电动转向系统主要由转向盘、带转向角度传感器的组合开关、转向柱、转向力矩传感器、电动机械转向助力器电动机、转向器、转向辅助控制单元等部件组成。

4. 电动机为无刷异步电动机,它通过蜗轮传动与驱动小齿轮作用在齿条上。

5. 转向力矩传感器可以直接在转向小齿轮上计算转向盘的力矩,该传感器以磁阻的功能原理工作。

6. 转子转速传感器用于检测电动机的转子转速,并将转速信号反馈给控制单元,以便其精确控制电动机的动作。它安装在电动机的内部,也是根据磁阻功能原理工作的。

7. 转向角度传感器位于组合开关和转向盘之间的转向柱上,向转向柱电子装置控制单元提供信号,以便测算转向角。

8. 转向辅助控制单元直接固定在电动机上,它根据输入的信号计算当前的转向助力需要,并控制驱动电动机转动。在控制单元中,集成了一只温度传感器,用来探测转向装置的温度。

9. 驾驶员转动转向盘时,转向力矩传感器检测到转向盘的转动,并将测得的转向力矩发送给控制单元,转向角度传感器发送当前的转向角度信号,转子转速传感器发送当前的转向速度信号。控制单元根据转向力矩、车速、发动机转速、转向角度和转向速度,以及在控制单元中设置的特性曲线,确定需要的助力力矩,并控制电动机转动。转向助力是通过驱动齿轮来完成的,驱动齿轮由电动机驱动,电动机通过蜗轮传动并驱动小齿轮作用到齿条上,从而传送助力转向力。

10. 主动转向系统可以满足车辆对转向系统的要求,可以根据速度变化改变转向系统的转向传动比。速度低时,以较小的最大转向角实现直接转向,速度较高时,通过偏航角速率控制实现间接转向。主动转向控制系统与普通转向系统相比具有灵敏性更高、舒适性更高、安全性更高等优点。

11. 主动转向系统是在电控液压转向系统的基础上增加了一套改变转向传动比的叠加传动装置,主要包括主动转向控制伺服电动机、伺服电动机锁、叠加传动装置及传感器等部件。

12. 伺服电动机是主动转向系统的执行机构,是一个永磁三相(U、V、W)直流同步电动机。伺服电动机的相电流介于 7~40A 之间。

13. 伺服电动机锁用于锁住伺服电动机。车辆处于静止状态且发动机关闭或主动转向系统出现故障时,伺服电动机锁保持锁紧。

14. 电动机位置传感器位于伺服电动机的驱动输出侧。电动机位置传感器按照磁阻原理探测伺服电动机的转子位置。

15. 主动转向控制系统的叠加传动装置位于转向器上,安装在分体式转向轴中。叠加传动装置是一个行星齿轮机构。当叠加传动装置出现故障时,蜗杆传动装置采用自锁设计。

16. 主动转向系统控制单元通过动力传动系控制器区域网络和底盘控制器区域网络集成在车载网络中。控制单元具有转向助力控制、偏航角速率控制、偏航力矩补偿等控制功能。

17. 电控转向系统在使用过程中会出现转向困难、转向异响、左右转向助力不均及转向盘不能回正等故障。

18. 造成转向困难的原因有前轮胎气压低及磨损、前轮定位不正确、转向机故障、扭矩传感器故障、动力转向电动机故障、蓄电池和电源系统故障及动力转向 ECU 故障。

19. 电动式电控动力转向系统具有自诊断功能,利用发动机检测仪可对其进行故障码读取、数据流读取,帮助快速诊断故障部位。

20. 在做转向零位设定时,发动机不能运转。在转向盘左右转动后,再回正时,双手必须离开转向盘,使转向盘静止不动,以便让控制单元对零位进行确认。在做完转向零位位置设定和转向极限位置的设定后,必须用发动机检测仪查询转向电控系统故障存储器无故障时,设定工作才能结束。如果更换了转向角度传感器、转向器总成含转向辅助控制单元、转向柱开关总成含控制单元、做过一次车轮定位的调整后需要做转向零位置设定。

21. 在进行转向盘极限位置设定时,使车辆前轮处于直线行驶状态,起动发动机,并在急速下运转。先将转向盘朝左转动 10°左右,停顿 1~2s,将转向盘回正;再朝右转动 10°左右,停顿 1~2s,将转向盘回正,双手离开转向盘,停顿 1~2s,然后将转向盘朝左打到底,停顿1~2s,再将其朝右打到底,停顿1~2s,将转向盘再回正,关闭点火开关,6s后生效。

第三节　电控悬架系统结构原理与维修诊断

(15、16条适用于检测维修工程师,其他适用于检测维修士)

1. 电子控制悬架系统是在传统汽车悬架的基础上加装了电子控制单元、传感器及开关、执行机构等元件。电控悬架系统的传感器主要有车身高度传感器、车速传感器、加速度传感器、转向盘转角传感器、节气门位置传感器等;开关有模式选择开关、车身高度控制开关、制动灯开关和车门开关等。执行机构有可调阻尼的减振器,可调节弹簧高度和弹性大小的弹性元件等。电子控制单元一般由微机和信号放大电路组成。

2. 电控悬架系统利用传感器(包括各种开关)检测汽车行驶时路面的状况和车身的状态,将检测信号输入计算机进行处理,计算机通过驱动电路控制悬架系统的执行器动作,完成悬架特性参数的调整。

3. 电控悬架系统主要有车身高度、车身姿态和对车速及路面感应三方面控制功能。

4. 不管车辆负载在规定范围内如何变化,电控悬架系统都可以保持汽车高度一定,车身保持水平,可大大减少汽车在转向时产生的侧倾。

5. 电控悬架系统能够通过调节弹簧刚度、减振器阻尼力以对车身在转向时侧倾、制动时点头、加速时后坐等姿态进行控制。

6. 电控悬架系统能够根据车速和道路的状况对弹簧刚度和减振力进行控制,以抑制汽车在不平道路上行驶时的颠簸或上下跳动,从而改善汽车在不平道路上行驶时的乘坐舒适性。

7. 车身高度传感器的功用是将车身与车桥之间的相对高度变化(悬架变形量的变化)转换为电信号并送给电控单元。

8. 目前应用比较广泛的是光电式车身高度传感器,光电式车身高度传感器内有一根靠连杆带动转动的转轴,转轴上固定一个开有许多窄槽的圆盘,圆盘两边是由发光二极管和光敏三极管组成的光电耦合器。

9. 模式选择开关位于变速器操纵手柄旁,驾驶员根据汽车的行驶状况和路面情况选择悬架的运行模式,即悬架的"软""中"或"硬"状态,从而决定减振器的阻尼力大小。

10. 高度控制开关用来选择汽车高度,ECU 检测高度控制开关的状态并相应地使汽车高度上升和下降,有的汽车还有高度控制 ON/OFF 开关,用于停止车高控制。模式选择开关用来选择悬架的"软""中"或"硬"状态,ECU 检测到开关状态后,操纵悬架控制执行器,从而改变减振器的弹簧刚度和阻尼系数。

11. 空气悬架主要由执行器、空气弹簧和可调阻尼力减振器组成。悬架执行器内的电动机根据接收到的电控单元控制信号进行工作,当电动机转动时,带动控制杆转动,使弹簧的刚度和减振器的阻尼系数达到理想值。

12. 空气弹簧是利用压缩空气做的弹簧,由主、副气室组成,密封的气体具有弹簧的功能,可通过执行器控制主副气室之间的通道大小,实现空气弹簧刚度的调节。可调阻尼力减振器可通过执行器控制阻尼孔的开闭,改变减振器阻尼孔的流通截面积,实现"软""中""硬"3种模式。车身高度的调节是通过向空气弹簧主气室内充放压缩气体来实现的。

13. 空气压缩机由驱动电动机、排气阀、干燥器等组成。它由电动机驱动,根据悬架ECU的信号向干燥器输送提高车高所必需的压缩空气。干燥器可将空气中的水分过滤掉。排气阀从系统中放出压缩空气,同时排掉干燥器滤出的空气水分。

14. 阻尼转换执行机构安装在减振器的上部,由直流电动机、减速齿轮、控制杆、电磁铁和挡块等组成。电控悬架ECU根据接收到的信号,使直流电动机驱动扇形的减速齿轮左右转动,通过控制杆带动减振器中的回转阀旋转,有级地改变阻尼孔的开闭,从而改变阻尼系数即减振阻力。

15. 电控悬架系统常见的故障形式有高度控制失灵和悬架刚度及阻尼系统控制失灵。

16. 造成身高度控制失灵的原因有车身高度传感器故障、空气弹簧泄漏、ECU故障、控制线路故障、空气压缩机故障、供气管路故障。

17. 汽车高度调整功能的检查的具体步骤如下:

(1)检查轮胎气压是否正常。

(2)检查汽车高度(下横臂安装螺栓中心到地面的距离)。

(3)起动发动机,将高度控制开关由NORM转换到HIGH,车身高度应升高10~30mm,从操作高度开关到压缩机起动的时间应为2s,从压缩机起动到高度调整完成,所需时间为20~40s。

(4)使车辆处于HIGH高度调整状态,起动发动机,将高度调整开关从HIGH位置转换到NORM位置,车辆高度变化应为10~30mm,从操作高度开关到压缩机起动的时间应为2s,从开始排气到高度调整结束的时间应为20~40s。

18. 在进行汽车高度调整时,必须将高度控制开关处于NORM位置。应在水平面上进行高度调整,务必将汽车的高度调整到标准范围以内,具体调整步骤如下:

(1)旋松车身高度传感器连杆上的两只锁紧螺母。

(2)转动车身高度传感器连接杆的螺栓以调节长度。车身高度传感器连接杆每转一圈能使汽车高度改变大约4mm。

(3)检查车身高度。传感器连接杆的尺寸是否小于极限值。前、后悬架的极限值均为13mm。

(4)预拧紧两只锁紧螺母。

(5)再检查一次汽车高度。

(6)旋紧锁紧螺母。注意:在拧紧锁紧螺母时应确保球节与托架平行。

19. 电控悬架系统同样具有自诊断功能,可以通过发动机检测仪读取系统相关故障码、读取数据流、执行元件主动测试等诊断功能,方便对系统故障进行检查和判断。

第四节　电控制动系统结构原理与维修诊断

(13~21,35~39条适用于检测维修工程师,其他适用于检测维修士)

1. ABS 通过对滑移率的控制能防止车轮制动抱死,保证汽车制动方向的稳定性,防止产生侧滑和跑偏,是汽车安全控制的一项重要内容。

2. 滑移率是指车轮在制动过程中车速与车轮速度之差与车速的比值,用百分比来表示。

3. 大量的实验证明,在汽车的制动过程中,附着系数的大小随着滑移率的变化而变化。如果制动时将车轮的滑移率 s 控制在 15%~30%,此时纵向附着系数最大,可得到最好的制动效能;同时横向附着系数也保持较大值,使汽车也具有较好的制动方向稳定性。

4. ABS 是在普通制动系统的基础上增加制动压力调节控制系统,主要由电子控制单元(ECU)、制动压力调节器、轮速传感器和 ABS 警示装置等组成。

5. 轮速传感器的功用是检测车轮的旋转速度,并将速度信号输入电子控制单元。目前,常用的轮速传感器主要有电磁式、霍尔式、磁阻式三种。

6. 电磁式轮速传感器和霍式轮速传感器结构原理与同类型发动机转速传感器类似。磁阻式轮速传感器可以工作在任何车速,还可以探测车轮的旋转方向,而且磁性转子的体积小、质量轻。磁阻式轮速传感器包含一个由 2 个 MRE(磁阻元件)组成的传感器 IC。

7. 减速度传感器可以获得汽车的减速度信号,通过减速度传感器信号可以对由车轮转速计算出来的车速进行补偿,ECU 可根据此信号对路面进行区别并判断路面附着系数的高低情况,以采取相应的控制措施,使汽车制动时滑移率的计算更加精确,可进一步提高制动性能。

8. 制动压力调节器又称 ABS 控制器,是 ABS 的执行机构,其功用是接受 ABS 电子控制单元(ECU)的控制指令,通过电磁阀的动作自动调节车轮制动轮缸的制动压力,防止车轮抱死,并使制动过程处于理想滑移率的状态。

9. 通常把电磁阀直接控制轮缸制动压力的制动压力调节器称为循环式调节器,把间接控制制动轮缸压力的制动压力调节器称为可变容积式调节器。液压式制动压力调节器主要由电动液压泵、电磁阀和蓄能器(电磁阀和蓄能器组装在一起又称液压控制单元)等组成。

10. 制动压力调节器在汽车制动过程中,根据 ECU 控制流经制动压力调节器电磁线圈电流的大小,可使 ABS 处于"升压""保压""减压"和"增压"4 种状态。

11. 电子控制单元(ECU)是 ABS 的控制中枢,其主要作用是接收传感器信号,并对这些输入信号进行测量、比较、分析、放大和判别处理,通过精确计算,得出制动时车轮的滑移率、车轮的减速度,以判断车轮是否有抱死趋势,然后向制动压力调节器发出控制指令,去执行压力调节任务。

12. ECU 还具有监控和保护功能,当系统出现故障时,能及时转换成常规制动,并以故障灯点亮的形式警告驾驶员,同时将检测到的故障以故障码的形式储存在存储器中。ECU 内部电路通常包括传感器输入电路、运算电路、输出控制电路和安全保护电路。

13. 电子稳定程序控制系统是改善汽车行驶性能的主动安全控制系统,该系统也是基于制动的底盘控制系统。ESP 包含 ABS,并在 ABS 功能上进行的延伸。ESP 在整个行驶过程中始终处于工作状态,不停地监控车辆的行驶状态和驾驶员的操作意图,通过有选择性地控制各车轮上的制动力主动地修正汽车的行驶方向,把汽车从危险的边缘拉回到安全的境地。

14. ESP 由传感器、电控单元(ECU)及制动器组成。

15. ESP 工作的基本原理是通过转向角传感器、车轮转速传感器、偏摆传感器、纵向/横向加速度传感器等实时地检测驾驶员的驾驶意图和车辆的实际行驶情况,ECU 根据各传感器的信号计算出车辆的实际运动轨迹,如果实际运动轨迹与理论运动轨迹(驾驶员意图)有偏差,或者检测出某个车轮打滑,ECU 就会首先控制副节气门控制机构减小开度,以减小发动机输出功率,并且控制制动系统对某个车轮进行制动,来修正运动轨迹,克服汽车在高速行驶急转弯时会出现转向不足或转向过度。当实际运动轨迹与理论运动轨迹相一致时,ESP 自动解除控制。

16. 当 ESP 判定为出现不足转向时,将制动内侧后轮,使车辆进一步沿驾驶员转弯方向偏转,从而稳定车辆;当 ESP 判定为出现过度转向时,ESP 将制动外侧前轮,防止出现甩尾,并减弱过度转向趋势,稳定车辆。

17. ESP 主要传感器包括车轮转速传感器、转向盘转角传感器、加速度传感器和横摆角速度传感器等。

18. 横向加速度传感器是根据电容的工作原理来设计的,可将这个传感器看作是两个电容的串联,中间的极板在外力的作用下可以移动。两个电容都有各自的容量,都能够存储一定量的电荷。如果没有侧向力作用在中间极板上,则两电容间隙保持恒定,电容相等。如果中间的极板在侧向力作用下移动时,两侧极板的间距会发生变化,则两侧的电容量值也要发生变化(其中一个电容间隙增加,另一个减小),根据电容量值的变化计算侧向加速度的大小和方向。

19. 偏转率传感器将一个振荡交流电施加到谐振叉上,上下谐振叉的谐振频率已预先设好,上谐振叉(激励叉)的谐振频率为 11kHz,下谐振叉(测量叉)的谐振频率为 11.33kHz,调节交流振荡频率为 11kHz,使上谐振叉产生共振,而下谐振叉不发生共振。在施加外力的情况下,共振的上谐振叉对外力的反应要远比不共振的下谐振叉的反应慢得多。这样,角加速度(惯性转矩)会使下谐振叉随汽车的转动而发生扭转,而产生共振的上谐振叉将迟滞于这种运动。这种扭转改变了电量的分布,并通过电极进行测量变化量,经过传感器转化并以信号的形式送给控制单元。

20. 制动压力传感器监测制动力,它可以安装在制动主缸或压力调节器上,制动压力传感器是电容型传感器。

21. ESP 液压单元与 ABS 液压单元不同,ESP 的液压单元在每条回路中又增加了高压阀和控制阀,回油泵也变为了自吸式的回油泵。液压调节单元的工作过程也可以分为"增压""保压"和"减压"三个过程。

22. 电控制动系统在使用过程中会出现 ABS 警告灯亮起、ABS 不工作等故障。

23. 造成 ABS 不工作的原因有制动管路故障、转速传感器故障、制动压力传感器故障、线路故障、制动器执行器总成故障。

24. ABS 电子控制单元(ECU)对过电压、静电非常敏感,维修中稍有不慎就会损坏 ECU 中的芯片,造成整个 ABS 的损坏。因此,在点火开关接通时,不要插拔 ABS 的连接器;插拔 ECU 上的连接器应做好防静电措施。

25. 维修 ABS 液压控制装置时(例如,制动压力调节器的各部件、制动轮缸、蓄能器、电动液压泵、制动液管路等),一定要按规定程序释放 ABS 的压力(蓄能器可能存储了高达 18MPa 的压力),然后再按规定进行修理,以免高压制动液喷出伤人。卸压的方法是先关掉点火开关,然后反复踩制动踏板 20 次以上,直到感觉踩制动踏板力明显增加(无液压助力)时为止。

26. 液压制动系统维修作业完成后,应使用专用制动液加注机和故障诊断仪配合,对系统进行加液和排气。

27. 拆卸轮速传感器时注意不要碰伤传感器头,不允许敲击轮速传感器的齿圈,不要用轮速传感器齿圈当作撬面,否则会损坏齿圈或影响轮速信号的精度;安装时应先涂覆防锈油,并且只能压装,不可敲击或用蛮力,以免损坏轮速传感器。

28. 初步检查时,对容易出现的故障且检查方法又很简单的部位先行检查,检查具体项目如下:

(1)检查储液室是否液面过低、液压装置是否外部泄漏及制动主缸工作是否正常。

(2)检查驻车制动器操纵杆是否完全放松以及驻车开关功能是否正常,视具体情况进行维修或调整。

(3)检查 ABS 熔断丝是否熔断,找出熔断丝烧坏的原因,并更换熔断丝。

(4)检查导线及连接器是否有破损或连接器松动现象,若有,则更换导线和插好各连接器。

(5)检查所有的继电器、熔断器是否完好,插接是否牢固。

(6)检查蓄电池电压是否在规定的范围内,检查蓄电池正、负极导线的连接是否牢靠,连接处是否清洁。

(7)检查 ABS 控制单元、液压控制装置等的搭铁端是否接触良好。

(8)检查车轮胎面纹槽的深度是否符合规定。

29. 当点火开关一接通,ABS 电子控制单元就会对电源电压、控制电压和电磁阀线圈、轮速传感器、电子控制单元编号等外部电路和项目进行自检。此时,制动报警灯点亮 2s 后自动熄灭。如果上述自检过程中发现 ABS 工作异常,ECU 就停止使用 ABS,这时,制动报警灯亮起,并储存故障码。

30. 汽车仪表板上有两个制动报警灯,其中一个是黄色故障警告灯,称 ABS 灯(标示 ABS 或 ANTI-LOCK);另一个为红色制动报警灯(标示 BREAK)。正常情况下,点火开关打开,ABS 故障警告灯和制动警告灯应闪亮约 2s,一旦发动机运转起来,驻车制动器操纵杆在释放位置,两个警告灯应熄灭,否则说明 ABS 有故障。

31. 电控制动系统同样具有自诊断功能,可以通过发动机检测仪读取系统相关故障码、读取数据流、执行元件主动测试等诊断功能,方便对系统故障进行检查和判断。

32. 当车轮转动时,用电压表交流电压挡测量轮速传感器其信号电压值,电压值应随车轮转速的增加而升高,一般情况下,应达 2V 以上;用示波器检测传感器输出信号电压的波形,正常的信号电压波形应是均匀稳定的正弦电压波形。

33. 用万用表检查传感器电阻值,应为 1.0~1.3kΩ。

34. 对轮速传感器外观及间隙进行检查时,应检查传感器导线及插接器有无松脱,探头及齿圈有无损坏及脏污,如果有,则应紧固定、更换或清理;在齿圈上取 4 点检查齿圈与车轮转速传感器信号探头之间的间隙,标准值:前轮为 1.10~1.97mm,后轮为 0.42~0.80mm。

35. 制动压力调节器可能的故障有制动压力调节器电磁阀线圈不良,制动压力调节器中的阀有泄漏,电动液压泵损坏等。

36. 用电阻表检测电磁阀线圈的电阻,如果电阻为无穷大或过小等,均说明其电磁阀有故障;将制动压力调节器电磁阀加上工作电压,看电磁阀能否正常动作,如果不能正常动作,则说明电磁阀损坏,应更换制动压力调节器。

37. 如果怀疑是制动压力调节器内部液压循环有问题,则应在制动压力调节器内无高压制动液时,仔细拆开调节器进行检查;也可通过故障诊断仪的主动测试功能检查电动液压泵工作情况。

38. 对 ABS 电子控制单元(ECU)进行检查时,先检查 ABS 电子控制单元(ECU)线束插接器有无松动,插口有无损坏,如果线束松动,则进行紧固,如果插口损坏,则更换 ECU。

39. 如果 ECU 内部损坏,多数可通过其自诊断功能读取到相应的故障码,如果对故障码进行确认后,则更换控制单元;如果没有提示相应的故障码,在检查传感器、继电器、电磁阀及其线路均无故障,怀疑 ABS 的 ECU 可能有故障时,可以用新的 ECU 替代,如果故障现象消失,则说明 ECU 损坏。

考试模拟题

一、是非判断题

1. 自动变速器的单排行星齿轮机构中,齿圈为主动件,行星架为从动件时,由于传动比小于1,说明为升速传动,可以作为超速挡。(×)

2. 自动变速器换挡执行元件包括离合器、制动器、单向离合器和调压阀。(×)

3. 检查自动变速器油位时,将变速杆置于每一个挡位,并在每个挡位上停留几秒,使液力变矩器和所有换挡执行元件中都充满液压油,最后将变速杆拨至停车挡(P)位。(√)

4. 电控液压动力转向系统是在常规液压动力转向系统的基础上增加了电子控制单元(ECU)、控制液体流量的电磁阀及相关传感器。(√)

5. 利用转向力矩传感器可以直接在转向小齿轮上计算转向盘的力矩。(√)

6. 在 EPS 中,更换了转向角度传感器需要进行零位设定。(√)

7. 电控悬架系统能够根据车速和道路的状况对弹簧刚度和减振力进行控制。（√）

8. 电控悬架系统能够通过调节弹簧刚度、减振器阻尼力以对车身在转向时侧倾、制动时点头、加速时后坐等姿态进行控制。（√）

9. 当滑移率在40%左右时，纵向附着系数最大。（×）

10. 通常把电磁阀间接控制轮缸制动压力的制动压力调节器称为循环式调节器，把直接控制制动轮缸压力的制动压力调节器称为可变容积式调节器。（×）

二、单项选择题

1. 下列说法正确的是(A)。
   A. 液力变矩器在一定范围内自动改变传动比和转矩比
   B. 液力变矩器主动部分是涡轮
   C. 低速行驶时，液力变矩器的导轮可自由转动，使传递力矩增大
   D. 液力变矩器具有一定增降转矩功能

2. 下列关于行星齿轮机构说法不正确的是(C)。
   A. 齿圈为主动件(输入)，行星架为从动件(输出)，太阳轮固定可以作为降速挡
   B. 行星架为主动件(输入)，齿圈为从动件(输出)，太阳轮固定，可以作为超速挡
   C. 太阳轮为主动件(输入)，行星架为从动件(输出)，齿圈固定，可以作为倒挡
   D. 太阳轮、齿圈和行星架3个元件中的任何2个元件连为一体转动用于变速器的直接挡传动

3. 下列关于电动转向系统说法不正确的是(B)。
   A. 电动机为无刷异步电动机，它通过蜗轮传动与驱动小齿轮作用在齿条上
   B. 在做转向零位设定时要使发动机处于运转状态
   C. 转向力矩传感器可以计算施加在转向盘上的力矩
   D. EPS是一种直接依靠电动机提供辅助转矩的电动助力式转向系统

4. 下列关于电控悬架系统说法不正确的是(B)。
   A. 可调阻尼力减振器通过执行器控制阻尼孔的开闭，改变减振器阻尼孔的流通截面积，从而改变减振阻力
   B. 车身高度的调节是通过向空气弹簧副气室内充放压缩气体来实现
   C. 空气弹簧可通过控制主副气室之间的通道大小实现空气弹簧刚度的调节
   D. 电子控制悬架系统能使悬架随着不同的路况和行驶状态作出相应的调整

5. 下列关于ABS说法不正确的有(B)。
   A. ABS电子控制单元(ECU)对过电压、静电非常敏感，插拔ECU上的连接器应做好防静电措施
   B. ABS维修作业完成后，应使用专用仪器对ABS进行加液和排气
   C. 维修ABS液压控制装置时，一定要按规定程序释放ABS的压力
   D. 当ABS出现故障时，常规制动可继续使用

三、多项选择题

1. 自动变速器电子控制单元的功能包括(ABCD)。

A. 换挡控制　　　　B. 锁止离合器控制　　C. 失效保护　　　　D. 故障诊断
2. 主动转向系统是在电控液压转向系统的基础上增加下列(BCD)装置。
　　A. 控制单元　　　　　　　　　　　B. 主动转向控制伺服电动机
　　C. 伺服电动机锁　　　　　　　　　D. 叠加传动装置
3. 电控悬架系统控制功能包括(ABC)。
　　A. 车身高度　　　　B. 车身姿态　　　　C. 车速与路面感应　　D. 车轮控制
4. EPS能够维持车辆的稳定，下列说法正确的有(AB)。
　　A. 当ESP判定为出现不足转向时,将制动内侧后轮
　　B. 当ESP判定为出现过度转向时,ESP将制动外侧前轮
　　C. 当ESP判定为出现不足转向时,将制动内侧前轮
　　D. 当ESP判定为出现过度转向时,ESP将制动外侧后轮

第七章
车身电控系统结构原理与维修诊断

第一节　空调系统结构原理与维修诊断

（34～38,48条适用于检测维修工程师,其他适用于检测维修士）

1. 汽车空调具有调节车内温度、湿度、车内空气流速及车内空气清洁度的功能。汽车空调系统一般由制冷系统、采暖系统、通风装置、加湿装置、空气净化装置和控制装置等组成。

2. 汽车空调制冷系统主要由蒸发器、压缩机及电磁离合器、冷凝器、储液干燥器、膨胀阀（或孔管）、高低压管路、空气循环管路及管路中的制冷介质（制冷剂）等组成。

3. 压缩机的作用是维持制冷剂在制冷系统内的循环,吸入来自蒸发器的低温、低压的制冷剂蒸气,压缩制冷剂蒸气使其温度和压力升高,并将制冷剂蒸气送往冷凝器,在热量吸收和释放的过程中,就实现了热交换。

4. 冷凝器是热交换装置,制冷系统工作时,从压缩机出来的高温、高压制冷剂气体从上部进入冷凝器,在外部空气冷却下而散热,再从下部流出冷凝器,制冷剂气体变成液体,但仍处于高压状态。

5. 蒸发器是热交换装置,制冷系统工作时,来自节流装置的低压雾状制冷剂通过蒸发器管道时,吸收车内空气的大量热量,同时低压雾状制冷剂变为低压气态制冷剂,并回到压缩机。蒸发器表面的温度不能过低,否则会造成蒸发器表面结霜、结冰。

6. 空调制冷系统根据节流膨胀装置的不同,可分为膨胀阀系统和孔管系统。它们的区别是:具有储液干燥功能的部件即储液干燥器和储液罐的安装位置不同。

7. 膨胀阀和孔管都是汽车空调系统制冷剂的节流装置,对空调的制冷效果有着直接和关键性的作用。高压制冷剂液体在通过膨胀阀时,根据蒸发温度自动调节进入蒸发器的流量和压力,使其与蒸发温度相对应。

8. 膨胀阀一般由感温包、节流阀和调节机构等组成。感温包内充满气体,它通过毛细管感应蒸发器出口温度,随蒸发器出口温度变化,感温包内气体压力也发生变化。

9. 储液干燥器由过滤器、干燥剂、窥视玻璃孔、组合开关等组成。其作用是储存制冷剂、吸收制冷剂中的水分、过滤异物和高低压保护等。与膨胀阀配用的储液干燥器是液态制冷剂的一个储存器;与孔管配用的储液干燥器主要功能是使回气管路中的制冷剂气液分离,防止液态制冷剂液击压缩机。

10. 鼓风机的作用是将空气吹过蒸发器和暖风加热器器芯。鼓风机可以提供几个挡位的速度控制。

11. 制冷剂主要有 R12 和 R134a 两种,由于 R12 对环境有危害,目前已用 R134a 替代 R12。R134a 具有无色、无臭、不燃烧、不爆炸、基本无毒的特性。但是,采用制冷剂 R134a 的汽车空调中,在结构与材料方面与 R12 空调系统还是有很大区别的,两种制冷系统中的制冷剂是不能互换使用的。

12. 冷冻润滑油的作用是润滑压缩机内各运动部件及降低压缩机噪声。按黏度不同,国产冷冻润滑油牌号有 13 号、18 号、25 号 30 号四种,牌号越大,其黏度也越大。进口冷冻润滑油有 3 种牌号:SUNISO 3GS、SUNISO 4GS 和 SUNISO 5GS。目前,汽车空调制冷系统通常选用国产 18 号和 25 号冷冻润滑油,或进口 SUNISO 5GS 冷冻润滑油。

13. 制冷系统的工作循环是由压缩、冷凝、干燥过滤、节流膨胀、蒸发吸热五个过程组成。

14. 在压缩过程中,压缩机将蒸发器内产生的低温低压制冷剂蒸气经低压软管吸入并进行压缩,使它成为高温高压(70℃、1471kPa)的制冷剂气体,并送入冷凝器,此过程中制冷剂为气态。

15. 在冷凝过程中,高温高压的制冷剂气体经高压软管送入冷凝器,与车外大气进行热交换,由于压力及温度的降低(40~50℃),制冷剂气体冷凝成液体。此过程制冷剂由气态变为液态。

16. 在干燥过滤过程中,冷凝后的制冷剂液体送入储液干燥器中进行除湿过滤,除去杂质和水分,然后又经高压软管送入膨胀阀。

17. 在节流膨胀过程中,液态制冷剂进入膨胀阀节流小孔,在节流降温降压后(1~4℃、150~300kPa),以雾状小液滴排出膨胀阀流入蒸发器。此过程制冷剂为雾状。

18. 在蒸发吸热过程中,雾状制冷剂通过蒸发器,与车内空气进行热交换,吸收车内空气的热量后变成气态制冷剂,然后,气态制冷剂再次被压缩机吸入。如此反复循环,制冷剂不断进行液态到气态的转变,与周围空气进行热交换,不断地将车内空气热量带到车外空气中,从而降低了车内的温度和湿度。

19. 空调控制系统主要是通过控制压缩机电磁离合器的接合与分离实现温度控制与系统保护,通过对鼓风机的转速控制调节制冷负荷。

20. 电磁离合器安装在压缩机上,其作用是控制发动机与压缩机的动力传递。空调制冷系统工作时,使发动机能驱动压缩机运转;制冷系统停止运行时,切断发动机到压缩机的动力传递。

21. 在空调制冷系统工作时,必须对系统压力进行监测,防止出现系统压力异常。常采用的方法是:系统的高压管路中安装压力开关,压力开关有低压开关和高压开关之分。当系统内压力过高或过低时停止空调压缩机的工作,防止损坏制冷系统部件。低压开关为常开状态,当制冷剂压力低于 0.423MPa 时闭合,断开电磁离合器控制电路;高压开关为常闭状态,当压力达到 23.44MPa 时打开。

22. 蒸发器温度控制是通过温控开关(温度控制器)来控制压缩机电磁离合器的工作电路通断的。主要是通过感受蒸发器表面温度,防止由于蒸发器表面结冰而造成车内空气不能循环及制冷能力下降。有波纹管式和热敏电阻式等类型。

23. 当发动机转速低到某一最低转速时,通过电磁离合器分离,使压缩机停止运转,以保证发动机正常运转,使制冷系统停止工作。有的汽车采用怠速时提高发动机转速的方法,使发动机带动压缩机在怠速时仍能维持正常运转。

24. 汽车暖风系统是汽车空调系统的重要组成部分,主要用于冬季驾驶室和车厢供暖、风窗玻璃除霜以及改善发动机的低温起动性能,以改善驾驶员的工作条件,提高乘坐舒适性。

25. 汽车暖气装置的种类很多,根据热源分为余热式和独立燃烧式;根据交换空气的循环方法可分为内气式、外气式和内外气并用式。余热式又可分为水暖式和气暖式。

26. 气暖式暖风装置是指用发动机工作时排出高温废气,或用空气冷却发动机的热空气取暖装置。

27. 水暖式采暖系统是利用发动机冷却液对车内空气进行加热的。其优点是设备简单、使用安全、运行经济。主要组成部件有加热器、热水阀、风箱、风门、控制件和风扇等。

28. 独立热源采暖系统是利用独立的热源对车内空气或送入车内的外部新鲜空气加热,优点是采暖不受发动机工况影响,发动机不工作时也可对车内供热。通常以汽油、柴油或煤油作为燃料。

29. 热水取暖系统的热源通常采用发动机的冷却液,使冷却液流过一个加热器芯,再使用鼓风机将冷空气吹过加热器芯加热空气,使车内的温度升高。热水取暖系统主要由加热器芯、水阀、鼓风机、控制面板等组成。

30. 在大、中型客车上,仅靠发动机冷却液的余热取暖是远远满足不了要求的,为此,在大客车中常采用燃气取暖系统。燃气取暖系统中燃油和空气在燃烧室中混合燃烧,加热发动机的冷却液,加热后的冷却液进入加热器芯向外散热,降温后返回发动机再进行循环。

31. 将新鲜空气送入车内,取代污染空气的过程,称为通风。在通风装置中,由电动鼓风机强制使空气循环运动。空气经由进风口被吸入,流经蒸发器时被冷却降温,流经加热器时将被加热,实现湿度调节,并由出风口导出,进入车厢内实现制冷、取暖或为风窗玻璃除霜。

32. 进入车内的空气由车外新鲜空气和车内再循环空气组成。

33. 汽车空调系统采用的空气净化装置通常有空气过滤式和静电集尘式两种。前者是在汽车空调系统的送风和回风口处设置空气滤清装置,它仅能滤除空气中的灰尘和杂物。后者则是在空气进口的过滤器后再设置一套静电集尘装置或单独安装一套用于净化车内空气的静电除尘装置,它除具有过滤和吸附烟尘等微小颗粒杂质的作用外,还具有除臭、杀菌、产生负氧离子以使车内空气更为新鲜洁净的作用。

34. 自动空调系统是在手动空调系统的基础增加了控制系统。控制系统由传感器、空调控制单元和执行元件等组成。自动空调控制单元通过温度传感器获知车辆的实际温度状态,在控制单元里与驾驶员/乘客设定的温度进行对比,然后对车辆的出风温度、出风口位置、出风风量进行调节,保持车内温度与设定温度相符。

35. 自动空调系统传感器有车内外温度传感器、蒸发器出口温度传感器、冷却液温度传感器、日光传感器、压缩机锁止传感器、制冷剂流量传感器、湿度传感器等。

36. 自运空调系统执行元件有进风控制伺服电动机、空气混合伺服电动机、送风控制伺服电动机、可变排量压缩机等。

37. 空调系统在使用过程中会出现不工作、不制冷、不制热或功能不正常等故障。

38. 空调系统不制冷的主要原因有制冷剂量不足、压力传感器及线路故障、压缩机电磁阀及线路故障、蒸发器温度传感器及其线路故障、环境温度传感器及其线路故障、膨胀阀故障、控制单元(ECU)故障。

39. 对空调系统检修时应注意以下事项:

(1)不要在密闭的环境内或接近明火的区域处理制冷剂。

(2)务必戴上护目镜。

(3)注意不要让液体制冷剂溅入眼睛或溅到皮肤上。

(4)绝对不要加热装有制冷剂的容器或将容器暴露在明火处。

(5)注意不要使存放制冷剂的容器掉落或受到冲击。

(6)制冷剂系统内的制冷剂不足时,不要运行压缩机。如果空调系统中制冷剂不足,则会缺少机油润滑,并且可能损坏压缩机,应注意避免这种情况。

(7)压缩机工作期间,不得打开高压歧管阀。如果高压阀打开,制冷剂反向流动,会导致加注缸破裂。

(8)小心不要向系统中加注过量的制冷剂,如果制冷剂加注过量,会导致制冷不足、燃油经济性差、发动机过热等问题。

(9)禁止在没有制冷剂的情况下操作发动机和压缩机,否则会损坏压缩机内部。

40. 如果液体制冷剂溅入眼睛或溅到皮肤上,应用大量冷水清洗这些部位,不要擦眼睛或皮肤,并在皮肤上涂抹干净的凡士林,立即去医院接受专业治疗。

41. 空调系统性能测试的具体步骤如下:

(1)将测试的车辆停放在阴凉处。

(2)把歧管压力表连接到汽车的空调系统上。

(3)控制空调系统至最冷状态,鼓风机速度调至最高速,循环方式设置为内循环,出风方式设置为吹脸方向。

(4)打开所有车门。

(5)在进气口放置干湿计,出风口放置温度计。

(6)检查进气口处的温度是否为25~35℃。

(7)打开空调器,将发动机保持在2000r/min运转。

(8)检查歧管压力表的高压指示是否为1.4~1.6MPa。

(9)在上述情况符合的情况下,使汽车空调系统稳定运转一段时间。

(10)比较进气口处干球和湿球的读数,按温湿度曲线查出相对湿度。

(11)计算空气进口处的干式温度计读数和空气出口处的干式温度计读数的温度差,两温度计的读数差应该在15℃左右。

42. 制冷系统抽真空的具体步骤如下：

（1）关闭歧管压力表上的所有阀门，接好歧管压力表和真空泵。

（2）开动真空泵，将歧管表组的低压侧和高压侧手动阀开到最大位置，同时观察高压侧和低压侧表，约10min后，检查低压表读数，低压侧表真空读数应低于80kPa，高压侧表指针应慢慢降到表刻度零以下。

（3）继续对汽车空调系统进行空气排空，直到低压侧表真空读数低于100kPa，关闭歧管表组的高压侧和低压侧压力阀，并关闭真空泵。记录低压侧表的读数。停机5min以上之后，再检查低压侧表读数。如果读数相同，则说明没有渗漏发生。

（4）如果空调系统没有渗漏，则启动真空泵并打开两个手动阀。真空泵运行30min后，关闭两个手动阀，关闭真空泵并从真空泵上拆下维护软管。

43. 制冷系统制充注冷剂的具体步骤如下：

（1）在对汽车空调系统进行抽真空完毕后，保持歧管压力表的连接。

（2）将歧管压力表的中间维护软管放入冷冻机油的容器中，完全浸入，慢慢打开低压阀，观察油面的下降，防止空气进入，油面达到相应的量后，关闭低压阀。其加油量为回收制冷剂时所排出的油量。

（3）安装制冷剂罐的排出阀至制冷剂罐，再将排出阀安装到歧管压力表中间软管上，打开加注阀前，一定要先排空加注软管的空气。在停机状态下，打开高压手动阀，将制冷剂以蒸气形式注入系统，在此时也可倒置制冷剂罐，以液态形式加注制冷剂，从高压加注制冷剂时千万不能运转汽车空调。直至低压侧表显示值为98kPa时关闭高压阀。

（4）在汽车空调系统不工作的情况下，由高压端已经无法继续加注制冷剂至标准量时，就需要在汽车空调运转情况下，由低压端继续补充加注制冷剂至标准量。

（5）检查表压变化，检查视窗状态，测试空调性能来验证汽车空调系统工作状态良好。

44. 向制冷管路充入制冷剂，然后用空调电子检漏测量仪进行渗漏检查，同时也可以在可疑的区域涂肥皂水、追踪"嘶嘶"声的源头、逐一夹紧软管或堵住相关部件等方法进行渗漏查寻。

45. 将定量的紫外线敏感染料引入空调系统，空调器运行几分钟使染料在系统内流通，然后用一台紫外线灯照射空调系统中的各个部件。如果存在泄漏，染料就会发光。这种检漏方法尤其能够精确确定微小泄漏处。

46. 可以用万用表测量电磁离合器线圈电阻值来判断电磁离合器是否存在故障，如果测量值与标准值不符，说明电磁离合器损坏。也可以断开电磁离合器线束，给电磁离合器接通蓄电池电压，观察电磁离合器是否有吸合动作。如果不能吸合，则电磁离合器损坏。

47. 断开压力开关线束，用万用表测量压力开关，在空调管路内制冷剂量正常的情况下，低压开关的阻值应为小于1Ω，高压开关的阻值应为∞。如果阻值与标准值不符，则可判断压力开关损坏。

48. 空调系统同样具有自诊断功能，可以通过发动机检测仪读取系统相关故障码、读取数据流、执行元件主动测试等诊断功能，方便对系统故障进行检查和判断。

第二节　安全气囊系统结构原理与维修诊断

（本节适用于检测维修工程师）

1. 安全气囊系统分类：按气囊数量分为单安全气囊系统、双安全气囊系统和多安全气囊系统；按保护类型分为驾驶员用安全气囊、前排乘客用安全气囊、防侧碰撞安全气囊、后排乘客用安全气囊。

2. 安全气囊系统主要由气囊控制模块、碰撞传感器、螺旋电缆、气囊组件、气囊警告灯组成。

3. 气囊控制模块是安全气囊系统的核心部件，模块主要用于监测汽车纵向减速度或惯性力是否达到设计阈值，以此控制气囊组件中的点火器引爆点火剂。

4. 碰撞传感器使用电子减速度传感器，相当于一个控制开关，其工作状态取决于车辆碰撞时减速度的大小。碰撞传感器按识别碰撞信号的位置不同，可分为前部碰撞传感器、后部碰撞传感器和侧面碰撞传感器。

5. 中央气囊传感器总成安装在仪表板下的中央地板上，由减速度传感器、安全传感器、点火控制电路和诊断电路等组成。中央安全传感器也称安全开关，一般安装在安全气囊ECU内。它是串联在气囊点火器的电源电路中，用以防止气囊误膨胀。

6. 螺旋电缆的作用是连接驾驶侧气囊导线连接器和转向柱上的导线连接器，其内部结构与钢卷尺相似。

7. 气囊组件主要由驾驶侧气囊组件、乘员侧气囊组件、侧气囊组件等组成，每个气囊组件内都有一个气体发生器，它们的外形结构虽然有较大的区别，但工作原理相同。气体发生器的作用是在有效的时间内产生气体，使气囊张开。它是利用热效反应产生氮气而充入气囊。在点火器引爆点火剂瞬间，点火剂会产生大量热量，叠氮化钠药片受热立即分解，产生氮气并从充气孔充入气囊。

8. 在装备安全带拉紧器的车辆发生碰撞时，气囊控制模块在引爆气囊的同时，也引爆安全带拉紧机构，能够更有效地保护驾乘人员的安全。

9. 气囊警告灯通常用"SRS"或"AIR BAG"等字样表示，位于仪表板内，作用是指示气囊系统的功能是否正常。当辅助安全系统正常时，点火开关ON后，"SRS"指示灯闪烁6s后自动熄灭。

10. 短路片和双锁装置是气囊系统的安全保护装置。

11. 当分离气囊控制模块导线连接器时，短路片把气囊警告灯负极线路搭铁，使警告灯亮起。在分离各点火电路导线连接器时，短路片把点火电路"高"和"低"端子短路，使点火电路失效，预防安全气囊意外展开。

12. 在安全气囊系统中，使用双锁装置，可以保证导线连接器在任何恶劣条件下保持良好连接状态,防止连接器接触不良和异常分离。

13. 在对安全气囊系统维修时应注意以下事项:

(1) 在检查排除系统故障时,必须在拆下蓄电池负极电缆前读取故障码。

(2) 检查工作务必在点火开关转到 OFF 挡,并将蓄电池负极电缆拆下至少 90s 后才能开始。

(3) 安全气囊系统零部件的工作可靠性要求极高,所有零部件均是一次性使用。

(4) 在拆卸安全气囊系统的任何零部件之前,必须先将气囊组件的导线连接器断开。

(5) 在检修汽车其他零部件时,如有可能对安全气囊系统的传感器产生冲击,则应在检修工作开始之前先将气囊组件拆下,以防气囊被误引爆。

(6) 检测 SRS 系统线路或零部件时,必须使用高阻抗的数字万用表。不可以使用普通万用表检测 SRS 系统线路或零部件。

(7) 不可直接检测点火器的电阻,否则有可能导致气囊被引爆。

(8) 前乘员侧气囊组件上面切勿放置任何物品。

(9) 气囊组件内部没有任何可维修的零部件,因此严禁分解气囊组件,也不要拆卸气囊传感器

(10) 拆卸或搬运气囊组件时,气囊装饰盖的面应当朝上。不得将气囊组件重叠堆放或在气囊组件上放置任何物品,以防万一气囊被误引爆造成事故。

(11) 气囊组件应当存放在稳定平整的平面上,并远离高温热源和磁场较强的地方。当用电焊修理汽车车身时,应在进行电焊作业之前将气囊组件的导线侧连接器断开。

(12) 在拆卸、检查和更换气囊组件时,切勿将身体下面朝向安全气囊。

(13) 气囊控制模块应当存放在阴凉、干燥的地方。

(14) 当出现故障码(碰撞记录故障)时,检测仪器不能清除,说明该车以前曾经发生过碰撞,一旦确认故障码无误后,必须更换安全气囊控制模块。

14. 将点火开关置于 ON 位置,SRS 警告灯亮起约 6s 进行自检,6s 后 SRS 警告灯熄灭。如果警告灯一直亮,则说明在气囊控制模块中储存有故障码。如果警告灯一直不亮,则说明气囊警告灯或其线路有故障。

15. 安全气囊系统同样具有自诊断功能,可以通过发动机检测仪读取系统相关故障码、读取数据流等诊断功能,方便对系统故障进行检查和判断。

第三节　防盗系统结构原理与维修诊断

(本节适用于检测维修工程师)

1. 汽车防盗系统一般由防盗控制单元、识读线圈、脉冲转发器和防盗警告灯等组成。

2. 防盗控制单元有一个 14 位的识别代码和 4 位数的密码,4 位数的密码对应一个防盗

控制单元,并且密码不变。而现在新的防盗控制系统则采用更多位数的密码,而且密码随时间滚动。

3. 读识线圈安装在机械点火开关的外面,当点火开关接通时,线圈通电,它把能量传送给钥匙中的脉冲转发器,并把脉冲转发器中存储的代码输送给防盗控制单元,再由防盗控制单元对发动机电控单元进行控制。

4. 脉冲转发器安装在钥匙内部,它是一种不需要电池驱动的感应和发射元件。当点火开关接通时,读识线圈把能量用感应的方式传送给脉冲转发器。这时脉冲转发器接受感应能量后立即发射出程控代码,通过读识线圈把程序代码输送给防盗控制单元。每一把钥匙的脉冲转发器有不同的程控代码。

5. 防盗警告灯用来指示防盗器的工作状态,当使用合法钥匙接通点火开关时,警告灯亮几秒后就会熄灭。如果使用非法钥匙或系统存在故障时,打开点火开关后,防盗警告灯就会闪烁,发动机工作2s后就会自动熄火。

6. 汽车出厂匹配后,防盗系统ECU便存储了该车发动机ECU的识别密码以及3把钥匙中转发器的识别密码,同时每个转发器也存储了相应的防盗ECU的有关信息。

7. 将钥匙插入点火锁芯并接通点火开关时,防盗ECU首先通过锁芯上的识读线圈将一随机数据传输给钥匙中的转发器,经特定运算后,转发器将结果反馈回控制器,控制器将其与ECU中存储的识别密码相比较,若密码吻合,系统即认定该钥匙为合法钥匙。防盗ECU还要对发动机ECU进行识别。只有钥匙(转发器)、发动机ECU的密码都吻合时,防盗ECU才容许发动机ECU工作。

8. 防盗系统同样具有自诊断功能,可以通过发动机检测仪读取系统相关故障码、读取数据流等诊断功能,方便对系统故障进行检查和判断。

9. 如果出现更换发动机电控单元、防盗控制单元、汽车钥匙等,则需要进行匹配。在匹配时,应将原来的值清除。

10. 更换防盗控制单元和汽车钥匙,都需要对汽车钥匙进行匹配,匹配汽车钥匙这一功能是清除以前所有合法钥匙的代码,此时必须将所有的汽车钥匙,包括新配的钥匙与防盗控制单元匹配。匹配钥匙的数量最多不能超过8把。

11. 在进行防盗系统匹配时应注意以下事项:

(1)匹配全部汽车钥匙的操作不能超过30s,否则,匹配失败。而且每次匹配汽车钥匙的过程顺利完成后,防盗警告灯将会熄灭。

(2)如果只是插入汽车钥匙而没有接通点火开关,那么这把汽车钥匙匹配无效。

(3)如果系统在读汽车钥匙的过程中发现错误,如将已匹配过的钥匙再次进行匹配等,防盗警告灯将会以2次/s的频率闪烁,且过程自动中断。

(4)当汽车钥匙匹配完毕后,应查询一下是否有故障码存在,如果没有故障码存在,说明汽车钥匙的匹配工作已经完成。

(5)如果匹配的汽车钥匙中脉冲转发器是坏的,或者汽车钥匙中没有脉冲转发器,故障检测仪将显示功能不清楚或此功能不能执行。

(6)若增加汽车钥匙,必须重新对所有钥匙进行匹配。如果车钥匙丢失,要将剩下的钥匙重新匹配一次,这样丢失的钥匙就不能再起动车辆了。

(7) 对防盗系统进行匹配,一般要使用专用仪器,在一定的时间内按正常步骤输入正确密码。对于多数车辆,如果连续 3 次输入错误密码,防盗系统将会锁死一定的时间,在锁死的时间内,即使有正确的密码,也无法进行正常的匹配。

第四节　中控门锁系统结构原理与维修诊断

（本节适用于检测维修工程师）

1. 中控门锁具有单独控制功能、后车门儿童安全锁止功能、中央控制锁止功能、钥匙占用预防功能、速度控制功能、防盗功能。
2. 中央门锁控制系统一般由门锁开关、门锁执行机构、门锁控制器及控制电路等组成。
3. 门锁控制开关一般安装在驾驶员侧前门的扶手上。通过门锁控制开关可以同时锁上或打开所有的车门,将门锁控制开关推向前是锁门,推向后是开门。
4. 钥匙控制开关安装在左前门和右前门的外侧门锁上,当从外面用钥匙开门和锁门时,钥匙控制开关便发出开门或锁门的信号给门锁 ECU。
5. 门锁位置开关位于门锁总成内,用来检测车门的锁紧状态,它由一个触点片和一个开关底座组成。
6. 车门门锁驱动装置是指车门锁止(或开启)的动力装置,常见的有电动式和电磁式两种。电动式车门门锁驱动装置由双向永磁电动机及齿轮和齿条等组成,电动机旋转带动齿条伸出或缩回完成车门锁止(或开启)。电磁式车门门锁驱动装置,其工作原理是分别对锁止车门线圈和开启车门线圈进行通电,即可锁止或开启车门。
7. 门锁控制器是为门锁执行机构提供上锁、开锁脉冲电流的控制装置。门锁控制器常用形式有继电器式、集成电路(IC)—继电器式和电脑(ECU)控制式。
8. 遥控发射器是在一定距离内完成对汽车车门开闭装置的执行器进行遥控的装置,可为驾驶员提供一个打开车门的方便手段。
9. 当遥控器出现故障时,所有的门锁都不能控制,多数是由于遥控器电池原因。如果不是电池电量不足,大多数遥控器出现故障是不能修复的,只能更换。如果遥控器因程序错误,可用专用故障检测仪进行重新匹配,少数车辆的遥控器,不需要专用仪器,可以人工匹配。
10. 用车匙打开左侧驾驶员门锁时,其余车门部分能自动打开,部分不能打开。可能的原因是线路断路、门锁控制器损坏、闭锁执行器损坏。可按照先查电路通断的方式进行排查。有必要时把损坏的元器件更换新件。
11. 用车钥匙打开左侧驾驶员门锁时,其余车门全部不能自动打开。可能的原因在排除蓄电池无电的情况下,检查熔断丝和门锁控制器中的继电器线路,有必要时更换新件。
12. 中控门锁系统同样具有自诊断功能,可以通过发动机检测仪读取系统相关故障码、读取数据流等诊断功能,方便对系统故障进行检查和判断。

第五节　车载网络系统结构原理与维修诊断

（本节适用于检测维修工程师）

1. 车载网络系统主要由模块、数据总线、网络、架构、通信协议、网关等组成。

2. 模块是指汽车上各个电子控制系统的控制单元（简称电脑），是探测信号和（或）进行信号处理的电子装置。

3. 数据总线的速度通常用比特率来表示，比特率是每秒千字节（kbit/s）。高速数据总线及网络容易产生电噪声（电磁干扰），这种电噪声会导致数据传输出错。

4. 车辆中的控制模块通过数据总线相互连接，总线又连接到局部域网上，构成整个车载网络。

5. 架构是信息高速公路的配置，其输入和输出端规定了什么信息能进和什么信息能出。架构通常包括1～2条线路。

6. 通信协议本身取决于车辆要传输多少数据，要用多少模块，数据总线的传输速度要多快。大多数通信协议（以及使用它们的数据总线和网络）都是专用的。因此，维修诊断时需要专门的软件。

7. 网关是连接异型网络的接口装置，它综合了桥接器和路由器的功能。网关主要"处理"从第一个网络读取所接收的信息、翻译信息、向第二个网络发送信息等内容。

8. 车载网络根据网络结构不同分为星形网、总线网和环型网。

9. 星形网是以一台中央处理器为中心，中央处理器与每台入网电控单元有1个物理连接。其特点是结构简单，通信数据量较少，可以根据需要由中央处理器安排网络访问优先权。

10. 总线型网络是由1条总线连接入网的电控单元，其特点是通信速率较高，分时访问优先权较前。

11. 环形网络中入网电控单元通过网络部件连到1个环形物理链路中，其优点是信息在网络中传输实时性好，传输数据量大及抗干扰能力强。

12. 应用在车辆上的总线系统根据其功能可分为主总线系统和子总线系统。主总线系统负责跨系统的数据交换，子总线系统负责系统内的数据交换。主总线系统主要包括CAN数据总线、光学总线（MOST）、FlexRay总线、以太网总线，子总线系统主要有BSD总线、LIN总线。

13. CAN是控制器局域网（Controller Area Network）的简称。CAN数据总线是用来传输数据的双绞数据线，分为CAN-High（高位）数据线和CAN-Low（低位）数据线。CAN数据总线采用了2条数据线绕在一起的方式，如果一条线上的电压是0V，另一条线上的电压是5V。在信号传输时，信号得到了保护而免受外界电磁场的干扰，同时对外的辐射也保持了中性，即辐射等于零。

14. CAN 数据总线是由 CAN 控制器、CAN 收发器及数据传输终端等组成。

15. CAN 控制器安装在每个电控单元内部,作用是接收本电控单元内微处理器发出的指令数据,并将数据处理后传送给 CAN 收发器。

16. CAN 收发器在网络系统中也称节点。由 1 个 CAN 发送器和 CAN 接收器组成,其作用是将 CAN 控制器提供的数据转换成 CAN 网络信号发送出去,同时,它也接收总线数据,并将数据传送到 CAN 控制器。

17. 数据传输终端实际上是个电阻器,也称终端电阻,其作用是避免数据在高速传输终了时产生反射波使数据遭到破坏,导致传输失败。有的车辆将终端电阻设置在电控单元内,有的车辆在外部单独设置了终端电阻,整个系统中有两个数据传输终端。

18. CAN 总线是一种串行数据通信协议,它是一种多主总线,通信介质可以是双绞线、同轴电缆或光导纤维。CAN 总线传输的数据可分为开始域、状态域、检查域、数据域、安全域、确认域和结束域等 7 部分。

19. 光学网络可分为无源光学网络和有源光学网络两类。

20. 无源光学网络是由光纤和光电耦合器构成的。汽车使用的主要是无源光学网络,它不能放大或产生能量;有源光学网络除了光纤和光电耦合器以外,还增加了光中继器和光放大器以增强光信号,这在有些光路损耗较大的场合应用是必要的。

21. 光学网络中光纤传输信息的方法有时分复用(OTDM)、波分复用(WDM)和频分复用(FDM)三种。传输信息用的光纤有塑料和玻璃纤维两种,塑料光纤较为便宜和便于应用,在汽车中应用较为广泛。

22. 汽车无源光学星形网络主要由无源光学星形、光发送器(发光二极管 LED)、在节点上的光接收器、光纤四部分组成。光发送器和光接收器合在一起称为光电耦合器。

23. 光电耦合器的种类很多,按结构不同分为光敏电阻型、达林顿型、光电二极管型及光电三极管型等;按输出特性不同分为开关输出型、线性输出型、高速输出型及组合封装型等。

24. 光电耦合器是以光为媒介传输电信号的电子元件,它既可以实现元件的输入端和输出端之间的电信号传输,又能将输入端与输出端相隔离。其主要用途是在信号传输中起到隔离作用,在光学网络中起到信号转换作用。

25. 光纤是将电控单元发射机内生成的光波导向其他的电控单元的接收机。光纤使用专门的光学插头与电控单元连接。插头上的一个信号方向箭头表明至接收机的输入端。为了最大限度地减小传送损失,光纤的端面必须光滑、垂直和清洁,光纤的弯曲半径不能小于 25mm,否则会增加光源损耗和星形接入损耗。

26. 光纤状态的评定是测量其衰减度。传送过程中发生的光波的功率下降被称为衰减。衰减率用分贝(dB)表示。光纤内光脉冲的发生距离越大,衰减率越高,信号传送就越差。

27. 汽车网络中常见的 MOST 是多媒体定向系统传输,即媒体信息传送的网络标准。MOST 采用塑料光缆(POF)的网络协议,传输速度为 22.5Mbit/s。MOST 网络光纤可以连接视听设备、通信设备以及信息服务设备。MOST 网络支持"即插即用"方式,在网络上可以随时添加和去除设备。

28. MOST 数据总线的一个基本特征是它不像 CAN 数据总线那样只传输控制数据和传

感器数据,它还能传输数字音频信号和视频信号图形以及其他数据服务。MOST总线系统为环形结构,即各电控单元之间通过一个环形数据总线连接。若某一个MOST数据总线位置上数据传送的中断就被称为环形结构中断。如果环形结构中断,就不能在MOST数据总线中进行数据传送。

29. FlexRay是一种新型通信系统,该系统为车内分布式系统的实时数据传输提供了有效协议,FlexRay的最大数据传输率为每通道10Mbit/s。

30. 以太网是一项使用电缆连接的网络技术,可供任何制造商使用。现在的大部分计算机网络都以这种数据传输技术为基础。以太网数据传输率为100Mbit/s。使用TCP/IP(传输控制协议/网际协议)和UDP(用户数据报协议)协议作为传输协议。

31. 局部连接网络LIN(Local Interconnect Network)是一个汽车底层网络协议,是汽车网络层次结构中低端网络的通用协议。汽车上的传感器和执行器的联网一般是LIN局部连接网络。LIN网络中信息以帧为单位传输,每个帧由1~8个字节组成。

32. LIN数据总线系统的网络由一个主节点(也称局部连接网络指令器电控单元)和多个从节点(也称局部连接网络执行器电控单元)构成。LIN数据总线标准要求为:节点数一般不超过16个,在单一网络线路内,传输距离不应超过40m。

33. 一般说来,数据总线的故障可分为电源系统故障、节点故障、链路故障、发送错误指令和系统传输瘫痪等五种类型。

34. ECU正常的工作电压为10.5~15.0V。如果汽车电源系统提供的工作电压低于该值,就会造成一些对工作电压要求高的ECU出现短暂的停止工作,从而使整个汽车CAN数据总线出现短暂的无法通信。

35. 节点就是CAN数据总线中的电控单元,因此节点故障就是ECU的故障,如果节点故障,只能采用替换法进行检测。节点故障包括软件故障和硬件故障。

36. 软件故障即传输协议或软件程序有缺陷或冲突,从而使车载网络系统通信出现混乱或无法工作,这种故障一般成批出现,且无法维修。

37. 硬件故障一般由于通信芯片或集成电路故障造成车载网络系统无法正常工作。

38. 判断是否为链路故障时,一般采用示波器或汽车专用光纤诊断仪来观察通信数据信号是否与标准通信数据信号相符。

39. 发送错误指令故障是指在网络覆盖的电控单元内,某些电控单元由于受到外界的干扰,错误地向执行器发出指令,使得一些执行器不能按照预先设计的控制机理正确动作。

40. 系统传输瘫痪故障是指车辆上装备的某套数据总线系统内的电控单元不能通过总线互相通信,造成车辆功能异常,甚至故障检测仪也不能对该系统进行通信诊断。一般引起该故障的原因多是电控单元内部短路。

41. CAN数据总线系统具有故障自诊断功能,通过故障检测仪可以检测故障码,并根据故障提示进行故障排除。SAE(美国汽车工程师学会)在OBD-Ⅱ中规定,车载网络系统的故障码以字母U开头;底盘电控系统的故障码以字母C开头;车身电脑控制系统的故障码以字母B开头;动力控制系统的故障码以字母P开头。

42. 在同一网络中,任意节点之间同位数据总线是导通的,因此可以用万用表电阻挡测量网络中任意两节点同位数据总线是否存在断路故障。测量任意两节点同位数据总线的应导通。有些数据总线之间有一个规定的终端电阻,能通过测量总线之间的电阻进行判断。测量总线分别与搭铁或蓄电池正极之间应不导通。

43.每种数据总线都有其特定的数据传输波形,可通过示波器对其数据传输波形时行测量,从而判断总线系统是否存在故障。CAN-L波形是0~5V规则的方波,CAN-H波形是1~4V规则的方波。LIN数据总线波形是0~12V规则的方波。

考试模拟题

一、是非判断题

1. 空调热交换器中,蒸发器是用来散热的,冷凝器是用来吸热的。（×）
2. 空调压缩机润滑油的牌号越大,黏度越大,凝固点越高。（×）
3. 空调控制系统主要是通过控制压缩机电磁离合器的接合与分离实现温度控制与系统保护,通过对鼓风机的转速控制调节制冷负荷。（√）
4. 热水取暖系统的热源通常采用发动机的冷却液,使冷却液流过一个加热器芯,再使用鼓风机将冷空气吹过加热器芯加热空气。（√）
5. 气囊线路中的短路片能使点火电路失效,预防安全气囊意外展开。（√）
6. 中央安全传感器也称安全开关,一般安装在安全气囊ECU内,它是并联在气囊点火器的电源电路中,用以防止气囊误膨胀。（×）
7. 脉冲转发器安装在钥匙内部,它是一种不需要电池驱动的感应和发射元件。（√）
8. 中央门锁控制系统一般由门锁开关、门锁执行机构、门锁控制器及控制电路等组成。（√）
9. CAN-L波形是1~5V规则的方波,CAN-H波形是0~4V规则的方波。（√）

二、单项选择题

1. 下列说法不正确的是(B)。
   A.压缩机的作用是维持制冷剂在制冷系统内的循环
   B.冷凝器是热交换装置,通常设置在散热器后面
   C.蒸发器是热交换装置,一般采用铝材料制造
   D.膨胀阀是汽车空调系统制冷剂的节流装置,对空调的制冷效果有着直接和关键性的作用

2. 关于空调系统检修注意事项,下列说法不正确的是(A)。
   A.在更换部件时不用加注制冷剂润滑油
   B.如果液体制冷剂溅入眼睛或溅到皮肤上,用大量冷水清洗这些部位,不要擦眼睛或皮肤

C. 在维修制冷管路时务必戴上护目镜

D. 不要在密闭的环境内或接近明火的区域处理制冷剂

3. 关于安全气囊系统下列说法不正确的是(A)。

A. 中央安全传感器也称安全开关,它是并联在气囊点火器的电源电路中,用以防止气囊误膨胀

B. 在清洁膨胀后的气囊时,应保持良好的通风并采取防护措施

C. 使用双锁装置,可以保证导线连接器在任何恶劣条件下保持良好连接状态,防止连接器接触不良和异常分离

D. 当分离气囊控制模块导线连接器时,短路片把气囊警告灯负极线路搭铁,使警告灯亮起

4. 下列哪种情况下不需要进行防盗匹配(D)。

A. 更换发动机电控单元　　　　　B. 更换防盗控制单元
C. 更换汽车钥匙　　　　　　　　D. 更换车门锁

5. 关于总线系统下列说法不正确的是(C)。

A. 车载网络系统主要由模块、数据总线、网络、架构、通信协议、网关等组成

B. 网关是连接异型网络的接口装置

C. 数据总线的速度通常用比特来表示

D. 通信协议本身取决于车辆要传输多少数据,要用多少模块,数据总线的传输速度要多快

三、多项选择题

1. 汽车空调的功能包括(ABCD)。

A. 调节车内温度　　B. 调节车内湿度　　C. 空气流速　　D. 车内空气清洁度

2. 关于全气囊系统维修时应注意事项说法正确的是(ABC)。

A. 不可直接检测点火器的电阻,否则就有可能导致气囊被引爆

B. 检查工作务必在点火开关转到OFF挡,并将蓄电池负极电缆拆下至少90s后才能开始

C. 在拆卸安全气囊系统的任何零部件之前,必须先将气囊组件的导线连接器断开

D. 拆卸或搬运气囊组件时,气囊装饰盖的面应当朝下

3. 对大众车系防盗系统进行匹配时应注意的事项有(ABCD)。

A. 匹配全部汽车钥匙的操作不能超过30s,否则,匹配失败

B. 如果系统在读汽车钥匙的过程中发现错误,防盗警告灯将会闪烁,且过程自动中断

C. 若增加汽车钥匙,必须重新对所有钥匙进行匹配

D. 当汽车钥匙匹配完毕后,应查询一下是否有故障码存在

4. 中控门锁一般具有(ABCD)。

A. 中央控制锁止功能　　　　　　B. 钥匙占用预防功能
C. 防盗功能　　　　　　　　　　D. 速度控制锁止功能

5. 车载网络根据网络结构不同分为(ABC)。

A. 星形网　　　　B. 总线型网　　　　C. 环形网　　　　D. 矩形网

第八章

汽车维修常用检测仪器的使用

(本章适用于检测维修士)

第一节 电气检测仪器的使用

1. 数字式万用表是目前常用的一种数字化仪表。它具有数字显示,读取直观、准确,避免指针式万用表的读数误差;分辨率高;测量速度快;输入阻抗和集成度高;测试功能、保护电路齐全;功率损耗小;抗干扰能力强等优点。

2. 使用万用表时,首先将 ON/OFF 开关置于 ON 位置。检查 9V 电池,如果电压不足,需更换电池。

3. 用万用表测量直流电压时,将量程转换开关置于 DCV 范围,并选择量程。测量时,将黑表笔插入 COM 插孔,红表笔插入 V/Ω 插孔,测量时若显示器上显示"1",表示过量程,应重新选择量程。

4. 使用万用表测量交流电压时,将量程转换开关置于 ACV 范围,并选择量程。测量时,将黑表笔插入 COM 插孔,红表笔插入 V/Ω 插孔。测量时不允许超过额定值,以免损坏内部电路。显示值为交流电压的有效值。

5. 使用万用表测量直流电流时,将量程转换开关转到 DCA 位置,并选择量程。测量时,将黑表笔插入 COM 插孔,当测量最大值为 200mA 时,红表笔插入 mA 插孔;当测量最大值为 20A 时,红表笔插入 A 插孔。测量电流时,应将万用表串入被测电路。

6. 使用万用表测量交流电流时,将量程转换开关转到 ACA 位置,选择量程。测量时,将测试表笔串入被测电路,黑表笔插入 COM 插孔,当测量最大值为 200mA 时,红表笔插入 mA 插孔;当测量最大值为 20A 时,红表笔插入 A 插孔,显示值为交流电流的有效值。

7. 使用万用表测量电阻时,将量程转换开关置于 Ω 量程,将黑表笔插入 COM 插孔,红表笔插入 V/Ω 插孔。在电路中测量电阻时,应切断电源。

8. 使用万用表测量电容时,将量程转换开关置于 CAP 处,将被测电容插入电容插座中。不能利用表笔测量。测量容量较大的电容时,稳定读数需要一定的时间。

9. 使用万用表测试二极管时,将量程转换开关转换到二极管的测试端,显示器显示二极管的正向压降近似值。

10. 使用万用表测量晶体管时,将量程转换开关置于 Hfe 量程,确定 NPN 或 PNP,将 E、

B、C 分别插入相应插孔。

11. 使用万用表测量频率时,将量程转换开关置于 kHz 量程,黑表笔插入 COM 插孔,红表笔插入 V/Ω/f 插孔,将测试笔连接到频率源上,直接在显示器上读取频率值。

12. 使用万用表测试温度时,将热电偶传感器的冷端插入温度测试座中,热电偶的工作端置于待测物上面或内部,可直接从显示器上读取温度值。

13. 数字式万用表使用时应注意以下事项:

(1)测量电流时应将表笔串联在被测电路中,测量电压时应将表笔并联在被测电路中。

(2)不能测量高于 1000V 的直流电压和高于 700V 的交流电压。

(3)测量高电压时要注意,避免触电。

(4)测量电流时,若显示器显示"1",表示过量程,量程转换开关应及时置于更高量程。

(5)更换电池或保险管时,应检查确信测试表笔已从电路中断开,以避免电击。

14. 示波器主要用来显示控制系统中输入、输出信号的电压波形,以供维修人员根据波形分析判断电控系统故障。示波器比一般电子设备的显示速度快,是唯一能显示瞬时波形的检测仪器,是电控系统故障诊断中的重要设备。

15. 示波器的结构主要由主机、连接电缆及测试卡组成。示波器主要有如下功能:

(1)测试各种传感器、执行元件、电路和点火系统等电压波形。

(2)数字式示波器具有汽车万用表功能,可测试电压、电阻、闭合角、喷油脉冲、喷油时间、点火电压等。有的示波器内部还储存有汽车数据库和标准波形,使判断故障更为方便。

(3)数字式示波器可对测试内容进行记录、回放。

(4)能提供在线帮助,包括提供系统工作原理、测试连接方法、接线颜色等。

16. 示波器的设置项目主要包括电压比例、时基、触发电平和耦合方式。

17. 电压比例是指屏幕上显示的单格电压幅值,电压比例不同,显示波形的高低不同。时基是指单格时间的长短,时基不同,波形的疏密程度不同。

18. 示波器的耦合方式分为 AC 交流、DC 直流或 GND 搭铁三种。直流(DC)耦合方式不对波形进行过滤处理,显示原波形。交流(AC)耦合方式能过滤信号中的直流部分,只显示交流分量,常用于两线磁电式传感器信号的波形观察,以及信号中的噪声和发电机电压(二极管)或其他较少的例子中的观察。搭铁 GND 耦合方式用于判定搭铁位置或 0V 电压水平或显示示波器 0V 电压参考点。

19. 示波器使用时应注意以下事项:

(1)测试点火高压线时,必须使用专用的电容探头,不能将示波器探头直接接入点火次级电路。

(2)使用汽车示波器时,注意远离热源,例如排气管、催化器等,温度过高会损坏仪器。

(3)汽车示波器在测试时要注意测试线尽量离开风扇叶片、传动带等转动部件。

(4)路试中,不要将汽车示波器放在仪表台上方,最好是拿在手中测试。

20. 当无法捕捉到波形时,首先检查确认触发模式是在"自动"(AUTO)模式下,如果在"自动"模式下汽车示波器有不触发。确认汽车示波器的屏幕显示并未处在"冻结"(HOLD)状态,若屏幕已被冻结,就按一下解除键。确认信号是否真的存在,可以用万用表先检查电压,如果确信信号是存在的,用汽车示波器和万用表不能够捕捉到,就检查测试线和接柱的连接情况。确认耦合方式不在"搭铁"(GND)模式,若在"搭铁"模式,任何信号都无法进入。确认触发源是定义在所选的通道上。

第二节 发动机检测仪器的使用

1. 解码器不仅具有读码、清码功能,而且还具有解码功能,使用起来非常方便,是汽车电控系统检测中不可缺少的检测设备之一。

2. 使用解码器可以方便地直接读取、清除诊断代码,能与电子控制器(ECU)中的微机直接进行交流,显示数据流。显示电子控制器(ECU)的工作状况和多种数据输入、输出的瞬时值,使电控系统的工作状况一目了然,为诊断故障提供依据。特别是当不产生诊断代码而又怀疑车辆有故障时,可以通过观察数据流中的参数来判断回路中是否确实有故障。

3. 解码器能在静态或动态下,向电控系统各执行器发出检修作业需要的动作指令,以便检查执行器的工作状况。

4. 解码器能够在行车时或路试中监测并记录数据流和诊断代码,以便回到汽车修理厂后能够调出,进行分析和判断。解码器还具有示波器功能、万用表功能和打印功能。有的解码器还能显示系统控制电路图和维修指导,以供诊断时参考。可以和PC机相连,进行资料的更新与升级。

5. 带有数据流功能的解码器,可分为原厂专用型和通用型两大类型。原厂专用型解码器,一般是汽车制造厂为检测诊断本厂生产的汽车而专门设计制造的解码器,只适用检测诊断本厂生产的汽车,一般配备在汽车特约维修站,以提供良好的售后服务。

6. 通用型解码器,一般是检测设备制造厂为适应检测诊断多车型而设计制造的。它往往存储有几十种甚至几百种不同厂牌、不同车型汽车电控系统的检测程序、标准数据和诊断代码等资料,并配备有各种车型的检测接头,可以检测诊断多种车型,因而适用综合性维修企业使用。

7. 不管是专用型解码器还是通用型解码器,大多都能对全车各部电控系统进行检测诊断和数据流分析。解码器与ECU相互交流信息的速度,决定于ECU中内置微机的性能,即决定于数据传输的波特率。波特率是每秒通过的数字式数据的字节或高、低电压信号的度量单位。波特率越高,则信息传输速度越快。它不仅表明了解码器与ECU相互交流信息的速度,而且决定了解码器对ECU反应的快慢和显示屏数据读数变化的速率。

8. 解码器使用时需要注意以下事项:

(1) 测试前应正确选择测试接头。这是因为各车型的诊断插座提供电源的形式不一,有的可能要接外接电源,有的可能不接外接电源。因此,要避免因选择接头不当而烧坏仪器。

(2)测试前应先将测试卡插入仪器主机的测试卡接口,然后再接通电源。

(3)仪器的额定电压为12V,汽车蓄电池电压应为11~14V。

(4)关闭汽车所有附属电气设备(如空调、前照灯、音响等)。

(5)发动机节气门应处于关闭状态,即怠速结合点闭合。

(6)点火正时和怠速应在规定范围,发动机冷却液温度和变速器油温应达到正常工作温度(冷却液温度为90~110℃,油温为50~80℃)。

(7)接通电源仪器屏幕闪烁后,若程序未运行或出现乱屏现象,可将仪器主机上的9PIN插头拔下再重插一次,即可继续操作。

(8)测试接头和诊断插座应良好接触,以保证信号传输不会中断。

(9)测试结束后,应先切断电源,再从主机上取出测试卡。

9. 利用尾气分析仪对发动机在不同工况下尾气中不同成分气体(主要是CO、CO_2、HC、O_2、NO_x)含量进行检测和分析,尾气分析仪作为一种辅助诊断设备,进行故障诊断。对尾气中的CO、CO_2、HC气体通常采用光电原理进行检测,对尾气中的O_2和NO_x通常采用电化学传感器进行检测。

10. 尾气分析仪主要由主机、采样管、采样探头、过滤器和电源组成。标有"采样口"字样的端口接采样气管(较长的采样管),而较短的采样管接取样探头,二者之间接一级过滤器。"标准口"用来通入标准气体。"排气口"不接任何东西。

11. 尾气分析仪连接时,首先将取样管一端与取样探头的末端连接,另一端与附件中的前置过滤器的入口相连。然后将短导管一端与前置过滤器的出口相连,另一端与仪器的样气入口相连。检查各连接处,确认连接牢靠,无泄漏。将1m长软管接于氧气出口处。确认前置过滤器、油水分离器及二次过滤器里已分别装入洁净的滤芯和滤纸。将电源线、油温测量探头和转速表分别连接到仪器的电源插座、油温信号插座和转速信号插座上。

12. 使用尾气分析仪时应注意以下事项:

(1)尾气测量前,必须使探头远离排气口,并送入洁净空气,以保证仪器的测量精度。

(2)仪器的标定,每周至少进行一次,如有需要可每天进行一次。

(3)探头插入汽车排气管出口深度不少于40cm。

(4)测定结束后,应立即将探头拔出。使仪器继续运转,自动清零复位。

(5)尾气分析仪也可以测量散热器中的HC值,从而判断汽缸垫是否损坏。

13. 碳氢化合物(HC)和氧(O_2)的读数高是由于点火系统不良和过稀的混合气失火而引起。

14. 当测试的一氧化碳(CO)、碳氢化合物(HC)高,二氧化碳(CO_2)、氧(O_2)低时,表明发动机工作混合气很浓。

15. 如果燃烧室中没有足够的空气(氧气)保证正常燃烧,通常情况下,二氧化碳(CO_2)的读数和一氧化碳(CO)、氧(O_2)的读数相反。燃烧越完全,二氧化碳(CO_2)的读数就越高,其最大值在13%~16%,此时一氧化碳(CO)的读数应该是0%或接近0%。

16. 氧(O_2)的读数是最有用的诊断数据之一。如果氧(O_2)的数据低于1%,说明混合气过浓;如果氧(O_2)的数据高于2%,说明混合气稀。

17. 调校好的电控发动机排放尾气中,一氧化碳(CO)低于0.5%、二氧化碳(CO_2)为13%~16%、氧气(O_2)为1%~2%、碳氢化合物(HC)约为$55×10^{-6}$%、氮氧化合物(NO_x)低于$1000×10^{-6}$,汽车正常运行,发动机尾气排放中一氧化碳(CO)、二氧化碳(CO_2)、氧气(O_2)、碳氢化合物(HC)的含量之和应为15%~16%。

第三节 底盘检测仪器的使用

1. 每个测量传感器各带有两台CCD电荷耦合器感光元件的数码照相机,这种照相机可通过红外线进行无线测量。
2. 快速卡具由一个适于被测量车型的钟形罩和快速夹紧支架组成。通过将抓臂简单地卡入车轮轮胎的花纹的方法来固定支架。
3. 转向盘固定杆的作用主要是在进行前束和车轮外倾的调整工作时固定转向盘使用。
4. 制动踏板固定杆的作用是在对主销后倾、主销内倾和前束项目进行测量时固定制动踏板的位置。
5. 转动台座用来测量前轮的转动情况。
6. 连接电缆用于在转动台座和前面的测量传感器之间建立电子连接。在蓄电池没电时,可以通过备用电缆继续进行测量工作。
7. 扰流板转接器用于带扰流板的车辆,通过这个转接器测量光束能在扰流板的下方通过。
8. 固定杆的作用是快速可靠地将车辆固定在测量平台上。
9. 不同车辆定位调整方法也不尽相同,但其调整原理基本一样。四轮定位的调整顺序一般都是先调后桥再调前桥,对于同一车桥,一般都是先调外倾再调前束。具体操作流程如下:

(1)调整好转角盘,并将安全定位销插入定位孔中。
(2)将车辆驶到定位仪上。
(3)将定位夹具安装到车轮上。为了能达到最大的测量精确度,在安装快速卡具时要注意使翼形螺钉处于垂直位置上。调整夹紧抓臂上的可调整爪,使它能很好地卡入轮胎的花纹里。在完成紧固工作后,将夹紧杆的可插入手柄从前轮上拔出。
(4)将4个测量传感器插入卡具里。用测量传感器上的水平仪为其找平,并在找平后用卡具的翼形螺钉将其拧紧。
(5)使用短电缆将转动台座和测量传感器连接起来,并将转动台座的安全销拔出。
(6)将测量传感器连接到电源上。按下所有测量传感器的接通按键。这样,车轴测量仪就做好了测量准备。
(7)安装制动踏板固定杆。
(8)接通电源,按定位仪的提示选择车辆,输入胎压、车身高度等数据,进行调整前的数据检测。

(9)安装车身固定杆。

(10)根据定位仪的提示对定位数据进行调整,调整方法和项目因车型而异,调整后的数据直接显示在屏幕上。

(11)调整完成后,进行调整后数据检查,如果各定位数据正常,定位工作结束,复位仪器和车辆。

10. 常用的车轮动平衡仪主要由驱动装置、转轴与支承装置、显示与控制装置、制动装置及防护罩组成。

11. 持续按下车轮动平衡仪"平衡模式功能键"旋转车轮,可选择平衡模式;持续按下"轮胎类型功能键"旋转车轮,可选择轮胎类型。

12. 按住"轮轮类型按键",旋转车轮会出现车轮类型,停止旋转,松开按键,车轮类型就会被存储。1——标准车轮(公称尺寸为英尺),2——标准车轮(公称尺寸为毫米),3——没有给出符号的特殊车轮,4——轻型货车车轮的平槽式轮圈(公称尺寸为英寸),5——轻型货车的车轮斜肩轮圈(公称尺寸为英寸)。

13. 按住"平衡模式按键",旋转车轮会出现平衡模式,停止旋转,松开按键,平衡模式就会被存储。Nor——标准平衡块位置,一般都挂在轮圈法兰盘上;ALu1——平衡块粘在轮圈的台肩部;ALu2——平衡块粘在轮圈台肩部,另一块隐于轮圈内边;ALu3——平衡块挂在左侧法兰盘,把粘平衡块装在轮圈内边。ALu4——平衡块挂在左侧法兰盘,把粘平衡块装在右侧肩部;ALu5——平衡块挂在左侧法兰盘,把粘平衡块装在左侧肩部。

14. 用卡尺测量轮辋宽度 b、轮辋直径 d(也可由胎侧读出),用平衡机上的标尺测量轮辋边缘至机箱距离 a,再用键入或选择器旋钮对准测量值的方法,将 a、b、d 值输入到指示与控制装置中去。

15. 车轮动平衡仪操作具体步骤如下:

(1)清除被测车轮上的泥土、石子和旧平衡块。

(2)检查轮胎气压,并调整至规定值。

(3)根据轮辋中心孔的大小选择锥体,安装车轮,并用锁紧装置锁紧车轮。

(4)打开电源开关,检查指示与控制装置的面板是否指示正确。

(5)选择平衡模式、车轮类型、平衡模式。

(6)将 a、b、d 值输入到指示与控制装置中去。

(7)放下车轮防护罩,按下启动键,车轮旋转,平衡测试开始。

(8)车轮自动停转或听到"笛"声按下停止键并操纵制动装置使车轮停转后,从指示装置读取车轮内、外两侧不平衡量和不平衡位置。

(9)抬起车轮防护罩,用手慢慢转动车轮。当指示装置发出指示时停止转动。根据仪器的提示,在轮辋的内侧或外侧的加装指示装置显示该侧平衡块质量。内、外平衡块要分别进行安装,平衡块装卡要牢固。

(10)安装平衡块后有可能产生新的不平衡,应重新进行平衡试验,直至不平衡量<5g,指示装置显示"00"或"OK"时才结束平衡工作。

(11)测试结束,关闭电源开关。

考试模拟题

一、是非判断题

1. 测量电流时应将万用表表笔串联在被测电路中,测量电压时应将万用表表笔并联在被测电路中。（√）
2. 用数字式万用表进行直流电压测量时应将红色表笔插头插入 COM 孔,黑色表笔插头插入 VΩ 孔。（×）
3. 示波器是能够显示瞬时波形的检测仪器。（√）
4. 通过改变示波器的时基可以调整波形的疏密程度。（√）
5. 解码器具有读码、清码、解码、显示数据流等功能。（√）
6. 使用尾气分析仪时,探头插入汽车排气管出口深度不少于 10cm。（×）

二、单项选择题

1. 关于万用表下列说法不正确的是（D）。
   A. 用万用表可以测量三极管
   B. 测量电压时,应将万用表应与被测电路并联
   C. 测量电流时,应将万用表串入被测电路
   D. 在电路中测量电阻时,应将表笔与被测电路串联,并切断电源
2. 关于示波器,下列说法不正确的是（C）。
   A. 示波器比一般电子设备的显示速度快,是唯一能显示瞬时波形的检测仪器
   B. 示波器能够测试各种传感器和执行元件波形
   C. 改变示波器的电压比例,显示波形的疏密程度不同
   D. 示波器耦合方式有 AC 交流、DC 直流或 GND 搭铁
3. 关于解码器,下列说法不正确的是（C）。
   A. 可以方便地直接读取诊断代码
   B. 可以方便地直接清除诊断代码
   C. 每个解码器只能用于一种车型的诊断
   D. 路试中能够监测并记录数据流和诊断代码,以便回到汽车修理厂后能够调出,进行分析和判断

三、多项选择题

1. 关于尾气分析仪下列说法正确的有（ABD）。
   A. 尾气测量前,必须使探头远离排气口,并送入洁净空气,以保证仪器的测量精度

B. 仪器的标定,每周至少进行一次,如有需要可每天进行一次
C. 探头插入汽车排气管出口深度不少于10cm
D. 测定结束后,应立即将探头拔出。使仪器继续运转,自动清零复位

2. 关于车轮动平衡仪操作流程说法正确的有(ABD)。
   A. 选择车轮类型　　　　　　　　　B. 选择平衡模式
   C. 安装平衡块后,关闭仪器　　　　D. 输入轮辋直径

3. 关于四轮定位仪下列说法正确的是(CD)。
   A. 转向盘固定杆根据车辆情况可以不使用
   B. 制动踏板固定杆在进行车轮调整时一定要拆卸下来
   C. 四轮定位的调整顺序一般都是先调后桥再调前桥,对于同一车桥,一般都是先调外倾再调前束
   D. 固定杆用于可靠地将车辆固定在测量平台上

第九章
机动车维修工艺及技术要求

(本章适用于检测维修士)

第一节　机动车维修工艺流程

　　1. 对整车大修、主要总成大修、二级维护和维修预算费用(包括更换配件)超过2000元的维修项目,承、托修双方必须签订书面维修合同。

　　2. 汽车维修合同是经营活动中制约双方行为的具体条约,主要内容包括:承、托修双方的信息,送修车的情况,维修类别及项目,交接车辆的日期,验收标准和方式及质量保证期,预计费用和结算相关事项,违约责任及纠纷处理等。一般由各级汽车维修管理部门为企业提供合同示范文本。

　　3. 一般维修企业与托修方签订维修合同的工作由业务部门完成,但是其中有一些重要的内容,比如维修类别(项目)、需更换材料、维修过程发生需要增加项目内容、验收标准和方式、质量保证期、提供《机动车维修竣工出厂合格证》等,都需要质量检验人员参与和确定。对已签订的合同要建立登记台账并妥善保管。

　　4. 机动车维修进厂交接时需要进行检验,其目的:一是对送修车装备的齐全状况进行鉴定;二是对送修车的技术状况进行实际了解,以为竣工出厂时判断维修实际效果和交接车辆提供依据。由于汽车维修项目不同,进厂检验的内容和侧重点也有所不同,主要体现在各类维修不同的"汽车维修检验"上。

　　5. 机动车整车大修需要一定工期,所以进厂时双方首先需要对送修车装备的齐全状况进行鉴定和交接,其次结合车主报修内容进行送修车各部技术状况的检验,这是非常必要的。整车大修进厂检验主要包括车辆交接和整车技术状况检验两部分。

　　6. 总成大修在技术、工艺上与整车大修类似,进厂检验的目的和要求与整车大修基本类同,也包括车辆交接和总成技术状况检验两部分。检视、清点汽车装备主要部件的情况可用符号表示,其中:"√"表示完好,"○"表示缺少,"×"表示损坏。特殊情况可用文字说明。

　　7. "托修方报修项目及说明"中的"说明"是关于送修前车辆故障现象的描述,要求所提供信息尽量详细、准确。"技术状况检验"要求根据汽车综合性能要求并结合报修内容和故障现象,以不解体方式逐项进行,认真记录。

　　8. 机动车维修过程检验是对维修过程实施质量控制的重要内容,主要控制目标:一是检查维修工艺执行情况,即作业项目的完成有无缺项漏项现象;二是对影响维修质量的主要作业项目进行严格的作业质量检验,特别是有配合间隙、调整数据或紧固力矩等技术参数要求的作业项目。过程检验的执行情况和检验结果,以过程检验表作相应记录,为汽车竣工出厂检验提供依据。

9.汽车维修竣工应满足相应竣工出厂条件,因此,竣工检验的项目设置及检验要求,应严格按相应维修竣工出厂技术条件即各类相关技术标准为依据。

10.机动车整车大修以全面恢复车辆技术性能为目标,因此竣工检验应该是全方位的。总成大修竣工出厂以该总成修理技术条件为依据进行检验。

11.汽车小修竣工出厂检验中没有严格规定,但是作为质量控制的需要,竣工出厂是必须进行检验的,这是维修服务过程必不可少的一项内容。

12.《机动车维修竣工出厂合格证》是道路运输管理机构监督、检查汽车维修企业维修质量和售后服务质量及处理汽车维修质量纠纷的依据。机动车维修竣工出厂合格证由省级道路运输管理机构统一印制和编号,道路运输管理机构按照规定发放和管理。在交付《机动车维修竣工出厂合格证》于托修方时,应予以交代,以提醒托修方在质量保证期内出现问题及时处理。

第二节 机动车维修技术要求

1.整车大修后应满足以下技术要求:

(1)装配的零件、部件,总成和附件应符合相应的技术条件。

(2)主要结构参数应符合原设计规定。由于经修理而增加的自重,不得超过原设计自重的3%。

(3)驾驶室、客车车厢应形状正确、曲面圆顺、转角处无褶皱,蒙皮平整,无松弛、污垢及机械损伤等缺陷。

(4)喷漆颜色协调、均匀、光亮,漆层无裂纹、剥落、起泡、流痕、皱纹等现象。不需涂漆的部位,不得有漆痕。刷漆部位允许有不明显的流痕和刷纹。

(5)驾驶室、客车车厢、货厢及翼板左右对称。各对称部位离地面高度差:驾驶室、翼板、客车车厢不大于10mm,货厢不大于20mm。

(6)座椅的形状、尺寸、座间距及调节装置应符合原设计要求。

(7)门窗启闭灵活,关闭严密,锁止可靠,合缝匀称,不松旷。风窗玻璃透明,不炫目。

(8)转向机构各连接部位不松旷,锁止可靠。转向盘自由转动量(带转向助力器的除外),总重不小于4.5t的汽车不大于30°,总重小于4.5t的汽车不大于15°。

(9)离合器踏板、制动踏板的自由行程和驻车制动的有效行程应符合原设计要求。

(10)仪表、灯光、信号、标志齐全,工作正常。

(11)轮胎充气气压应符合原设计要求。

(12) 限速装置应铅封。

(13) 各部润滑应符合原设计要求。

(14) 各部运行温度正常,各处无漏油、漏水、漏电、漏气现象。但润滑油、冷却液密封接合面处允许有不致形成滴状的浸渍。

2. 整车大修后主要性能应满足以下要求:

(1) 发动机起动容易。在各种转速下运转正常、无异响。

(2) 传动机构工作正常,无异响。离合器接合平稳、分离彻底、操作轻便、工作可靠。变速器换挡轻便、准确可靠。

(3) 转向机构操纵轻便。行驶中无跑偏、摆头现象。前轮定位、最大转向角及最小转弯半径应符合原设计要求。

(4) 制动性能应符合《中华人民共和国机动车制动检验规范》(试行)的规定。

(5) 汽车空载行驶初速为 30km/h 滑行距离应不少于 220m。

(6) 带限速装置的汽车,以直接挡空载行驶,从初速 20km/h 加速到 40km/h 的时间应符合规定。

(7) 带限速装置的汽车,以直接挡空载行驶,在经济车速下,每百公里燃油消耗量应不高于原设计规定值的 85%,汽车走合期满后每百公里燃油消耗量应不高于原设计规定。

(8) 驾驶室、客车车厢不得漏水。汽车在多尘路上行驶,在所有门窗都关闭的情况下,当车外空气含尘最不低于 $200mg/m^3$ 时,驾驶室、客车车厢内的含尘量不得高于车外含尘量的 25%。

(9) 汽车噪声应符合《机动车辆允许噪声》(GB 1495—1979)的规定。

(10) 汽车排放限值应符合国家有关规定。

3. 二级维护后整车应满足以下技术要求:

(1) 汽车外部、各总成外部、三滤应清洁。

(2) 车身面漆、腻子无脱落现象,补漆颜色应与原色基本一致。

(3) 车体应周正,左右对称。

(4) 各总成外部螺栓、螺母按规定力矩拧紧,锁销齐全有效。

(5) 发动机、变速器、转向器、减速器润滑符合规定,各通气孔畅通。各部润滑点润滑脂加注符合要求。润滑脂嘴齐全有效,安装位置正确。

(6) 全车无油、水、气泄漏,密封良好,电器装置工作可靠,绝缘良好。

(7) 前照灯、信号灯、仪表、刮水器、后视镜等装置稳固、齐全有效符合有关规定。

4. 发动机大修后应满足以下技术要求:

(1) 装配的零、部件和附件均应符合经规定程序批准的制造或修理技术条件。

(2) 发动机应按规定程序批准的装配技术条件进行装配,并配备齐全。

(3) 装配后的发动机,应按规定程序批准的工艺和技术条件进行冷、热磨合,拆检和清洗。

(4) 发动机在正常工作温度下,5s 内能起动。

(5) 发动怠速运转稳定,其转速应符合原设计规定。

(6) 四冲程汽油发动机转速在 500~600r/min 时,以海平面为准,进气歧管真空度应在

57~71kPa范围内。其波动范围:6缸汽油机一般不超过3kPa,4缸汽油机一般不超过5kPa。

(7)发动机在各种转速下运转稳定,在正常工况下,不得有过热现象。改变转速时,应过渡圆滑。突然加速或减速时,不得有突爆声,消声器不得有放炮声。

(8)在规定转速下,发动机润滑油压力应符合原设计规定。

(9)汽缸压缩压力应符合原设计规定,各缸压缩压力差:汽油机应不超过各缸压力的8%,柴油机应不超过10%。

(10)发动机起动运转稳定后,只允许正时齿轮、润滑油泵齿轮、喷油泵传动齿轮及气门有轻微均匀响声,不允许活塞、连杆轴承、曲轴轴承有异响和活塞缸及其他异响声。

注:上述步骤(5)~(9),水冷式发动机应在冷却液温度为75~85℃,风冷式发动机应在油温为80~90℃时测试。

(11)发动机最大功率和最大转矩均不得低于原设计标定值的90%。

(12)发动机最低燃料消耗不得高于原设计规定。

(13)发动机不应有漏油、漏水、漏电现象,但润滑油、冷却液密封接合面处允许有不致形成滴状的浸渍。

(14)发动机排放限制应符合国家有关规定。

(15)发动机应按原设计规定加装限速片,或对限速装置作相应的调整,并加铅封。

(16)发动机外表应按规定涂漆,涂层应牢固,不得有起泡,剥落或漏涂现象。

(17)发动机应按规定加注润滑油。

(18)其他有关要求应符合原设计规定。

5.变速器维修大修后应满足:挂挡轻松;挡位清晰;无异响;行驶时不脱挡;行驶一段里程后,变速器温度不高(低于80℃);无漏油现象等技术要求。

6.底盘大修后应满足:制动力符合厂家规定;制动时不跑偏、甩尾;侧滑不大于5mm(直线行驶时不会自动跑偏);车身左右高度一致;行驶时无异响;转向灵敏、轻松,无卡滞现象;直线行驶时,转向盘应在中间位置;转向时无异响;液压助力转向系统无漏油现象;液压制动系统无漏油现象;各固定、连接螺栓和螺母紧固牢靠等维修技术标准。

7.电气系统维修后应满足以下技术要求:

(1)充电电压应为13~15V,充电电流应符合原厂标准。充电指示应指示正确。

(2)起动机传动机构必须操作灵活、可靠和无异响,保证没有空转现象。主电缆(正极端)及地线,必须导电良好和紧固。

(3)各种照明灯具功能正常,照射位置符合原厂标准。

(4)仪表显示正常,各报警装置工作正常,仪表台及支承架必须紧固,装饰件贴紧,行车无异响。

(5)刮水器活动自如,回位功能正常,挡位切换正常,刮拭干净。

(6)各种辅助电动功能调节灵活自如,无卡滞异响。

(7)吹风位置选择开关、电气开关的操作应轻巧有效。冷气系统,可调温(制冷温度及风量等)。制冷性能应符合原厂制冷性能的90%。

(8)音响,时钟各部件必须紧固,性能良好,功能齐全,并把电台调和时间调校好。

(9)各电缆线束必须符合厂方标准走向(经改良车辆除外),紧固良好。

考试模拟题

一、是非判断题

1. 对整车大修、主要总成大修、二级维护和维修预算费用超过 5000 元的维修项目,承、托修双方必须签订书面维修合同。 （×）
2. 机动车维修进厂交接检验的目的是为了避免维修后的纠纷。 （×）
3. 汽车维修竣工应满足相应竣工出厂条件,应严格按相应维修竣工出厂技术条件即各类相关技术标准为依据。 （√）
4. 机动车维修过程检验是对维修过程实施质量控制的重要内容。 （√）
5. 二级维护后整车车身面漆、腻子无脱落现象,补漆颜色应与原色基本一致。 （√）
6. 发动机大修后,汽缸压缩压力应符合原设计规定。各缸压缩压力差:汽油机应不超过各缸压力的 2%,柴油机应不超过 3%。 （×）

二、单项选择题

1. 下列说法不正确的是(D)。
   A. 对整车大修、主要总成大修、二级维护和维修预算费用超过 2000 元的维修项目,承、托修双方必须签订书面维修合同
   B. 机动车维修进厂交接检验的其目是对送修车装备的齐全状况进行鉴定
   C. 机动车维修过程检验主要控制目标是作业项目的完成有无缺项、漏项现象
   D. 机动车维修竣工出厂合格证由修理厂自行印制和管理
2. 发动机大修后在正常工作温度下(A)内能起动。
   A. 5s B. 10s C. 15s D. 20s

三、多项选择题

1. 汽车维修合同是经营活动中制约双方行为的具体条约,主要内容包括(ABCD)。
   A. 承、托修双方的信息
   B. 送修车的情况
   C. 维修类别及项目
   D. 验收标准和方式及质量保证期
2. 整车大修后应满足的技术要求有(ABCD)。
   A. 装配的零件、部件,总成和附件应符合相应的技术条件
   B. 主要结构参数应符合原设计规定
   C. 喷漆颜色协调、均匀、光亮,漆层无裂纹、剥落、起泡、流痕、皱纹等现象
   D. 门窗启闭灵活,关闭严密,锁止可靠,合缝匀称,不松旷

第十章
机动车维修技术与质量管理

（本章适用于检测维修工程师）

第一节 机动车维修技术管理

1. 机动车维修技术广义上是指维修企业的设备、资料状况与从业人员。对维修技术的管理也就是对设备、资料、人员的管理。

2. 机动车维修企业的设备是指维修作业中使用的机械、工具以及仪器等。需要对设备从选型、购置、安装、调试、使用、维护、修理到报废、更新的全过程进行科学的管理。

3. 机动车维修设备按照适用范围分类，可分为通用型和专用型。专用型设备只适用于特定品牌或型号的机动车，而通用型设备可用于大多数的机动车。

4. 机动车维修设备按照用途分类，可分为清洗设备、举升移动设备、拆装设备、整形设备、喷漆烤漆设备、各类检测仪器、辅助设备以及各类维修工具与量具。

5. 机动车维修企业的设备配置，首先必须按照国家标准《汽车维修业开业条件》所规定的条件来配备。其次，根据本企业的特点，适当配置一些专用的设备。

6. 维修设备的合理使用是为了保持设备处于正常运行状态、保证机动车维修质量和生产效率、降低维修生产成本，合理使用设备是机动车维修企业管理的基础工作之一。做好设备的维护，可以使设备经常保持在正常状态下运转，可以减少设备的摩擦磨损，延长使用寿命。

7. 要做好对设备的合理使用与维护，管理上应该注意以下几点：
（1）合理配备操作人员。
（2）操作人员应进行岗前培训。
（3）创造良好的运行技术条件。
（4）建立健全设备使用、维护的规章制度。

8. 维修资料的管理不仅仅是技术管理方面的要求，更是维修质量得以保障的前提。对于庞大的维修资料数据，需要一个科学规范的方法来管理，建立维修资料的管理规章制度。

9. 维修资料统一由资料室保存和管理，并且负责资料的收集。

10. 资料管理员应认真负责，及时记录、收集有关资料，定期整理，分类归档，对于日常管理的资料可按需汇编成册，对于规模较大的资料应装订成册；对于计算机管理的重要资料，应定期用软盘或光盘备份,以保证各项资料的准确、完整、有序。

11. 机动车维修档案主要内容包括:维修合同、维修项目、具体维修人员及质量检验人员、检验单、竣工出厂合格证(副本)及结算清单等。机动车维修档案保存期为2年。

12. 人力资源的管理主要包括企业组织的设计与岗位研究,员工的聘用,员工的培训,员工的使用、绩效评价,员工的激励与报酬、协调劳动关系,建设团队及开展人力资源经济核算。

第二节 机动车维修质量管理

1. 最终判定机动车的维修质量,是根据机动车技术状况的恢复程度和持续时间来判断。为了保证维修质量,从机动车进厂开始,就必须按照法规和标准的工作流程,每一个步骤都严格管理,确保维修过程中不产生影响最终维修质量的问题。

2. 进厂登记是每一辆维修车辆进厂时的交接手续。第一次承接的车辆可建立车辆档案,临时的维修车辆不必要建立。建立车辆档案是为了日后对客户的跟踪服务(例如:年检、季检、保险、特别检修)。

3. 接收车辆之前,必须做好全面技术状况的检查,做好进厂检验单的登记,托修方认可签字,以避免日后不必要的麻烦。

4. 在车辆维修过程中,必须具有所维修车型的维修技术资料及工艺文件,严格按照技术资料的技术要求和维修规程来进行操作。

5. 在维修竣工以后,机动车维修竣工质量检验合格的,维修质量检验人员应当签发《机动车维修竣工出厂合格证》;未签发《机动车维修竣工出厂合格证》的机动车,不得交付使用。

6. 在竣工车辆交接结算中,一方面要做好相关技术问题向托修方交代清楚,另一方面还需要执行企业相应的财务管理制度。

7. 机动车维修竣工以后,及时做好产品质量回访工作等。

8. 从"服务"定义的内容来看,服务质量是企业与顾客接触有关的活动和企业内部活动所产生的结果。

9. 对于维修企业,其工作都是以顾客提供的产品即车辆为核心,车辆维修、维护质量的好坏,直接影响企业的经济效益和后续发展。

10. 对于故障车辆,故障诊断的一次正确率,直接影响产品交付活动中的各个相关环节,同时也能反映出企业的技术质量。

11. 对于因故无法行驶至维修企业的车辆,根据实际情况进行无偿或有偿的救援服务,可以提高顾客对企业的信任度和企业良好的口碑。

12. 对于顾客的车辆要提供必要的防护(外观检验、外观防护、作业防护等),以加强顾客和企业之间的相互信任。

13. 对于车辆上更换下来的旧件或失效件,除气、液态之外,要为顾客提供包装带走或提供场地存储,在没有特殊要求的情况下要定期清理。

14. 对因故无法将车辆驶至维修企业的顾客或没时间等待的顾客,在企业资源允许的情况下提供有偿或无偿的接、送车服务,这样可以扩大企业的服务范围,最大限度地满足顾客需求。

考试模拟题

一、是非判断题

1. 机动车维修技术管理就是对设备、资料、人员、车辆的管理。　　　　　　　　(×)
2. 机动车维修设备按照适用范围分类,可分为通用型和专用型。　　　　　　　　(√)
3. 最终判定机动车的维修质量,是根据客户满意程度来判断。　　　　　　　　　(×)
4. 机动车维修竣工质量检验合格的,维修质量检验人员应当签发《机动车维修竣工出厂合格证》。　　　　　　　　　　　　　　　　　　　　　　　　　　　　　　　(√)

二、单项选择题

1. 对于维修企业,(B)直接影响企业的经济效益和后续发展。
   A. 故障诊断的一次正确率　　　　　　B. 车辆维修、维护质量的好坏
   C. 车辆救援服务　　　　　　　　　　D. 免费接送车服务

2. 下列说法不正确的是(D)。
   A. 机动车维修技术的管理就是对设备、资料、人员的管理
   B. 人力资源的管理主要包括企业组织的设计与岗位研究
   C. 故障诊断的一次正确率,直接影响产品交付活动中的各个相关环节,同时也能反映出企业的技术质量
   D. 最终是根据机动车技术状况的恢复程度判定机动车的维修质量

三、多项选择题

1. 维修技术的管理也就是对(ABC)的管理。
   A. 设备　　　　B. 资料　　　　C. 人员　　　　D. 车辆

2. 做好对设备的合理使用与维护,管理上应该注意(ABCD)。
   A. 操作人员应进行岗前培训
   B. 创造良好的运行技术条件
   C. 建立健全设备使用、维护的规章制度
   D. 合理配备操作人员

第十一章

机动车维修企业配件与安全管理

（本章适用于检测维修士）

第一节　机动车维修企业配件管理

1. 为了保证高效供应配件、降低投资风险、减少库存积压、避免闲置资金，应选择正确的供货方式，控制好采购环节。

2. 配件采购尽量缩短空间距离、缩短时间距离。选择交通便利、供货速度快的配件商合作，并可利用电子商务由经销商直达送货，以缩短维修工期。

3. 做好配件采购应做好市场预测，掌握配件市场行情，对配件价格的变化了如指掌。同配件商建立良好的合作关系，保证采购渠道的畅通，尽量减少因配件带来的风险。

4. 做好配件采购应掌握易损件、疑难配件的供应网、采购网及供货厂商和供货单位的全部动态信息。配件采购中，在保证质量的前提下，进行价格比分析，尽量做到货比三家。采购的配件和辅料务必保证质量。

5. 做好配件采购要正确选择期货与现货，需求量大的配件应尽量选择定点供应、直达供货的方式。尽量采用与配件商签订直达供货方式，以减少中间环节，加速配件周转。

6. 做好配件管理工作的方法如下：

（1）抓好配件订单管理。及时补充缺货，分清缓急，根据商品日常销售情况准确下订单。

（2）抓好维修备料管理。维修中要做到一次性解体检查，一次性填写备料单，避免重复采购，延长维修周期，造成人力、物力的浪费。

（3）做好配件入库验收。通常按照下列步骤：核对凭证、大数点收、检查包装、办理交接手续、配件验收、办理入库手续。验收有问题的弄清责任，及时解决。

（4）定期盘点。每月最少盘点一次，库存较大、品种较多的企业在不影响正常销售的情况下，可以分时、分库、分类盘点，及时掌握库存信息，并随时调整库存，使之合理化。

（5）配件存放。保证库房温度、湿度，按照不同配件的要求堆码存放。有特殊要求的按照说明书要求存放，防止存放中的损坏。

（6）掌握好配件随进随出、先进先出的原则。

（7）做好配件的出库管理。

第二节　机动车维修企业环保与安全生产管理

1. 机动车维修企业在环境保护方面,相关的法规有《中华人民共和国环境保护法》《交通行业环境保护管理规定》《汽车排气污染监督管理办法》《机动车维修管理规定》《汽车维修业开业条件》等。

2. 对于机电维修,主要是废气、废水、废渣、粉尘、垃圾等有害物质和噪声对环境的污染。对于钣金喷漆,主要是喷漆时产生的漆雾和稀料气体,不仅有害环境,同时还存在安全隐患。因此,各个机动车维修企业应该把环保融入相关的规章制度,并把环境保护当成企业发展的目标。

3. 企业的环境保护条件符合国家的环境保护法律、行政法规和国家环境保护部门的规章、标准。

4. 建立符合国家环境保护法律、法规和环境保护部门的规章、标准的管理规章制度。

5. 企业积极防止废气、废水、废渣、粉尘、垃圾等有害物质和噪声对环境的污染与危害。按维修与生产工艺要求,安装、配置的处理"三废"(废气集中抽排系统、粉尘集中收集系统和处理废液、废物的装置与设施)、通风、吸尘、净化、消声等设施齐全可靠,符合环境保护法律、法规和规章、标准的规定。

6. 企业应具有废油、废液、废气、废蓄电池、废轮胎及垃圾等有害物质集中收集、有效处理和保持环境整洁的环境保护管理制度。有害物质存储区域应界定清楚,必要时应有隔离、控制措施。

7. 从事汽车(大修、发动机总成)维修的企业,必须具备符合规范的汽车排气污染检测手段,车辆维修后的排气状况,必须经过自检合格方可出厂。

8. 零件清洗设备、喷(烤)漆房等设备需要符合环境保护要求。

9. 涂漆车间应设有专用的废水排放及处理设施,采用干打磨工艺的,应有粉尘收集装置。

10. 调试车间或调试工位应设置汽车尾气收集净化装置。

11. 安全生产是指在生产过程中保障人身安全和设备安全。消除危害人身安全健康的一切不良因素,保障职工的安全、健康、舒适地工作,称为人身安全。消除损坏设备、产品和其他财产的一切危险因素,保证生产正常进行,称为设备安全。如果没有安全保障,企业的维修质量、客户满意度、企业的经济效益也就无从谈起。

12. 要搞好安全生产管理,必须坚持"安全第一、预防为主"的方针。维修企业应当对从业人员进行安全生产教育和培训,保证从业人员具备必要的安全生产知识,熟悉有关的安全生产规章制度和安全操作规程,掌握本岗位的安全操作技能。未经安全生产教育和培训合格的从业人员,不得上岗作业。

13. 在维修企业的维修生产活动中,维修人员要在维修车间内操作各种维修设备、使用有关的电器、接触某些危险品、对车辆进行各种维修作业、接触有故障的车辆、进行试车,因此,整个维修过程中也存在各种不安全的因素,也应当采取必要的手段和措施。

14. 维修场地是进行维修作业的场所或工作环境,包括机电维修车间、钣金车间、喷漆车间等。维修车间的平面布局、通风效果、照明布置不但影响维修质量与维修效率,而且对维修生产的安全也有一定影响。

15. 对于维修车间应满足以下要求:

（1）维修企业建筑布局合理,维修车间与员工宿舍有一定的安全距离并在建设时应考虑留有便于消防车辆进出的通道。

（2）维修车间和员工宿舍应当设有符合紧急疏散要求、标志明显、保持畅通的出口。

（3）维修车间的平面布局合理,维修工位和车辆通道有合理的搭配,维修车辆进出方便。

（4）对安全设施进行验收,验收合格后,方可投入生产和使用。验收部门及验收人员对验收结果负责。

（5）每个维修工位要有足够的面积和高度,一般乘用车维修工位的面积不小于 4×7 (m^2),高度不低于 4m。

（6）维修车间的通风应良好。

（7）维修车间采光应良好,灯光应齐全,达到一定亮度,避免出现死角。

（8）维修车间在建设时推荐采用水泥或水磨石地面或其他摩擦系数大的地面,尽量避免采用光滑的瓷砖地面。

（9）维修车间应有合理的给排水系统。

（10）维修车间内的消防设施应齐全良好,一般配备消火栓和各种灭火器材。

16. 维修企业采用新工艺、新技术、新材料或者使用新设备,必须了解、掌握其安全技术特性,采取有效的安全防护措施,并对操作人员进行专门的安全生产教育和培训。维修企业的特种作业人员(如焊工、纯电动汽车维修),必须按照国家有关规定经专门的安全作业培训,取得特种作业操作资格证书,方可上岗作业。维修人员应当了解其作业场所和工作岗位存在的危险因素、防范措施及事故应急措施,及时对维修企业的安全生产工作提出建议。维修人员在维修作业过程中,应当严格遵守安全生产规章制度和操作规程,服从管理,正确佩戴和使用劳动防护用品。维修人员发现事故隐患或者其他不安全因素,应当立即向现场安全生产管理人员或者本单位负责人报告,接到报告的人员应当及时予以处理。

17. 维修设备的设计、制造、安装、使用、检测、维修、改造和报废,应当符合国家标准或行业标准。选购设备时,应优先考虑是否配置自动控制安全保护装置,如自动断电、自动停车、自动锁止机构、自动报警等,以提高设备预防事故的能力。

18. 要依据设备维护规范定期进行维护,并特别着重对安全装置的可靠性进行检查,并做好维护记录。维修企业应当在有较大危险因素的生产经营场所和有关设施、设备上,设置明显的安全警示标志。维修企业必须对安全设备进行经常性维护,并定期检测,保证正常运转。维护、检测应当做好记录,并由有关人员签字。

19. 对于维修作业中与安全有关的注意事项与操作规程,在维修手册或作业指导书中,都有比较全面的规定,要求维修人员必须熟知并严格遵守。

20. 维修车间内进出车辆较多,也容易发生内部交通事故。维修车间进行规划设计时必须考虑车辆的专用通道、车辆的移动路线并设置必要的限速警示牌、车辆减速装置以及转弯处的反光镜等交通设施,以保障交通安全。

21. 一般来说,维修车间不允许未经授权的维修人员随便移动车辆或进行路试,移动车辆或试车时应由指定人员进行,对移车员、试车员的驾驶技术、安全意识应有较高的要求。对于车辆的移动或试车应有专门的管理规定和技术规范,以便从制度上保证车辆移动的安全。

22. 危险物品是指易燃易爆物品、危险化学品、放射性物品等能够危及人身安全和财产安全的物品。对于维修企业来说,常见的危险品有汽油、柴油、燃油添加剂、发动机润滑油、变速器油、制动液、转向器助力油、油漆、稀料、化油器清洗剂、螺栓松动剂、乙炔气等。这些危险品在运输、使用、存放中应当注意密封良好、包装可靠、轻拿轻放、防止磕碰泄漏。避免强光照射、避免高温、远离火源而且不可超过一定数量单元。对于危险品的管理,应有一套专门的规章制度。在存放中,危险品应该存放于专用的危险品仓库,且有专人负责管理。对于危险品的领用,也应有一定的数量限制,对于每次用不完的危险品,应及时回收,不能临时存放在车间。

考试模拟题

一、是非判断题

1. 配件采购尽量缩短空间距离、缩短时间距离。　　　　　　　　　　　　　(√)
2. 做好配件采购应做好市场预测,掌握配件市场行情,对配件价格的变化了如指掌。
　　　　　　　　　　　　　　　　　　　　　　　　　　　　　　　　(√)
3. 企业应具有废油、废液、废气、废蓄电池、废轮胎及垃圾等有害物质集中收集、有效处理和保持环境整洁的环境保护管理制度。　　　　　　　　　　　　　　　　(√)
4. 安全生产是指在生产过程中保障人身安全。　　　　　　　　　　　　　　(×)
5. 维修人员是机动车维修的核心要素。　　　　　　　　　　　　　　　　　(√)
6. 只有维修人员在维修车间内进行移动车辆或进行路试。　　　　　　　　　(×)

二、单项选择题

1. 关于配件采购,下列说法不正确的是(B)。
    A. 在选择配件商时,尽量选择空间距离近的,便于联系和采购
    B. 可以大量采用副厂件以节约成本
    C. 选择交通便利、供货速度快的配件商合作,并可利用电子商务由经销商直达送货,以缩短维修工期
    D. 尽量采用与配件商签订直达供货方式,以减少中间环节,加速配件周转

2. 关于维修中的环境保护措施,下列说法不正确的是(D)。
   A. 汽车维修企业应具有废油、废液、废气、废蓄电池、废轮胎及垃圾等有害物质集中收集、有效处理和保持环境整洁的环境保护管理制度
   B. 汽车维修企业必须具备符合规范的汽车排气污染检测手段
   C. 汽车维修企业喷漆车间应设有专用的废水排放及处理设施
   D. 开放性汽车维修企业调试车间或调试工位没必要设置汽车尾气收集净化装置

3. 关于安全生产,下列说法不正确的是(B)。
   A. 安全生产是对任何一个维修企业最基本的要求
   B. 安全生产是指在生产过程中保障人身安全
   C. 消除危害人身安全健康的一切不良因素,保障职工的安全、健康、舒适地工作,称为人身安全
   D. 消除损坏设备、产品和其他财产的一切危险因素,保证生产正常进行,称为设备安全

4. 与维修人员有关的安全措施,下列说法不正确的是(A)。
   A. 维修人员发现事故隐患或者其他不安全因素,应当立即及时处理
   B. 维修企业的特种作业人员,必须按照国家有关规定经专门的安全作业培训,取得特种作业操作资格证书,方可上岗作业
   C. 维修人员应当了解其作业场所和工作岗位存在的危险因素、防范措施及事故应急措施
   D. 维修人员在维修作业过程中,应当严格遵守安全生产规章制度和操作规程,服从管理,正确佩戴和使用劳动防护用品

三、多项选择题

1. 做好配件管理工作的方法包括(ABC)。
   A. 抓好配件订单管理   B. 抓好维修备料管理
   C. 做好配件入库验收   D. 进行大量存储

2. 下列关于危险品安全措施说法正确的是(ACD)。
   A. 危险物品是指易燃易爆物品、危险化学品、放射性物品等能够危及人身安全和财产安全的物品
   B. 可以根据需要领取任意数量的危险品
   C. 危险品应该存放于专用的危险品仓库,且有专人负责管理
   D. 危险品的管理,要有一套专门的规章制度

3. 对于维修车间应满足的要求有(ACD)。
   A. 维修车间内的消防设施应齐全良好,一般配备消火栓和各种灭火器材
   B. 维修车间在建设时推荐采用光滑的瓷砖地面,防止油污沉积
   C. 维修车间应当设有符合紧急疏散要求、标志明显、保持畅通的出口
   D. 维修车间采光应良好,灯光应齐全,达到一定亮度,避免出现死角

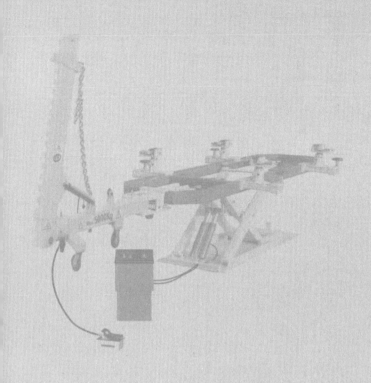

第三篇　实务篇

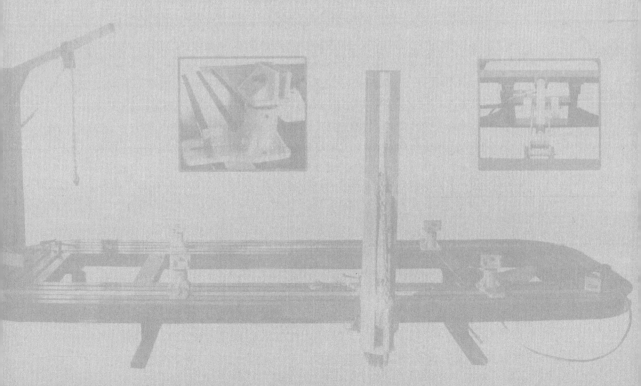

第一章
实操考试系统介绍

1. 机动车机电维修技术实操考试采用人机对话的形式完成考试操作,该考试系统具有以下技术特点:

(1) 实操考试系统的组题功能按照维修士、工程师、高级工程师三个级别划分考试类别、考试科目及考试内容。

(2) 该系统采用三级 DES 加密技术,对题库和考生信息、考试信息、考试成绩等进行加密,确保考试的公平性和公正性。

(3) 系统能够实现汽车专业的无纸化、局域网化、自动化的考试,集成零部件检测、机电考试、车身修复、车身涂装、检测评估与运用等多套题组。

(4) 支持考试有效时间安排、考试倒计时等功能,支持考试成绩保密、答卷保密、防舞弊等安全设定。

(5) 题目类型支持单选题、多选题、模拟互动实操题、图表等题型。

(6) 导入试卷,可设置试卷的难度等级,可按照知识点设置考试题目数量、题型、分值等参数。

(7) 创建与修改,包括考试有效日期、考试时间、考试人员、试卷。

(8) 执行考试,考生登录、考生信息输入;考生信息确认,考试列表,显示该考生未进行的考试;选择考试,显示考试说明、考试时间、考试规则等考试须知;答题是通过鼠标点击选项进行。

(9) 考试终止功能,在考试过程中,若出现考生违反考试纪律等情况,监考员可通过系统终止考试。

(10) 考试结束后,考生无法进行任何操作,考试成绩自动形成数据包存储在局域网服务器上,同时进行安全加密,考务人员下载本次考试成绩的加密数据包拷贝或刻录光盘移交至交通运输部职业认证中心。

2. 实操考试使用过程中根据专业不同会有不同的题目要求,其操作界面和操作要求基本相同。

(1) 考试系统登录。考生打开考试系统,分别输入准考证号和登录密码,并点击"登录"按钮进行系统登录。

(2) 考生信息确认及考题选择。输入准考证号及登录密码并点击"登录"后,出现考生信息界面,核对考生信息是否准确,包括姓名、考号、证件编号、考试专业、考试级别等,若有错误需要和监考人员核对。在确认考生信息无误之后需要选择考试试题的类型,点击页面底部的"下拉选择"按钮,选择相对应的试题类型,之后点击底部的"进入考试"按钮,开始考试过程的操作。

（3）实操考试界面。进入实操考试界面后，系统会根据考生选择的试卷类别给出相应的考试题目。考生要根据系统的提示进行相关的操作，在试题的页面上部会显示相关的信息包括"实操考试的倒计时的结束时间""正在进行的是第一题（蓝色标识）""考生姓名"和"考试时间"等信息。

（4）考试答题完毕可以点击"提交按钮"提交试卷并结束考试过程。进入考试后系统默认从第一题开始作答，考生个人也可点选第二题、第三题、第四题等进行操作答题。考生通过观看左侧系统提供的考试信息，在右侧题目框进行题目作答。作答之后点击"下一题"继续作答，已作答题目序号外边框为绿色边框。

（5）交卷并结束考试界面。在考生完成所有的考试题目并确认无误的情况下或者部分完成题目均可以点击"交卷"按钮，进行交卷操作，此时系统界面会提示考生未完成的题目题号，但不影响提交试卷。系统会提示输入识别码，当考生正确地输入了识别码后，系统提示"已成功交卷，考试已经结束，请离开考场"考试结束。

第二章
实操考试系统操作

第一节 零部件检测

1. 零部件检测项目的考核主要有汽缸磨损检测、曲轴形位误差检验、继电器性能检验、冷却液温度传感器性能检验、节气门位置传感器性能检验、进气压力传感器性能检验、霍尔传感器性能检验等汽车上的基本部件,要求考生按照系统的提示进行相关的操作和测量,记录测量的数据并分析测量数据,最后给出自己结论,判断被测元器件的技术状况。

2. 节气门位置传感器的检验考核点有:掌握节气门位置传感器的性能检验流程;掌握节气门位置传感器的检测项目所需设备的正确使用方法;掌握节气门位置传感器的类型、性能检测和判定方法等。

3. 在"节气门传感器检验操作"的主界面上由三部分组成,屏幕左侧是节气门位置传感器检验调整、测量面板;中间部分为万用表,用来测量传感器的数据;右侧为题目的具体要求。

(1) 在左侧的传感器调整、测量面板上"电源开关"和"开度调节"旋钮是可以使用鼠标进行操作的,当操作"开度调节"旋钮时,面板下部的指针就会指向相对应的节气门位置开度,可以分别指向0%、25%、50%、75%、100%五个位置。

(2) 中间位置的万用表是用来测量使用的,可以选择测量的类型,有直流电压、交流电压、电阻、直流电流、交流电流、二极管等选项,万用表表笔可以根据测量要求选择测量位置,利用鼠标移动到相应的位置,测量结果在万用表显示屏上显示。

4. 节气门位置传感器检验的考核项目有传感器信号连续性检验、输出信号电压测量、传感器电阻测量、节气门位置传感器类型及性能判定等题目。

5. 如果节气门位置传感器的电阻值随着节气门的开度的增大而成比例的增大或减小,则该传感器为线性可变电阻式传感器。若该节气门位置传感器输出的信号电压值和电阻值均在标准范围内,而且输出的电阻的连续性良好,全打开和全关闭状态下的输出的信号电压均符合标准范围,则可以判定节气门位置传感器性能良好,可以继续使用。

6. 进气压力传感器检验考核点有:掌握进气压力传感器性能检验流程;掌握进气压力传感器性能检验项目所需设备的正确使用方法;掌握进气压力传感器的性能检测和判断性能

的方法等。

  7. 在"进气压力传感器检验操作"的主界面上由三部分组成。屏幕左侧是进气压力传感器检验调整、测量面板；中间部分为万用表，用来测量传感器的数据；右侧为题目要求。

  （1）在左侧的传感器调整、测量面板上"电源开关""电压调节"和"真空调节"旋钮是可以操作的，当操作"真空调节"旋钮时，面板中间部的真空表指针就会指向相对应的真空度。

  （2）"电压调节"开关下部是进气压力传感器的示意图和三个测量孔，分别标有"＋5V""－"和"输出"字样，测量孔是用来测量相应数据位置，中间位置的万用表是用来测量使用的，可以选择测量的类型有直流电压、交流电压、电阻、直流电流、交流电流、二极管等选项，万用表表笔可以根据测量要求选择测量位置，并利用鼠标移动到相应的位置，测量结果在万用表显示屏上显示，需要注意的是在利用鼠标移动表笔的过程中，当万用表表笔线变成黄色时，可以松开鼠标。

  （3）在万用表的下部有一个需要填写测量数据的表格，可以根据题目的要求进行相关的测量，测量的结果可以使用键盘填入表格中，有利于分析数据。

  8. 进气压力传感器检验的考核项目有传感器信号连续性检验、传感器供电电压测量、传感器信号值测量等题目。

  9. 如果进气压力传感器的供电电压正常，信号输出电压随着进气压力的改变而线性的增大或减小，则该进气压力传感器为线性式。

  10. 进气压力传感器的输出信号电压实测值可以对照表格在不同的进气真空度下在标准范围值内，故可以判断该传感器性能状态。

  11. 霍尔传感器检验考核点有：掌握霍尔传感器性能检验流程；掌握仪器设备的正确使用方法；掌握霍尔传感器的类型、性能检测和判定方法。

  12. 在"霍尔传感器检验操作"的主界面上由三部分组成，屏幕左侧是霍尔传感器检验调整、测量面板，在调整测量面板上分别布置有"电源开关"用来控制传感器的供电电源、"电源指示灯""电源调节"旋钮以及 1 号、2 号、3 号三种不同类型的霍尔传感器，在 3 个传感器的下部分别有"电源""－"和"信号输出"的三个测量孔。中间部分为万用表，用来测量传感器的数据；右侧为题目要求。

  （1）在每个传感器的右下角分别有一个"顺时针旋转"的旋钮，当旋钮显示蓝亮色时表示：旋钮可以操作。传感器信号盘将按照顺时针的方向旋转，以此可以改变不同的信号电压输出。

  （2）中间位置的万用表是用来测量使用的，可以选择测量的类型，有直流电压、交流电压、电阻、直流电流、交流电流、二极管等选项，万用表表笔可以根据测量要求选择测量位置。并利用鼠标移动到相应的位置，测量结果在万用表显示屏上显示。

  13. 霍尔传感器检验的考核项目有传感器供电电压测量、传感器信号电压检测以及传感器性能判断等。

  14. 3 号霍尔传感器的输出高电位的标准值为(9.0 ± 0.2)V，输出低电位的标准值为(0.1 ± 0.1)V，实测的 3 号霍尔传感器的输出高电位为 9.16V，输出低电位为 0.1V，均在标准值的范围内，另外该传感器在工作过程中为"开关特性"，判断 3 号霍尔传感器性能良好，可以继续使用。

15. 曲轴形位误差检验的考核点有：掌握曲轴形位误差检验流程；掌握工具、量具正确的使用方法；掌握曲轴轴颈圆度和圆柱度检测、曲轴弯曲度检测、曲轴扭曲度检测、曲轴半径的检测方法；计算曲轴轴颈修理尺寸；确定轴颈修理级别。

16. 在"曲轴形位误差检验操作"的主界面上由三部分组成，上部分是测量工具的读数区，下部分是展示区，屏幕中间上部是曲轴的标准数据表格，表格中的数据可以作为测量数据的参考，下部是被测的曲轴，右侧为题目要求。

（1）读数区的测量工具（千分尺）可以利用鼠标操作移动到题目要求的相应位置，曲轴测量轴颈的截面可以通过使用鼠标移动曲轴右侧放大的千分尺的部分选择"左侧"位置"中侧"位置和"右侧"位置进行测量。当观察不清晰时，可以将鼠标移动到屏幕左侧上部的百分表刻度盘的读数区，则能够放大百分表刻度盘便于观察表盘读数。

（2）曲轴形位误差检验的考核项目有曲轴轴颈测量及修理尺寸的确定、曲轴修理级别的确定、测量工具的合理使用以及曲轴扭曲的检验。

17. 冷却液传感器性能检验的考核点有：掌握冷却液传感器性能检验流程；掌握仪器设备的正确使用方法；掌握冷却液传感器的类型分类、性能检测和判断方法。

18. 在"冷却液传感器检验"的主界面上由三部分组成，左侧为冷却液传感器的控制和测量区，中间部分为万用表操作区域，右侧为题目要求和选项区域。

（1）左侧上部分别有电源开关、电源指示灯、状态指示灯、温度调节旋钮和冷却液温度显示器，可以调整和显示冷却液温度传感器的状态，当电源开关打开时，其左侧的电源指示灯点亮；当调节冷却液温度的"温度调节"旋钮时，可以改变冷却液的温度，并在左侧的冷却液温度显示器上显示。

（2）左侧下部按照顺序分布着1号、2号、3号冷却液传感器，在每一个冷却液温度传感器的下面布置有红色和黑色两个测量接口，可以使用万用表在此测量冷却液温度传感器的数据。

（3）屏幕中间部分为万用表操作区域，万用表使用鼠标拖动表笔到相应的测量接口测量数据，可以测量的类型有直流电压、交流电压、直流电流、交流电流、电阻、二极管的基本参数，测量时需要选择合适的测量参数类型和量程，确保测量读数准确。

（4）测量结果可以通过万用表的屏幕读取。在移动万用表表笔的过程中，当导线部分颜色变为橙色时表示：表笔已经到某一测量位置，可以松开鼠标。

19. 冷却液传感器检验的考核项目有传感器不同温度下电阻测量检查、传感器工作电压值测量、传感器类型及性能状态判断等。

20. 如果冷却液传感器的电阻值随着温度的升高而降低，则为NTC（负温度系数）热敏电阻式温度传感器；相反，电阻值随着温度的升高而增加，则为PTC（正温度系数）热敏电阻式传感器。根据实测值，可以判断1号冷却液温度传感器为NTC热敏电阻式温度传感器，因为各温度下的电阻值均在标准范围内，可以判定1号传感器性能状态良好。

21. 继电器性能检验考核点有：掌握继电器性能检验流程；掌握仪器设备的正确使用方法；掌握继电器类型的判定方法；继电器线圈电阻、吸合电压、释放电压、触点电阻的检验方法；掌握继电器性能判定方法。

22. 在"继电器性能检验"的主界面上由三部分组成,分别是左侧车用继电器的控制和测量区域,中间部分为万用表区域,右侧为题目要求和选项区域。

(1)左侧区域的右上部靠近万用表的区域有一个红色接口和一个灰色接口,这是用来给车用继电器提供工作电源和搭铁的,左侧中间部分别有电源开关、电源指示灯、状态指示灯、电压调节旋钮和电压表,可以调整和显示继电器的状态。

(2)当电源开关打开时,其左侧的电源指示灯点亮,当车用继电器吸合时"状态指示灯"点亮(绿色);当调节继电器的工作电压时"电压表"上会显示即时的继电器工作电压。

(3)左侧中间部分为继电器的型号(DC32V 30A)和继电器的内部线路连接关系并标注具体的针脚号码分别为30号、87号、87a号、86号和85号,下部位置分布着与继电器各个针脚号码相对应的测量接口,可以使用万用表表笔在此测量各项数据。

(4)继电器性能检验的考核项目有继电器电磁线圈电阻值测量、继电器触点吸合最小电流值测量、继电器触点接触电阻值测量、继电器工作性能判断等。

(5)观察继电器的内部线路连接关系,确定85号和86号针脚为继电器线圈,在其两端加载一定的电压后,触点30号和87号就会吸合,当触点吸合之后使用万用表测量触点的接触电阻值(30号和87号之间的电阻值)。此时需要使用鼠标拖动电源连接线的两端分别到电源接口(红色)和继电器的85号接口,为继电器线圈提供电源,拖动黑色电源连接线的两端分别接到继电器的86号端子和电源接口搭铁端子(棕色),然后使用鼠标拖动万用表的红/黑表笔分别移动到30号测量接口和87号测量接口,使万用表并联到继电器触点。旋转"电源调节"旋钮,逐渐加大供电电压,当电压值增加到15V左右时,继电器触点30号和87号将会吸合,此时"状态指示灯"点亮(绿色)。在继电器触点吸合的状态下,测量触点接触电阻阻值。

23. 汽缸磨损检验考核的知识点有:掌握汽缸磨损的检验流程;掌握工具、量具的正确使用方法;掌握汽缸的直径、汽缸的圆度和圆柱度的检测方法;计算汽缸修理尺寸,确定汽缸修理级别。

24. 在"汽缸磨损检验操作"的主界面上由三部分组成,屏幕左侧上部分是测量工具(量缸表)区域,量缸表可以使用鼠标进行拖动到需要的位置;下部分是量缸表相对于汽缸深度位置表示区域;汽缸模型边有刻度尺,可以用来读取量缸表的具体深度值。

(1)屏幕中间上部左侧是该汽缸的标准数据表格,表格中的数据可以作为测量数据的参考;标准数据表格的右侧为汽缸测量间隔角度选择按钮,每个角度间隔为30°;下部是被测的汽缸,汽缸从左至右分别为1号、2号、3号和4号汽缸;右侧为题目要求。

(2)读数区的测量工具(量缸表)可以利用鼠标操作移动到题目要求的相应的位置,当量缸表移动到测量的部位上时,读数区(表盘位置)将显示量缸表的表盘刻度;"深度表示区"此时显示的是量缸表和缸径的相互位置,此时可以通过滑动屏幕中上部左侧的"导航块"来改变量缸表在汽缸内的垂直位置(当相对位置为50%时,表示相互垂直)。

(3)汽缸测量的截面可以通过使用鼠标移动量缸表的深度位置来选择"上部"位置、"中部"位置和"下部"位置进行测量;在一个截面内可以选择多个测量间隔角来分别进行测量,以确保测量数据的准确性和可靠性。

(4)圆度:每一测量截面的汽缸直径误差的最大值和最小值差值的一半即为这个截面的

圆度。发动机汽缸的每一个截面均有各自的圆度值，取三个规定测量截面中的最大值作为该汽缸的圆度。测量的汽缸直径误差的最大值和最小值差值的一半即为该汽缸套的圆柱度。

（5）汽缸磨损检验的考核项目有汽缸测量和汽缸套圆度计算、汽缸圆柱度计算、汽缸修理等级的确定、曲轴修理级别的确定等。

（6）汽缸的修理级别通常为0.25mm为一级，共分为4级，对于需要修理的汽缸若计出的修理尺寸d_x不是标准分级尺寸（0.25mm的整数倍），则调整到下一修理级别上。所以，若第三汽缸需要修理，因其修理尺寸$d_x=0.23$mm则应该调整到0.25mm这一修理级别上。

第二节　汽车电器故障诊断实操

1. 汽车电器故障诊断实务包括发动机电子控制系统、底盘电子控制系统和车身电子控制系统三部分，其考核车型为2016款通用别克威朗进取型[发动机型号：L3G；变速器型号：6T30（M2A）；空调型号：手动型空调]电子控制系统的检测诊断和故障排除。

2. 发动机电子控制系统考核内容为：发动机及辅助系统基本原理、诊断和故障排除。底盘电子控制系统考核内容为：防抱死制动系统（ABS）的基本原理、诊断和故障排除。

3. 车身电子控制系统考核内容为：掌握整车电路的识读以及各主要零部件的线路连接图的应用及汽车空调系统的原理、故障诊断和故障排除。

4. 发动机电控系统故障诊断的考核点有：掌握发动机电控系统故障的诊断流程；掌握诊断工具、设备的正确使用方法；掌握测量数据的分析能力；能够根据测量数据判断故障原因。

5. 在发动机电控系统故障诊断"模拟试卷"主界面下，当点击"第二题"按钮情况下，屏幕上会出现"电器故障诊断"的提示说明，考生阅读此界面的提示说明之后可以点击"确定"按钮，进入答题操作界面。

6. 进入"电气故障诊断"答题界面后，将在屏幕界面上显示一些重要信息。在最上部导航区域从左至右依次设置有"试卷""维修工具""维修资料"和"返回主界面"共四个可操作按钮。

（1）目前显示的是"试卷"的界面可以通过按钮的颜色来确定，显示当前界面内容的按钮颜色为橙色，而其他按钮颜色为褐色。

（2）点击"维修工具"按钮时，界面会切换到维修工具界面，在"维修工具"按钮下部会显示诊断仪、万用表和示波器三种诊断测量设备，考生可以根据需要选择合适的设备进行相关的测量和诊断。

（3）当考生根据题目要求需要选择某种工具时，可以点击具体的工具名称按钮进行选择，选择诊断仪、万用表和示波器时屏幕界面会出现相关的工具界面，就可以对所选的工具进行操作。

(4)本考试平台上配置的诊断仪具有一般诊断仪的基本功能和特殊功能,使用过程中只需要选择"诊断仪"按钮,点击开关按钮,选择车型的厂牌型号、进入功能操作即可,操作完毕关闭启动开关,点击"X"按钮退出诊断仪操作界面,诊断仪的详细的操作过程在具体的题目中有相关的介绍。

(5)示波器是显示被测电信号瞬间值轨迹变化情况的仪器,利用示波器可以观察各种不同的信号幅度随着时间变化的波形曲线,还可以用它测量各种不同的电量,如电压、电流、频率、相位差、幅度等。按照工作方式的不同可以将示波器分为模拟示波器、数字示波器和混合示波器等,在本考试操作平台上,示波器的使用主要是用来测量元器件的信号波形,操作比较简单。

(6)万用表操作功能比较简单,万用表具有测量直流电压、交流电压、直流电流、交流电流、电阻、二极管等功能,使用时需要选择合适的测量类型和量程,通过使用鼠标移动红黑表笔到被测元件的相关位置上,通过显示器读取测量值。(移动表笔过程中当表笔导线显示"橙色"时表示可以松开鼠标,表笔已经移到规定的位置处)。

(7)在"维修资料"主界面的左侧部分为维修资料的系统目录,在资料库里分别提供车身系统、HVAC(空调系统)、制动器、发动机/推进系统以及电源和信号分布部分的系统资料。

(8)在每一个系统里存在相关的子目录,提供该系统的车型维修资料,包括规格、力矩要求、安装位置、电路图、示意图和布线图、连接器型号、操作说明、诊断信息和程序、故障码说明等信息,方便操作者在电气相关诊断过程中查找阅读。中间部分为维修资料的相关内容,右侧部分设有三个按钮,分别是"放大""缩小"和"正常默认显示",考生可以根据需要选择合适的按钮进行操作。

(9)最上部导航栏的右侧为"返回主界面"按钮,点击此按钮,将会自动返回"电气诊断主界面"方便操作。导航栏的下部为实操考试时间信息以及实操考试相关车型信息,左侧显示实操考试的总时间为60min,右侧显示的是考试的剩余时间。

(10)中间部分为试卷内容,要求考生按照试卷内容要求,完成相关的操作(诊断、测量等),选择正确的选项。

(11)主界面的最下部是"场景导航"按钮和汽车"点火开关"按钮,点击"场景导航"按钮,屏幕将切换到发动机舱、驾驶舱、底盘、全部车门以及行李舱位置,再一次点击"场景切换"按钮将返回主界面。

(12)点击右侧下部的"点火开关"按钮,将会在屏幕上显示汽车点火开关的状态和显示驾驶室仪表上的信息状态,其中点火开关按钮、加速踏板和制动踏板是模拟实车设计,分别可以利用鼠标进行操作。(起动发动机进行模拟操作时,注意噪声较大避免干扰他人,需要使用耳机)。

(13)在切换场景界面下,使用鼠标点击每一个位置的场景,屏幕会进一步切换到选择的场景并进行了放大处理,以利于观察和操作;通过点击右侧上部的"X"按钮,可以关闭点火开关界面,返回到主界面。

7. 考生需要登录系统界面,按照题目要求进入相关的工作场景,进行具体的操作完成考

核要求。发动机电控系统诊断考核的具体项目有以下相关题目:

(1)起动发动机迅速踩下加速踏板,观察仪表上转速有何异常。

(2)起动发动机后,观察仪表上指示灯是否异常。

(3)选择合适的工具读取故障码,然后清除故障码,再重新读取存在的故障码的含义。

(4)不起动发动机,点击"场景导航"中的发动机舱,选择维修工具测量蒸发排放吹洗电磁阀(EVAP)的供电端到搭铁的电压。

(5)测量并判断蒸发排放吹洗电磁阀(EVAP)插头端是否存在控制信号波形。

(6)选择合适的工具测量蒸发排放清洗电磁阀(EVAP)的线圈电阻。

(7)选择合适的测量工具测量并判断蒸发排放吹洗电磁阀(EVAP)的线路是否正常。

(8)通过检查确定蒸发排气吹洗电磁阀(EVAP)供电线连接状态并通过以上检查确认的故障原因。

8. 空调系统故障诊断考核点有:掌握汽车空调系统故障的诊断流程;掌握诊断工具、设备的正确使用方法;掌握测量数据的分析能力;能够根据测量数据判断故障原因。

9. 在空调系统故障诊断"模拟试卷"主界面下,当点击"第三题"按钮情况下屏幕上会出现"空调故障诊断"的提示说明,考生阅读此界面的提示说明之后可以点击"确定"按钮,进入答题操作界面。进入"空调故障诊断"答题界面后,将在屏幕界面上显示一些重要信息(相关信息与发动机电控系统故障诊断部分说明相同,在此不作详细介绍)。

10. 考生需要登录系统界面,按照题目要求进入相关的工作场景,进行具体的操作完成考核要求。空调系统故障诊断考核的具体项目有以下相关题目:

(1)点击左下角的"场景导航"图标并进入,点击进入驾驶舱场景,将点火开关转到"Stare"起动发动机,操作空调面板开关,检查空调系统有何异常。需要分别操作空调操作面板上的"空调开关"和"鼓风机开关",检查驾驶舱内空调系统的状态(开关指示灯是否点亮和是否有凉风吹出)。

(2)进入"维修工具"选项,选择合适的工具,查询空调系统的故障码的定义。在"汽车诊断"界面下,选择汽车品牌的区域(欧洲),然后选择汽车品牌(本次考核用车为2016款别克朗威,选择"别克"),在汽车诊断系统选择界面下选择为"HVAC"(空调系统)。在"功能选择"界面下,选择"读取故障码"功能,读取相关的故障码,在诊断仪的显示屏上显示出来。

(3)根据读出的故障码查询维修手册中故障码的"电路/系统说明"判断鼓风机开关向鼓风机控制模块提供的是哪一种信号。阅读选择的维修资料内容,在维修资料的"电路/系统说明"目录下,可以找到与题目要求相关的内容。

(4)点击"维修资料"查询维修手册确定鼓风机控制模块的X2插头有几条电路。在维修资料 2.2.1HVAC 示意图中,查询到鼓风机控制模块的电路图。

(5)点击进入"驾驶舱"场景,在右侧找到"通风与空调系统控制模块"子场景进入,点击进入"K8 鼓风机电动机控制模块"场景,使用万用表测量鼓风机电动机控制模块的 X2 插头背部的 1 号端子电压是多少。

(6)通过测量结果判断鼓风机的工作电压是否正常。根据系统"维修资料"中的电路图分析,空调系统的鼓风机电动机在车辆的点火开关处于"ON"位置并且鼓风机开关打开时,在鼓风机控制模块的 X2 插头的 1 号端子位置应该有 12V 左右的电压。

（7）分别进入"K8 鼓风机控制模块"场景和"驾驶舱"场景中的"继电器盒"子场景，测量鼓风机控制模块 X2 插头 1 号端子到 F4DA 熔断丝之间的线路是否正常。

（8）通过测量判断鼓风机控制模块插头线束是否正常。测量供电导线熔断丝 F4DA 的 1 号端子与"鼓风机电动机控制模块"的 X2 插头 1 号端子的导线电阻值为 0.001Ω。

（9）进入"驾驶舱"场景中"继电器盒"的子场景，拔下 F4DA 熔断丝，使用万用表测量其本身的电阻值是多少。

（10）进入"驾驶舱内继电器盒"子场景后，根据系统中的"维修资料"中空调系统电路图查寻到 F4DA 号 40A 的熔断丝的具体位置，使用工具取下 40A 熔断丝 F4DA，点击"维修工具"按钮，调出万用表进行操作，确保万用表表笔连接可靠，连接位置正确。读取万用表显示屏所显示的测量值（此时的测量值显示为"1"），测量值显示"1"表示万用表的两个表笔之间的电阻值为"无穷大"。

（11）通过以上检查可以确认空调系统的故障原因。

11. 底盘系统（ABS 部分）故障诊断的考核点有：掌握汽车底盘系统故障的诊断流程；掌握诊断工具、设备的正确使用方法；掌握测量数据的分析能力；能够根据测量数据判断故障原因。

12. 在底盘系统（ABS 部分）故障诊断"模拟试卷"主界面下当点击"第四题"按钮情况下，屏幕上会出现"电气故障诊断"的提示说明（本部分为 ABS 故障诊断），考生阅读此界面的提示说明之后可以点击"确定"按钮进入答题操作界面。

13. 进入"电气（ABS）故障诊断"答题界面后，将在屏幕界面上显示一些重要信息（相关信息与发动机电控系统故障诊断部分说明相同，在此不作详细介绍）。

14. 底盘电气（ABS）系统故障诊断考核的具体项目有以下相关题目，要求考生拖动鼠标进入题目要求的场景，按照题目要求进行相关的操作、诊断和测量完成。

（1）将点火开关转到"Stare"挡位起动发动机，观察仪表位置有何异常。

（2）为排除故障，首先应该选择的检测仪器是什么。

（3）点击"维修工具"按钮选择合适的工具，读取故障码并记录，然后清除故障码，再重新读取的故障码含义是什么。

（4）查询维修手册中该故障码的"电路/系统说明"，说明轮速传感器输出信号频率与轮速有何关系。

（5）点火开关置于"ON"位置，点击场景导航中"发动机舱"场景进入"左前轮速传感器"场景，测量左前轮速传感器背部 1 号端子电压值是多少。

（6）点火开关置于"ON"位置，点击场景导航中"发动机舱"场景进入"左前轮速传感器"场景，测量左前轮速传感器背部 2 号端子电压值是多少。

（7）点击"发动机舱"场景进入"左前轮速传感器"子场景和"ABS"控制模块子场景，测量并判断故障码指示的轮速传感器 2 号端子与 ABS 控制单元之间的连接线状态（断路、短路、虚接、正常）。

（8）点击"发动机舱"场景进入"左前轮速传感器"子场景和"ABS"控制模块子场景，测量并判断故障码指示的轮速传感器 1 号端子与 ABS 控制单元之间的连接线状态（断路、短路、虚接、正常)。

(9)检测故障码指示的轮速传感器1—2端子电阻值是多少。

(10)通过以上步骤的测量和诊断可以确定底盘电控系统(ABS)的故障原因是什么。

当全部题目完成或者确定提交答卷时可点击上半部分右侧的"交卷"按钮,系统会提示未完成题目,但是并不影响提交答卷,输入验证码即可交卷,交卷成功则展示考试结束页面,实操考试结束。

第四篇 案例分析篇

1. 一辆行驶里程120000多km搭载四缸发动机的出租车,行驶无力,油耗增加,进厂维修。用量缸表进行汽缸压力测量,压力值见下表(该发动机标准压力为995kPa)。

注机油前汽缸压力值

汽缸	第一缸	第二缸	第三缸	第四缸
压缩压力(kPa)	750	830	850	805

滴入少许机油再次测量各汽缸的压力值,见下表。

注入机油后汽缸压力值

汽缸	第一缸	第二缸	第三缸	第四缸
压缩压力(kPa)	930	840	870	985

(1)根据测量值进行分析,可能由于气门密封不严造成漏气的汽缸有(B)。
　　A. 第一缸和第二缸　　　　　　　　B. 第二缸和第三缸
　　C. 第三缸和第四缸　　　　　　　　D. 第一缸和第四缸
(2)根据测量值进行分析,可能由于汽缸和活塞环磨损而造成漏气的汽缸有(D)。
　　A. 第一缸和第二缸　　　　　　　　B. 第二缸和第三缸
　　C. 第三缸和第四缸　　　　　　　　D. 第一缸和第四缸
(3)解体发动机对发动机进行大修检查,下列操作不正确的是(A)。
　　A. 沿对角线由中间向两边拆卸汽缸盖
　　B. 拆下活塞后要做好缸号和方向标记,按顺序摆放好
　　C. 拆下的连杆盖和轴承盖要做好序号和方向标记,按顺序摆放好
　　D. 拆下的液压挺杆需要做好序号,按顺序摆放好
(4)对发动机汽缸进行测量时,下列操作不正确的是(D)。
　　A. 用抹布清洁被测量汽缸
　　B. 用校准好的量缸表在止推方向与轴向测量汽缸缸径
　　C. 根据汽缸直径,选择合适的测量接杆
　　D. 校正量缸表的尺寸时,将外径千分尺调整至比被测汽缸的标准尺寸大1mm
(5)对活塞和活塞环进行测时,下列操作不正确的是(A)。
　　A. 在距活塞顶部规定距离处,用外径千分尺沿活塞销轴方向测量活塞直径
　　B. 使用塞尺测量新活塞环和环槽壁间的间隙
　　C. 检查活塞环端隙
　　D. 用活塞从汽缸体的顶部将活塞环推至活塞环底部,用厚薄规测量端隙

2. 一辆搭载六缸发动机的乘用车进厂维修,车主反应该车在高速公路上驾驶时经常出现冷却液温度高的现象,但在市区低速行驶时一切正常。经试车检查后,故障现象如车主所述。
(1)如果该车安排你主修,你首先会做下列工作中的哪些工作(可多选)?(ABCD)
　　A. 检查冷却液液面高度和冷却液清洁度
　　B. 目视冷却系统管路是否有破损和泄漏
　　C. 检查冷却风扇的运转情况
　　D. 检查水泵皮带张紧情况
(2)在上述检查中只发现冷却液偏少,补加后试车,发现冷却液又少了,故障依旧,接下

来你将如何处理(可多选)？(ABD)
  A. 对冷却系统管路进行密封性检查 B. 检查加热器芯是否泄漏
  C. 检查节温器的工作情况 D. 检查散热器盖的密封情况

(3) 上述检查没有发现问题,你将会怎么进行下一步？(C)
  A. 将散热器整个拆下进行进一步检查 B. 拆检水泵,检查水泵的密封情况
  C. 用压力试验器进一步测试冷却系统 D. 拆下加热器芯对其进行进一步检查

(4) 如果上述检查或维修确实验证发动机外部没有冷却液泄漏,而冷却液确实少了,那么我们可以采取的措施是用尾气分析仪的探头放在散热器的加水口,发动机由怠速加速几次,观察(A)读数变化。
  A. HC B. CO C. CO_2 D. NO_x

(5) 上述检查发现其中一种气体读数变化较大,那我们可以采取的措施是(可多选)(CD)。
  A. 更换散热器 B. 更换水泵和节温器
  C. 更换新的汽缸垫 D. 检查汽缸盖平面度

3. 一辆装配电控发动机的乘用车,行驶过程中突然熄火,再次起动出现发动机无法着车现象,拖至维修厂进行维修,下图为该车供油系统电路图。

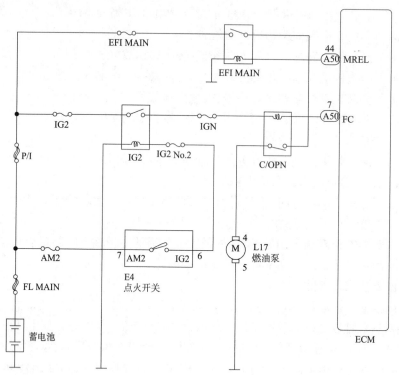

(1) 如果该车由你主修,你首先应该做(B)。
  A. 检查点火系统 B. 试车,确认故障是否存在
  C. 使用解码器读取故障码 D. 询问车辆的维修情况

(2) 经试火检查,点火功能正常,用解码器检查,无相关故障码,怀疑为油路控制系统故障,能够直接检查油泵及控制线路比较简有效的方法是(C)。

A. 测量油泵线路 B. 检查油泵熔断丝
C. 执行油泵主动测试 D. 检查油压

(3)关于油泵及控制线路测量,下列操作能够说明油泵及控制线路无故障的是(可多选)(AD)。

A. 用万用表测量油泵连接器两端子之间的电压。当点火开关打开瞬间或发动机运转时,电压值为蓄电池电压
B. 用万用表检测燃油泵继电器线圈,电阻值正常
C. 用万用表测量熔断丝阻值时,电阻值小于1Ω
D. 用万用表测量燃油泵电阻值,在常温下,标准电阻值为0.2~3.0Ω

(4)经检查,控制线路有故障,排除后起动发动机,感觉起动时间较长,怀疑油路压力不正常,关于油压测量,下列说法不正确的是(B)。

A. 将燃油压力表接入管路前,断开燃油泵插头或熔断丝后起动发动机,将燃油系统卸压
B. 如果燃油压力小于标准值,说明燃油泵有故障
C. 如果燃油压力大于标准值,说明燃油压力调节器有故障
D. 燃油压力在发动机停止5min后,如果燃油压力不符合规定,说明燃油系统保压能力不符合要求

(5)进行油压测量,测量结果为300~340kPa,该车正常值为295~345kPa。关闭发动机,燃油压力在发动机停止5min后变为80kPa,正常值为150kPa,根据测量结果分析,可能的故障部位有(可多选)?(ABC)。

A. 燃油泵止回阀 B. 压力调节器 C. 喷油器 D. 燃油压力传感器

4. 一辆行驶100000多km的手动挡乘用车,由于起步困难,加速无力,油耗增加进厂维修。

(1)如果该车由你主修,你首先应该做(B)。

A. 检查点火系统 B. 试车,确认故障是否存在
C. 使用解码器读取故障码 D. 检查供油系统

(2)用解码器读取故障码,没有相关故障码,怀疑离合器故障,下列能够简单判断离合器打滑的方法是(D)。

A. 起动发动机,拉紧驻车制动器操纵杆,踩下离合器挂一挡,松开离合器踏板发动机熄火
B. 坡路起步时,发动机总熄火
C. 拉紧驻车制动器操纵杆,车辆无法正常起步
D. 汽车挂高挡仍然能正常起步

(3)经检查,离合器确实打滑,先检查离合器踏板自由行程,下列关于离合器踏板自由行程说法不正确的有(A)。

A. 离合器自由行程过大会导致离合器打滑
B. 离合器踏板自由行程过小会导致离合器打滑
C. 离合器踏板自由行程可通过测量:离合器踏板高度与踩下离合器踏板直至开始感觉到离合器阻力时的离合器踏板高度的差值
D. 消除离合器自由间隙和分离机构、操纵机构零件的弹性变形所需要踩下的离合

器踏板行程称为离合器踏板自由行程

(4)将离合器踏板自由行程进行调整到规定的范围,进行试车,故障依旧,怀疑离合器内部有故障,拆下离合器检查,下列关于离合器检查说法不正确的有(A)。

　　A. 检查从动盘摩擦片是否有裂纹、烧蚀、减振器弹簧断裂等情况,检查从动盘摩擦片的磨损程度,只要铆钉头不外露,从动盘就能正常使用

　　B. 检查压盘表面粗糙度和平面度,压盘表面不应有明显的沟槽,沟槽深度应小于0.30mm,离合器压盘平面度不应超过0.2mm

　　C. 用游标卡尺测量膜片弹簧与分离轴承接触部位磨损的深度和宽度,深度应小于0.6mm,宽度应小于5mm

　　D. 检查膜片弹簧的变形,弹簧分离指内端应在同一平面内,间隙不应超过0.5mm

(5)经检查发现离合器从动盘严重烧蚀,下列哪些操作能够引起离合器从动盘烧蚀(可多选)?(ABC)。

　　A. 习惯将脚放在离合器踏板上驾驶　　B. 总坡路起步

　　C. 总不松驻车制动起步　　　　　　　D. 不踩离合器换挡

5. 一辆行驶30000多km的乘用车,前桥采用的是麦弗逊式独立悬架,由于轮胎异常磨损进店检查。经检查该车前轴左轮胎内侧出现严重偏磨损,右轮胎正常,请回答下列问题。

(1)下列哪些原因能够造成轮胎偏磨(可多选)?(BCD)。

　　A. 轮胎动平衡不正确　　　　　　　　B. 车轮定位参数

　　C. 轮胎气压　　　　　　　　　　　　D. 底盘杆件变形

(2)经检查,没有检查到明显故障,决定给车辆做定位,下列关于四轮定位说法不正确的有(C)。

　　A. 将轮胎调整至规定压力

　　B. 如果轮胎磨损严重,先更换轮胎再进行四轮定位

　　C. 为了使测量更加准确,要有一个人坐在驾驶位置进行四轮定位

　　D. 底盘组件如果有变形,要先进行更换底盘组件再进行四轮定位

(3)关于定位参数对车辆的影响,下列说法不正确的有(C)。

　　A. 前束不正确会导致轮胎异常磨损

　　B. 外倾角不正确会导致轮胎异常磨损

　　C. 主销后倾角不正确会导致轮胎异常磨损

　　D. 内倾角不正确会导致轮胎异常磨损

(4)经定位检查后,检查主要参数如下,你认为造成该车此故障原因中,最有可能的是(B)。

前轮前束		前轮外倾角		主销后倾角		主销内倾角	
左:	右:	左:	右:	左:	右:	左:	右:
0.06°	0.07°	2.01°	0.46°	4.21°	4.32°	11.02°	10.87°

　　A. 前束不正确　　　　　　　　　　　B. 外倾角不正确

　　C. 主销后倾角不正确　　　　　　　　D. 内倾角不正确

(5)根据上述分析判断,你认为该采取哪项措施对故障进行排除(B)。

A. 调整前束　　　　B. 调整外倾角　　　　C. 调整内倾角　　　　D. 调整后倾角

6. 一辆装配 ABS 的乘用车,行驶 30000 多 km,车主反映在紧急制动时 ABS 不起作用,进厂维修。

(1) 如果该车交由你来维修,首先要做的工作是(B)。
　　A. 检查 ABS 故障灯是否正常　　　　B. 试车,确认故障是否存在
　　C. 使用解码器读取故障码　　　　　　D. 询问驾驶员车辆维修情况

(2) 试验 ABS 是否工作最简单的方法是(D)。
　　A. 用解码器执行主动元件测试功能
　　B. 在制动试验台上检测
　　C. 路试查看制动痕迹
　　D. 通过紧急制动查看制动踏板是否有脉动

(3) 用解码器检测,有故障提示,为左后轮速传感器断路或短路,可能的原因是(可多选)?(ABCD)。
　　A. 左后轮速传感器线路故障　　　　B. ABS 电控单元故障
　　C. 左后轮速传感器故障　　　　　　D. 左后轮速传感器信号齿圈不良

(4) 把后轮两个传感器对调后检查,故障依旧,则说明(C)。
　　A. 左后轮速传感器线路无故障　　　B. ABS 电控单元无故障
　　C. 左后轮速传感器无故障　　　　　D. 左后轮速传感器信号齿圈无故障

(5) 在用万用表对左后速传感器线路测量时,下列说法错误的是(C)。
　　A. 在用万用表对左后速传感器线路测量时,应切断电源,断开 ECU 和轮速传感器两侧线束
　　B. ABS 电子控制单元(ECU)对过电压、静电非常敏感,插拔 ECU 上的连接器应做好防静电措施
　　C. 断开线束后,测量左后轮速传感器两根线束之间的电阻值应小于 1Ω
　　D. 断开线束后,测量左后轮速传感器线束与搭铁之间的电阻值应为无穷大

7. 一辆行驶里程 76000 多 km 的乘用车,车辆无法起动,拖到厂里维修。

(1) 如果该车交由你来维修,首先要做的工作是(B)。
　　A. 检查蓄电池　　　　　　　　　　B. 试车,确认故障是否存在
　　C. 使用解码器读取故障码　　　　　D. 询问车辆的维修情况

(2) 经检查,操作该车点火开关时,起动机一点反映没有,打开灯光开关,灯光暗淡,怀疑蓄电池亏电严重,对蓄电池检查,下列哪种方法不能直接判断蓄电池状态(A)。
　　A. 用万用表测量蓄电池端电压　　　B. 用密度计测量蓄电池密度
　　C. 用蓄电池测试仪测量蓄电池　　　D. 用高率放电计检测蓄电池

(3) 经检查,蓄电池亏电严重,对其进行充电,但很长时间也充不满,更换蓄电池试车,车辆顺利起动,接下来你应该做什么(可多选)?(BCD)
　　A. 故障排除,车辆交付　　　　　　B. 检查发电机皮带是否正常
　　C. 检查车辆是否漏电　　　　　　　D. 检查发电机是否能够给蓄电池充电

(4) 下列对发电机是否发电说法正确的是(C)。

A. 当发动机起动后,充电指示灯一直点亮,说明发电机不发电

B. 当发动机起动后,用万用表测量蓄电池电压,如果为12V左右,说明发电机发电

C. 当发动机起动后,用万用表测量蓄电池电压,如果电压为12.5~14.5V,说明发电机发电

D. 起动发动机后,充电指示灯不亮,说明发电机发电

(5)下列哪些原因会造成发电机不发电(可多选)。(AB)

A. 发电机控制电路故障　　　　　B. 发电机内部损坏

C. 发电机皮带过紧　　　　　　　D. 蓄电池亏电

8. 一辆行驶30000多km的乘用车,车主描述说电动刮水器不工作,进厂维修,下图为该车电动刮水器电路图。

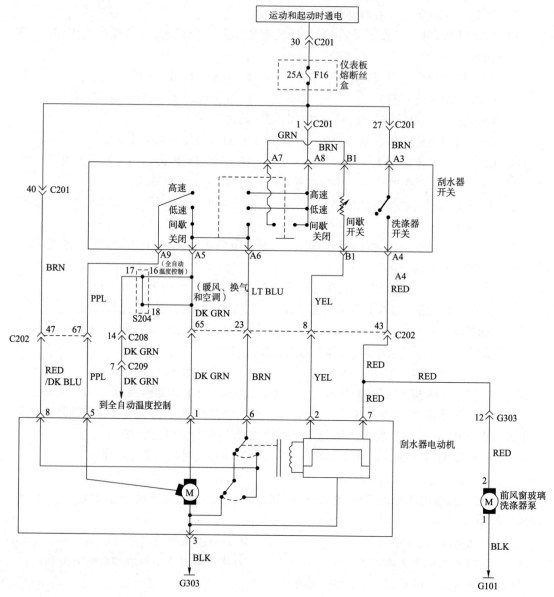

(1)如果该车交由你来维修,首先要做的工作是(B)。
　　A.检查电动刮水器电动机　　　　B.试车,确认故障是否存在
　　C.使用解码器读取故障码　　　　D.询问驾驶员车辆的维修情况
(2)经检查,无论将刮水器拨到哪个挡位,刮水器都不工作,怀疑供电线路有故障,对供电线路检查,下列说法不正确的是(C)。
　　A.拔下熔断丝,测量熔断丝电阻,如果阻值小于1Ω,说明熔断丝正常
　　B.打开点火开关,测量熔断两端对蓄电池负极电压,如果都为蓄电池电压,说明熔断丝及熔断丝前面的供电线路正常
　　C.拔下刮水器开关线束,打开点火开关,测量线束侧 A3 端子对蓄电池负极电压,如果电压为蓄电池电压,则刮水器开关供电正常
　　D.拔下刮水器电动机线束,打开点火开关,用万用表测量线束侧 8 号端子对蓄电池负极电压,如果电压为蓄电池电压,则刮水器电动机供电正常
(3)经检查,供电线路正常,怀疑刮水器开关及线路故障,对刮水器开关及线路进行检查,下列说法不正确的是(A)。
　　A.断开刮水器开关线束,当刮水器开关处于"OFF"位置时,用万用表测量开关各端子之间的电阻值,如果电阻值为无穷大,说明开关正常
　　B.断开刮水器开关线束,当刮水器开关处于"间歇"位置时,如果刮水器开关正常,用万用表测量开关 A7 端子和 A8 端子之间的电阻值应小于1Ω
　　C.断开刮水器开关线束,当刮水器开关处于"LO"位置时,如果刮水器开关正常,用万用表测量开关 A5 端子和 A8 端子之间的电阻值应小于1Ω
　　D.断开刮水器开关线束,当刮水器开关处于"HI"位置时,如果刮水器开关正常,用万用表测量开关 A8 端子和 A9 端子之间的电阻值应小于1Ω
(4)经检查,刮水器开关及线路正常,接下来检查刮水器电动机及线路,对刮水器电动机及线路检查下列说法正确的是(C)。
　　A.断开刮水器电动机线束,将蓄电池正极(+)引线连接至刮水器端子1,并将蓄电池负极(-)引线连接至端子3,如果刮水器电动机低速(LO)运转,则电动机低速挡正常
　　B.断开刮水器电动机线束,将蓄电池正极(+)引线连接至端子5,并将蓄电池负极(-)引线连接至端子3,如果刮水器电动机高速(HI)运转,则电动机高速挡正常
　　C.断开刮水器电动机与刮水器开关线束,用万用表测量各线束与蓄电池负极之间的电阻值,如果电阻值都小于1Ω,则说明线束没有对负极短路
　　D.断开刮水器电动机与刮水器开关线束,用万用表测量线束对应端子电阻值,如果电阻值都小于1Ω,说明线束无断路
(5)经检查,电动机各转速正常,而线束有故障,根据以上测量结果和电路图分析,可能出现故障的线束是以下哪项(A)。
　　A.刮水器电动机搭铁线束　　　　B.刮水器电动机高速挡线束
　　C.刮水器电动机低速挡线束　　　　D.刮水器电动机间歇挡线束
9.一轿行驶 40000 多 km 的乘用车,车主感觉空调不制冷,进店维修。

(1)如果该车交由你来维修,首先要做的工作是(B)。
　　A.检查空调压缩机　　　　　　　B.试车,确认故障是否存在
　　C.使用解码器读取故障码　　　　D.询问驾驶员车辆的维修情况

(2)经检查,该车空调制冷系统不工作,空调压缩机不工作,下列哪些原因能够造成压空调压缩机不工作(可多选)？(ABC)。
　　A.压缩机电磁离合器损坏　　　　B.电磁离合器控制线路故障
　　C.制冷剂泄漏　　　　　　　　　D.冷凝器过脏

(3)用压力表检查空调管路,经检查,管路内几乎没有制冷剂,制冷管路可能有泄漏,下列关于制冷管路检漏操作说法正确的是(可多选)？(ABCD)。
　　A.可通过抽真空,然后观察真空表压力变化情况判断管路是否泄漏
　　B.通过向管路中加入染色剂,用紫外线照灯进行检漏
　　C.通过先向管路中充注制冷剂,然后用检漏仪检漏
　　D.通过先向管路中充注制冷剂,然后用肥皂泡进行检漏

(4)经检查,冷凝器处有泄漏,维修后,对其进行抽真空,加注制冷剂,对管路抽真空和加注说法不正确的是(D)。
　　A.抽真空结束后,要停机 5min 以上,检查压力表读数。如果读数没有变化,则说明管路无渗漏
　　B.更换空调管路后,在充入制冷剂之前,要充入相应量的冷冻机油,加注冷冻机油量为回收制冷剂时所排出的冷冻机油量
　　C.加注制冷时,制冷剂加注量要比标准量多些,以防止泄漏损失
　　D.在汽车空调系统不工作的情况下,已经无法继续加注制冷剂至标准量时,需要在汽车空调运转情况下,由高压端和低压端继续补充加注制冷剂

(5)加注后,试车,空调系统仍然不制冷,压缩机不工作,对压缩机控制电路进行检查,下列说法正确的是(C)。
　　A.断开电磁离合器线束,直接给电磁离合器通电,如果电磁离合器不吸合,则说明电磁离合器损坏
　　B.断开电磁离合器线束,当空调开关打开时,用万用表测量电磁离合器线束侧电压,如果为蓄电池电压,则说明电磁离合器控制线路正常
　　C.低压开关安装在低压管路上,制冷管路正常的情况下,用万用表测量低压开关电阻值应小于1Ω
　　D.高压开关安装在高压管路上,制冷管路正常的情况下,用万用表测量低压开关电阻值应为无穷大

10.一辆装备总线系统的乘用车,出现发动机起动后熄火,进厂维修。
(1)如果该车交由你来维修,首先要做的工作是(B)。
　　A.检查点火系统　　　　　　　　B.试车,确认故障是否存在
　　C.使用解码器读取故障码　　　　D.询问车辆的维修情况

(2)读取故障码,有故障码提示"驱动数据总线(CAN)损坏",关于 CAN 数据总线,下列说法不正确的是(D)。

A. CAN 数据总线采用双绞线

B. CAN—H 电压幅值是 0~4V

C. CAN—L 电压幅值是 5~1V

D. CAN 数据总线中如果两条线互相短路后，CAN 数据总线不能工作

(3)根据故障提示，对 CAN 数据总线进行检查，经测量 CAN 数据总线波形，发现波形都是一条电压接近 0V 的直线，根据测量结果，说明(C)。

A. CAN—H 和 CAN—L 数据总线断路

B. CAN—H 和 CAN—L 数据总线互相短路

C. CAN—H 和 CAN—L 数据总线对地短路

D. CAN—H 和 CAN—L 数据总线对电源短路

(4)经分析电路图，发现 ABS、发动机控制单元、变速器控制单元、安全气囊控制单元、仪表控制单元都与 CAN 数据总线相连，根据以上分析，接下来的做法你认为正确的是(A)。

A. 逐一断开控制单元线束插接器，检查故障是否消失

B. 测量 CAN 数据总线电阻，判断故障

C. 逐一更换控制单元，检查故障是否消失

D. 紧固搭铁线路，检查故障是否消失

(5)经上述检查，故障没有排除，故障最有可能发生的部位是(C)。

A. 控制单元损坏   B. 供电线路

C. CAN 数据总线线路   D. 搭铁线路

附 录

附录一

全国机动车检测维修专业技术人员职业水平考试《机动车检测维修法规与技术》模拟试卷(级别:机动车检测维修工程师,专业:机动车机电维修技术)

级别:机动车检测维修工程师　　专业:机动车机电维修技术
总分:100 分　　　　　　　　　考试时间:180min
姓名:_____　　　　准考证号:_____

注意事项:

1. 答题前,考生在试卷和答题卡上用钢笔或签字笔将自己的姓名、准考证号书写清楚,并在答题卡指定位置用 2B 铅笔填涂准考证号、专业、级别选项。

2. 选出每题的答案后,用 2B 铅笔在答题卡上把对应题目答案的选项标号涂黑。如需改动,请用橡皮擦干净后,再重新选涂。

3. 在试卷上作答视为无效,也不得做任何其他标记。

4. 考试结束后,请将试卷及答题卡一并交回。

一、是非判断题(共30题,每题1分,共30分)

答题要求:每道题给出一个陈述,要求判断这个陈述"正确"还是"错误",然后依照题号在答题卡相应位置填涂,"正确"涂 A,"错误"涂 B。

1. 公正收取费用是指机动车检测维修专业技术人员要严格按照国家有关规定和合同约定,工时费必须按照备件价格等额收取,依法开具发票。

2. 诚实对待客户指机动车检测维修专业技术人员要以善良真诚的态度对待客户,高端品牌可以适当利用技术优势隐瞒真实情况以及规定的价格、维修工时标准。

3. 为了减少汽车起步时冲击,液力变矩器的扭矩没有放大。

4. 同等道路负荷与发动机负荷情况下,倒挡时系统主压力比前进挡主油压要低。

5. 发动机飞轮输出的转矩不管什么情况都与变速器输出转矩大小相同。

6. 目前乘用车为了提高舒适性,应用的轮胎主要是低压(超低压)、无内胎的斜交轮胎。

7. 甲醇汽油是指将国标汽油与甲醇、添加剂按照一定比例调配而成,甲醇的比例最多可以加到85%。

8. 汽车车身为了加强安全性能,通常在车身A柱、B柱、C柱以及用于各柱之间连接的上横梁与底板梁采用超高强度的钢材。

9. 塞尺使用前必须将钢片擦净,还应尽量减少重叠使用的片数,因为片数重叠过多会增加误差。

10. 百分表利用指针和刻度将表上芯轴移动量放大来表示测量尺寸。

11. 回收、净化、加注制冷剂时,要戴护目镜,谨防制冷剂溅入眼内或溅到皮肤。

12. 可燃金属片、车削或刨削形成的火险要用干粉灭火器。

13. 发动机工作过程中,汽缸内的压力最高点位于上止点前50左右。

14. 发动机有效功率与指示功率的概念是一样的,都是发动机最终输出轴上得到的净功率。

15. 有效燃油消耗率是指单位有效功的耗油量。

16. 压电元件是一个电气机械式转换元件,在一定范围内,对其施加的压力越高、压电晶体产生的电压越低。

17. 三元催化转化器是利用转化器中的三元催化剂的作用,将废气中的有害气体(如碳氢化合物、一氧化碳、氮氧化合物)转变为无害二氧化碳、水及氮气。

18. 安全气囊与自动空调系统出现故障码时,故障码通常是以B开头作为前缀的。

19. 为了保障车身设计强度与等寿命,采用的车身结构材料都是一样的。

20. 汽缸磨损最大部位是位于缸筒中部位置附近。

21. 汽缸体平面度检测是在汽缸体上表面的6个方向进行测量。

22. 曲轴主轴瓦安装需要在轴瓦内侧涂抹机油进行润滑。

23. 塑性螺栓紧固原则是通过角度尺一次性紧固到位。

24. 四驱车辆,ESP起作用时,后桥轮间电子差速锁必须要解锁。

25. 对于智能充电系统,发电机发出电流大小的影响因素主要有蓄电池容量与电量、环境影响、用电设备开启情况以及发动机工况。

26. 双级安全气囊根据碰撞严重程度,可以只展开一级气囊,另外一级气囊不展开,这样展开一级后的气囊还可以再次使用。

27. LIN网络采用主从结构设计,单线进行信号传递,如果单线出现短路,则网络通信失效。

28. 做好配件入库验收。通常按照下列步骤:核对凭证、大数点收、检查包装、办理交接手续、配件验收、办理入库手续。验收有问题的弄清责任,及时解决。

29. Keep distance 的中文意思为保持距离。

30. The parking brakes 的中文意思是驻车制动。

二、单项选择题(共40题,每题1分,共40分)

答题要求:每题有4个选项,只有一个选项正确,请选出正确选项后,在答题卡相应位置填涂,多选或不选均不得分。

31. 坚持公平竞争指机动车检测维修专业技术人员要按照法律、法规、规章的要求进行竞争,不采取违法和损害行业的手段进行竞争。下面选项涉及违背公平竞争的做法是

( )。

  A.甲经销商制定了比乙经销商费用/工时低的促销活动
  B.甲经销商在举办售后市场活动时使用诋毁乙经销商的配件为副厂件
  C.修理企业打出工时费免费的优惠活动月
  D.两家经销商之间相互备件借用

32. 按照国家的相关法律、法规以及标准要求,下列理解正确的有( )。
  A.新车型投入市场后,汽车生产厂家有义务在 24 个月内向社会公布维修技术信息
  B.新车型投入市场后,汽车生产厂家有义务向社会公布维修技术信息,但可以不公布工时定额
  C.维修企业的结算清单要求工时费与材料费应该分项计算。维修后没有结算清单的。托修方有权拒绝支付费用
  D.道路运输管理机构的执法人员在机动车维修经营场所实施监督检查时,可以只派出一名工作人员,并出示交通运输部监制的交通行政执法证件

33. 根据《汽车大修竣工出厂技术条件》(GB/T 3798—2005)要求。下面说法正确的是( )。
  A.维修作业检验对轮距有要求,对左右轴距的偏差没有要求
  B.汽车同轴上装用的轮胎型号、品种、花纹应一致;且转向轮不能使用翻新胎
  C.车身、保险杠及翼子板左右对称,各对称部位离地面高度差不大于 30mm
  D.汽车大修走合期满后,燃料消耗量不得大于该车型原设计规定的 95%

34. 关于发动机特性下面说法正确的是( )。
  A.相同的发动机转速下,进气量越大,发动机负荷越小
  B.相同发动机的输出转矩下,转速越高,发动机的功率就越大
  C.在相同发动机功率下,发动机转速越高,发出的转矩越大
  D.相同转速下,发动机功率与转矩成正比

35. 关于自动变速器内部的行星齿轮组,下面说法正确的是( )。
  A.单排行星齿轮组中,稳态情况下,行星轮作用在齿圈的力与齿圈作用在行星轮上的力大小是相等的
  B.无论什么工况下,太阳轮与齿圈的转动方向都是相反的
  C.拉威挪行星齿轮的长行星轮同时与两个太阳轮啮合
  D.拉威挪行星齿轮中的短行星齿轮同时与两个太阳轮啮合

36. 我国市场上的轮胎规格与信息,下面说法正确的是( )。
  A.轮胎侧壁信息包含轮胎生产日期
  B.轮胎侧壁信息不包含有耐磨指数
  C.胎面上信息 TREADWEAR 表示为轮胎耐高温级别标识
  D.205/55R16 91V 的最后一个字母 V 表示载重指数标识

37. 关于润滑脂的滴点,下面描述正确的是( )。
  A.滴点是指润滑脂从不流动状态转变为流动状态,在一定试验条件,润滑脂完全液化时的温度

B. 滴点是指润滑脂从不流动状态转变为流动状态,在一定试验条件下滴出第一滴润滑脂的温度

C. 滴点是指标准尺寸、形状和质量的金属圆锥体,在一定温度下沉入润滑脂内 5s 深度的 10 倍值

D. 滴点是指润滑脂含水量的质量百分比

38. 使用游标卡尺测量发动机部件时,右图所示游标卡尺读数正确的是(　　)。

  A. 7.42mm   B. 7.442mm

  C. 74.2mm   D. 74.42mm

39. 使用千分尺测量传动系统轴承外径时,右图所示外径千分尺读数正确的是(　　)。

  A. 55.01mm   B. 55.1mm

  C. 56mm   D. 56.01mm

40. 关于车间人员的着装规范,以下说法正确的是(　　)。

  A. 为确保准时交车,工作时维修组长可以戴手表

  B. 穿长袖工作服时,应该把衣服的袖子扣紧

  C. 为了便于工作,员工在维修作业时一般应穿运动鞋

  D. 在车间工作时,允许员工佩戴少量的个人物品,如戒指

41. 蓄电池在充电时,会产生的气体是(　　)。

  A. CO,SO_2 B. H_2,O_2 C. 水蒸气,CO_2 D. HC,CO

42. 下面关于锂离子电池说法正确的是(　　)。

  A. 锂离子电池的锂化合物作为锂离子电池的负极

  B. 锂离子电池正极材料是碳

  C. 锂离子电池不需要电解液材料

  D. 锂离子电池中隔板主要防止正负极短路

43. 燃料电池的能量转换效率相比较内燃机(　　)。

  A. 转换效率相同   B. 比汽油机低

  C. 比汽油机、柴油机都高   D. 比汽油机高,比柴油机低

44. 在采用歧管压力传感器作为进气计量的汽油发动机上,若PCV阀卡住在全开位置,最可能产生的症状是(　　)。

  A. 混合气过浓   B. 怠速转速低于正常值

  C. 发动机冒黑烟   D. 怠速转速高于正常值

45. 四冲程发动机的进气行程,为了利用高速气流的惯性多进气,进气门一般会(　　)。

  A. 在下止点 5°～10°关闭   B. 在上止点 10°～20°关闭

  C. 在下止点后 40°～70°关闭   D. 在上止点后 90°～180°关闭

46. 在实际工作中,汽油机混合气过量空气系数 λ 值在(　　)范围燃烧速度最快。

  A. 0.2～0.3   B. 0.45   C. 0.8～0.9   D. 1.1

47. 关于柴油机与汽油机的有效燃油消耗率与有效热效率,下面说法正确的是(　　)

A.有效燃油消耗率:汽油机比柴油机的高;有效热效率:汽油机比柴油机低

B.有效燃油消耗率:汽油机比柴油机的低;有效热效率:汽油机比柴油机高

C.有效燃油消耗率:汽油机比柴油机的高;有效热效率:汽油机比柴油机高

D.有效燃油消耗率:汽油机比柴油机的低;有效热效率:汽油机比柴油机低

48.关于柴油发动机排放控制DPF系统的描述,下面说法正确的是( )。

A.DPF是通过控制空燃比来实现颗粒排放物的降低

B.通过监测DPF前后压力差来判断是否需要启动再生程序

C.DPF主要是控制NO_x的排放量

D.DPF主要是控制废气中的CO_2含量

49.相对自然吸气发动机,缸内直喷与涡轮增压发动机的特点,下面说法正确的是( )。

A.燃油压力大小基本相同　　　　　　B.燃油蒸发排放控制部件结构基本相同

C.直喷发动机的燃油压力较高　　　　D.PCV系统的部件结构基本相同

50.关于评价制动性能主要评价的方法有( )。

A.前后轴制动力分配与是否配置ESP

B.制动效能、制动效能稳定性与制动方向稳定性

C.制动踏板力、制动主缸压力与制动距离

D.制动力大小与制动踏板行程

51.汽车上采用了多种形式的网络进行信号传递通信,下面选项中网络传递速度最快的是( )。

A.MOST　　　　B.CAN　　　　C.ISO9141　　　　D.LIN

52.自动刮水器上使用的雨量传感器的说法,下面描述正确的是( )。

A.通过感知雨滴的质量来控制刮水器运动

B.通过感知雨水的温度来控制刮水器运动

C.通过感知雨滴光的折射量来控制刮水器运动

D.通过感知雨滴冲击风窗玻璃的力度来控制刮水器运动

53.以下关于活塞环检测,描述正确的是( )。

A.使用塞尺测量活塞环与环槽的间隙,此为开口间隙

B.活塞环侧隙过大,会造成机油消耗过多

C.测量活塞环开口间隙时,将活塞环置于汽缸中部位置

D.活塞环开口间隙为0最佳,因为机油消耗最少

54.以下关于4缸发动机处于1缸上止点时,可以执行气门间隙检测描述正确的是( )。

A.1缸进气门、4缸排气门　　　　　　B.2缸排气门、3缸进气门

C.4缸进气门、1缸排气门　　　　　　D.3缸排气门、2缸进气门

55.以下关于组装时一些部件表面涂抹机油主要目的,描述正确的是( )。

A.安装过程中发现部件的缺陷

B.让发动机快速升高到正常工作温度

C.可以防止发动机工作温度过高

D.着车的前期,在机油压力上升前确保部件有润滑效果

56. 一台发动机进气门间隙实测为0.10mm,实际气门挺杆厚度为8.00mm,标准的气门间隙为0.26～0.34mm,则优选更换气门挺杆的厚度为(　　)。
    A. 7.80mm　　　　B. 7.20mm　　　　C. 8.30mm　　　　D. 8.60mm

57. 关于手动变速器离合器的结构,下面说法正确的是(　　)。
    A. 液压离合器踏板处于释放时,分离轴承与分离爪处于接触状态
    B. 离合器踏板处于释放状态时,飞轮上的导向轴承与手动变速器的输入轴处于相对运动状态
    C. 液压离合器由于离合器主缸与液压分离轴承间的管路较近,因此换油后无须进行排气
    D. 液压离合器随离合器片的磨损,需要进行离合器踏板自由行程调整

58. 针对自动变速器内部元件的结构特点,下面说法正确的是(　　)。
    A. 有些离合器缸壁或活塞上常常会有一个活动球,该活动球的作用是保证离合器泄油时可彻底泄油
    B. 有些离合器的组成部件中有一个碟形片,该碟形片的作用是保证离合器接合时快速,释放时缓慢
    C. 自动变速器的换挡滑阀和执行元件间液压控制油路中设置一个旁通单向球阀接合时快速给执行元件加压,释放时缓慢给执行元件泄压
    D. 为了增加耐磨性,自动变速器的液压阀体一般都使用铁质液压控制阀体

59. 配置自动变速器的车辆,能够影响发动机起动的传感器是(　　)。
    A. 挡位传感器　　　　　　　　　B. 输入轴转速传感器
    C. 输出轴转速传感器　　　　　　D. 油温传感器

60. 对于电控悬架系统,下面说法正确的是(　　)。
    A. 更换高度传感器后不需要进行学习
    B. 驻车时,当点火开关关闭后,乘客和行李质量的变化使汽车高度高于目标高度时,系统会自动将汽车高度降低到目标高度
    C. 汽车在横向坡道高速行驶和汽车高速急转向时,悬架系统刚度转换为"柔和"状态
    D. 空气压缩机干燥器可将空气中的水分过滤掉。发动机维护时,需要同时更换干燥器

61. 关于底盘的说法,下面说法正确的是(　　)。
    A. 左右驱动轮的轮辋偏距大小必须相同,不然会造成车辆跑偏
    B. 推力角过大,会造成后轮轮胎摩擦,但不会造成跑偏
    C. 为了保证车辆的正常行驶,前轮距与后轮距必须完全相等
    D. 通常前轮驱动采用正前束,但也有前轮前束采用负前束的车型

62. 关于动力转向压力开关的功能描述说法正确的是(　　)。
    A. 当转向时,进行发动机转速的补偿
    B. 当转向时,用此信号控制助力泵的流量控制阀
    C. 根据车速的变化,以实现转向助力的变化
    D. 控制转向助力泵高压油管的油压

63. 技师在使用万用表二极管挡测量压缩机线路上二极管时,上面显示的数字为0.3,这

个数据代表( )。

　　A. 说明二极管的电阻为0.3Ω　　　　　　B. 说明二极管的电阻为300Ω

　　C. 说明二极管的电压降为0.3V　　　　　　D. 说明二极管的电流限值为0.3A

64. 对于高速CAN网络,下面说法正确的是( )。

　　A. Key ON,万用表测量CAN-H电压为4.5 V左右

　　B. Key OFF,CAN-H与CAN-L电压应该马上变为零,否则有可能导致车辆漏电

　　C. CAN网络节点上任意模块失效,将会造成整个网络失效

　　D. 在CAN网络中,网线出现短路故障,网络仍有可能有限信息传递

65. 配件存放一般采用的储存方法是( )。

　　A. 分区　　　　　B. 分类　　　　　C. 分性质　　　　　D. 分区分类

66. 工程师在给维修技师编写岗位职责时,下面的描述比较适合岗位职责的是( )。

　　A. 保证按时、按质完成修理加工任务,个人工时利用率达到计划指标

　　B. 负责监督指导各项工艺操作规程、保修规范的执行情况

　　C. 保证严格地按修车进度要求完成维修任务,确保车间绩效达成

　　D. 主持车间生产工作,全面领导车间的各项工作

67. HEV的中文的意思是( )。

　　A. 纯电动汽车　　　　　　　　　　　　B. 混合动力电动汽车

　　C. 氢气燃料汽车　　　　　　　　　　　D. 天然气汽车

68. 下列属于排放系统部件的是( )。

　　A. TWC　　　　　B. WOT　　　　　C. PS Switch　　　　　D. IGN

69. "Do keep chemical materials out of reach of children."的中文意思是:

　　A. 存放化学制品材料时保持在远离儿童能触碰到的范围

　　B. 有些维修废品可以让儿童进行处理

　　C. 儿童需要使用专门的儿童座椅

　　D. 儿童必须要坐在后排座椅以保障安全

70. 右图所示的图标表示的含义是( )。

　　A. Explosive hazard symbol

　　B. Fire hazard symbol

　　C. Corrosive substance symbol

　　D. Head protection symbol

三、多项选择题(共30题,每题1分,共30分)

答题要求:每题有4个选项,有两个或两个以上选项是正确的,请选出正确选项后,在答题卡相应位置填涂,多选、少选或不选均不得分。

71. 公正收取费用对检测维修专业技术人员要严格执行的有( )。

　　A. 按照国家有关规定与合同约定合理结算费用

　　B. 按照国家有关规定与合同约定开具发票

　　C. 在质保期内的车辆维修,可以不开具客户委托工单

D. 客户做维修的简单工作可以不开具客户委托工单

72. 关于《家用汽车产品维修、更换、退货责任规定》中规定,下列情形经销商可以免除三包责任的有(　　)。
    A. 消费者所购家用汽车产品没有被书面告知存在瑕疵的
    B. 使用说明书中明示不得改装、调整、拆卸,但消费者自行改装、调整、拆卸而造成损坏的
    C. 发生产品质量问题,消费者自行处置不当而造成损坏的
    D. 因消费者未按照使用说明书要求正确使用、维护、修理产品,而造成损坏的

73. 按照《混合动力电动汽车维护技术规范》(JT/T 1029—2016)规定,总质量不小于3500kg 的混合动力电动汽车,规定了混合动力电动汽车维护的作业安全和技术要求。下面关于要求说法正确的有(　　)。
    A. 只要经过企业内部培训,维修人员无须持证上岗
    B. 维修时,维修工作区域应用隔离栏隔离,并悬挂警示牌
    C. 进行高压电路维护时,应断开高压电路,直到整车维护作业完成后才能接通
    D. 进行高压系统绝缘检测时,应断开高压电路和重要总成

74. 关于驱动桥的结构与原理,下面说法正确的有(　　)。
    A. 主动锥齿轮轴上的传动转矩等于两个半轴上转矩的和
    B. 直线行驶时,半轴齿轮与行星齿轮没有相对运动
    C. 减速器主动锥齿轮与从动齿轮的啮合面要求严格,不然会造成部件损坏
    D. 主减速器内部为了承受更大的支撑力,内部轴承均需要采用圆柱滚珠轴承

75. 关于车辆的转向与悬架的理解,下面说法正确的有(　　)。
    A. 横向稳定杆在车身与悬架之间相对位置变化时起稳定作用
    B. 每个减振器承担车身质量的1/4
    C. 为了改善转向的响应性,通常齿轮齿条转向机的齿条上的齿距采用不等距的结构
    D. 在方向打死到一端并保持时,液压转向助力泵此时提供最大的助力油流量

76. 对汽车制动液的技术性能要求主要有(　　)。
    A. 橡胶密封件膨胀率　　　　　　B. 腐蚀性
    C. 沸点　　　　　　　　　　　　D. 热传导性

77. 量缸表需要装配才能使用,下列关于使用量缸表测量缸径的说法中,正确的有(　　)。
    A. 首先通过游标卡尺测量缸径后获得公称尺寸,利用该测量值作为选择合适杆件的参考
    B. 根据所测缸径的公称尺寸,调整量杆长度比缸径大 0.5~1.0mm
    C. 将百分表插入表杆上部固定、无须预压
    D. 对量缸表进行校零

78. 使用塑料线间隙规测量曲轴轴承间隙的使用方法,下面说法正确的有(　　)。
    A. 使用时,先清洁、润滑曲轴与大瓦轴承
    B. 修剪合适大小的塑料线间隙规,穿过曲轴轴颈,利用润滑脂固定在合适的地方
    C. 拧紧曲轴螺栓到规定的力矩,转动曲轴轴颈一圈

D. 露出塑料线间隙规。将塑料线间隙规挤压后宽度和所提供的规卡相对比

79. 以下车间安全事故,属于人为因素造成的是( )。
    A. 踩到了工具摔倒受伤
    B. 车间工作通风不良中毒
    C. 维修发动机高压燃油管路没泄压,造成手部伤害
    D. 操作砂轮机未戴护目镜损害眼睛

80. 安全用电是企业经营管理的基本原则之一,为了防止触电事故的发生,以下安全措施比较恰当的有( )。
    A. 电动机的外壳采用保护搭铁,避免当人体触及带电的外壳时,就会有电流通过人体,造成触电事故
    B. 保护接零就是将电气设备的金属外壳与零线可靠连接,提供触电保护
    C. 根据电气设备的绝缘要求规定,固定电气设备的绝缘电阻不能低于1000Ω
    D. 根据电气设备的绝缘要求规定,可移动的电气设备,如手提式电钻,绝缘电阻不能低于2000Ω

81. 关于汽车动力传递形式,下面说法正确的是( )。
    A. 串联式混合动力车型的发动机可以直接把动力输出用于车辆驱动
    B. 并联式混合动力车型可以同时使用发动机与电机作为动力源来驱动车辆。也可以单独使用发动机或电机作为动力源
    C. 混联式混合动力车型的发动机只作为发电机供电给高压电池,通过高压电池进行车辆驱动
    D. 增程式的电动汽车的发动机只作为给发电机提供动力,不直接驱动车辆

82. 下面关于影响充气效率因素描述正确的有( )。
    A. 可变进气道有助于提升充气效率
    B. 进气终了压力越高,缸内气体密度越大,进气效率越高
    C. 进气温度升高,进气效率增加
    D. 排气终了压力越高,进气效率下降

83. 汽车行驶平顺性的评价物理量指标主要有( )。
    A. 振动频率   B. 振动幅度   C. 振动加速度   D. 车身高度

84. 汽车通过性的几何参数包括最小离地间隙、纵向通过角、接近角、离去角、最小转弯直径、车轮半径等。下面关于这些几何参数表述正确的有( )。
    A. 最小离地间隙越大,通过性越好
    B. 车轮半径越大汽车的通过性越好
    C. 接近角和离去角越大,汽车的通过性越好
    D. 前后轴距越大,汽车的通过性越好

85. 关于随动转向自适应大灯系统,以下描述正确的是( )。
    A. 更换自适应大灯控制单元后,需要进行初始化配置操作
    B. 更换转向角度传感器后都不需要进行初始化操作
    C. 更换悬架高度传感器后需要进行标定,系统才能正常工作

D. 随动转向自适应大灯的控制跟转向角度传感器无关

86. 通常车身电气上用到的电阻元件,下面说法正确的有( )。
   A. 座椅加热器、点烟器、灯泡都是利用电阻元件通电发热工作的
   B. 后窗除霜是利用电阻产生电涡流发热原理工作
   C. 氧传感器加热器是由电阻产生电涡流原理进行工作的
   D. 后窗除霜装置是由正温度电阻材料制成的

87. 对于发动机电子元件的控制特点,下面说法正确的是( )。
   A. 排气背压高有可能是三元催化转化器堵塞造成
   B. 在喷油器断电这一刻,控制线路会产生反向高电压
   C. 爆震传感器产生的输出电压信号为交流信号
   D. 冷却液温度传感器的线路出现断路,诊断仪看到的冷却液温度传感器电压为0V

88. 在自动变速器做失速测试时,可能造成失速转速偏低的原因有( )。
   A. 发动机功率下降   B. 变矩器增扭性能下降
   C. 单项离合器打滑   D. 制动器间隙过大

89. 关于ESP主要部件的描述,下列说法正确的有( )。
   A. 加速度传感器通常是利用谐振叉随汽车的转动而发生扭转,产生信号送给控制单元
   B. 横向加速度传感器通常是根据电容的工作原理来设计,利用类似电容极板位置间距变化产生信号送给控制单元
   C. 当ESP判定为出现过度转向或转向不足时,ESP将主动干预车辆制动系统
   D. ESP出现故障时,会有明显的警示信息显示

90. 针对发动机大修技术要求,下面说法正确的有( )。
   A. 装配后的发动机,应按规定程序的工艺和技术条件操作
   B. 发动机在正常工作温度下,5s内能起动
   D. 汽缸压缩压力应符合原设计规定,汽油机各缸压力差应不超过的8%
   D. 起动运转稳定后,不允许活塞、连杆轴承、曲轴轴承有异响

91. 关于汽缸压力测量步骤中,下面说法正确的有( )。
   A. 保证蓄电池电量充足
   B. 预热发动机至正常工作温度
   C. 保证发动机断油断火
   D. 测量一个缸的缸压时,只需要拆掉此缸的火花塞即可

92. 汽缸的密封性可用检测汽缸漏气量的方法进行评价,下面操作方法正确的有( )。
   A. 起动发动机预热至正常工作温度后熄火
   B. 摇转发动机,使被测试缸活塞到达压缩行程上止点
   C. 将变速器挂入一挡,拉紧驻车制动器操纵杆以防通入压缩空气后活塞下移
   D. 将漏气率检测仪接通气源,然后将测量塞头压紧在火花塞孔上,打开开关,漏气率表上的示数即为被测试缸的漏气率

93. 在进行自动变速器检修时有许多注意事项,下面就检修的注意事项说法正确的有

( )。

 A. 用压缩空气吹干所有零件。切勿使用棉丝抹布或其他布来擦干它们

 B. 清洗时,只能使用推荐的 ATF 或煤油。清洗后,各零件应按正确的顺序摆放,以便有效地进行检查、维修和重新装配

 C. 更换的新制动盘和离合器盘,重新装配前必须在 ATF 中浸泡至少 15min

 D. 确保卡环两端不能对准任何切口,并且要正确地安装在槽内

94. 离合器总成检查项目,下列描述正确的有( )。

 A. 目视检查从动盘是否有裂纹、铆钉外露、减振器弹簧断裂等情况

 B. 检查压盘表面不应有明显的沟槽

 C. 可以通过测量膜片弹簧与分离轴承接触部位磨损的深度和宽度来确定膜片弹簧的磨损程度

 D. 固定分离轴承内圈,转动外圈,同时在轴向施加压力,如有阻滞或有明显间隙感时,应更换分离轴承

95. 关于制动系统的控制特点,下面说法正确的有( )。

 A. 盘式制动的轮缸回位是靠活塞密封圈来实现

 B. 制动系统管路如果内部出现堵塞现象,制动过程中表现的故障往往是急踩制动踏板制动效果不好,缓慢踩制动踏板仍有制动效果

 C. 就车使用百分表检查制动盘的跳动量,如果跳动量超标,则必须要进行光磨制动盘或更换制动盘

 D. 车辆制动主缸内活塞皮碗可以起到止回阀的作用

96. 关于转向系统功能、操作、原理、诊断,下面说法正确的有( )。

 A. 带助力转向的转向系统车辆,在举升机上升起车辆,起动发动机后,打转向时,因为扭力杆没有形变,所以助力系统不提供助力

 B. 纯电动机控制的电控转向系统,需要使用判断转向盘转动速度与方向的转角传感器

 C. 转向盘在自由状态下,发动机运转,助力泵的流量控制阀控制系统流量为 0

 D. 电动转向系统,更换转角传感器或控制模块,一般需要对模块重新执行匹配设置

97. 关于车辆稳定性控制系统,如 ABS、EBD、EBA、TCS、ESP 等。关于这几种系统说法正确的有( )。

 A. 这几个系统工作都需要 ABS 液压电动机介入工作

 B. 如果 ABS 失效,则 EBD 一定失效

 C. TCS 与 ESP 工作均是主动干预,一旦模块监测到需要接入工作,无须驾驶员干预即可工作

 D. EBA(电子紧急制动辅助),制动过程中激活 ABS 电动机工作快速建压,在压力上升到一定程度后,转入 ABS 控制区域,解除 EBA 控制

98. 汽车上很多系统运用了无线射频技术。下面关于车辆无线系统说法正确的有( )。

 A. 胎压检测传感器没有电池,内部电气元件工作是靠无线进行充电的

 B. 发动机防盗系统的遥控器内部都有纽扣电池,如果纽扣电池没电,一般仍可以起动发动机

C. 每个胎压传感器发出的信号频率均不一样,这样模块通过频率差异来识别是哪个车轮的气压

D. 车辆上使用的遥控器的频率一般是 315MHz 或 433MHz

99. 下列关于电动车窗的说法正确的是( )。

A. 防夹功能,常见的方法有:监测玻璃升降的位置、转速、监测电动机电流等几种

B. 单触上升或下降功能模块需要监测电动玻璃是否升降到极限位置,以便到达位置后切断电动机的工作

C. 当更换该系统控制模块后,防夹功能玻璃升降器需要进行位置学习

D. 从功能上来看,遥控器可以控制上锁开锁,但不可能实现通过遥控器升降电动玻璃

100. 维修企业的安全管理非常重要,下列关于维修备件的危险品储存描述正确的有( )。

A. 易爆物品和氧化物品存放在一起保证一旦发生爆炸损失最小

B. 腐蚀品应注意不让其包装泄漏,盘库时发现有泄漏应该立即使用专门容器进行处理

C. 易碎品应注意边缘保护及填充和隔离,避免破碎

D. 严禁在库房内吸烟,并确保有危险品的房间有适当的通风

附录二

全国机动车检测维修专业技术人员职业水平考试《机动车检测维修法规与技术》模拟试卷（级别：机动车检测维修士，专业：机动车机电维修技术）

级别：机动车检测维修士 专业：机动车机电维修技术
总分：100 分 考试时间：180min
姓名：_____ 准考证号：_____

注意事项：

1. 答题前，考生在试卷和答题卡上用钢笔或签字笔将自己的姓名、准考证号书写清楚，并在答题卡指定位置用 2B 铅笔填涂准考证号、专业、级别选项。
2. 选出每题的答案后，用 2B 铅笔在答题卡上把对应题目答案的选项标号涂黑。如需改动，请用橡皮擦干净后，再重新选涂。
3. 在试卷上作答视为无效，也不得做任何其他标记。
4. 考试结束后，请将试卷及答题卡一并交回。

一、是非判断题（共 30 题，每题 1 分，共 30 分）

答题要求：每道题给出一个陈述，要求判断这个陈述"正确"还是"错误"，然后依照题号在答题卡相应位置填涂，"正确"涂 A，"错误"涂 B。

1. 在家用汽车产品三包有效期内，发动机、变速器的主要零件出现产品质量问题的，消费者可以选择免费更换发动机、变速器。
2. 机动车维修经营许可证件是长期有效的，可以自行停止维修经营。
3. 根据《汽车大修竣工出厂技术条件》（GB/T 3798.1—2005），在维修中汽车转向系统、制动系统和传动系统的关键零部件，不得使用修复件。
4. 更换卤素灯泡时，可以用手触摸灯泡部位。
5. 进行汽车综合小修的企业至少要有 2 名主修人员。
6. 曲轴箱通风管堵塞会造成发动机机油油质下降，严重时会造成曲轴箱油封损坏漏油。
7. 可变进气道的车辆低速时为了保证快速进气，在低速时打开短进气道。

8. 压缩比低的发动机选用高标号汽油,则易引起发动机爆燃,导致功率下降。

9. 甲醇汽油能有效降低汽车尾气排放有害气体,有利于保护大气环境。

10. 对游标卡尺进行零点校正:当游标卡尺测量爪密切结合后,尺身和游标零点必须相互一致才是正确的。

11. 百分表的小指针偏转1格相当于1mm。

12. 维修汽车制冷系统时,应佩戴护目镜进行防护。

13. 工作时穿着的服装要舒适,需要制作得宽松一些。

14. 汽缸活塞扫过的工作总容积与燃烧室容积之比称为压缩比。

15. 缸外形成混合气的汽油机在进气门开启时火焰传到进气管内,会引起进气管回火现象。

16. 铝合金汽缸盖会使得发动机热负荷明显下降,从而造成爆燃倾向。

17. 相同的发动机在气温低的天气下,充气效率会降低。

18. 配有可变正时的发动机,为了提高充气效率,怠速时进气门应该适当延迟关闭。

19. 发动机的功率越大越好。

20. 排量大的发动机功率一定比排量小的发动机功率大。

21. 为了保障车身设计强度与等寿命,采用的车身结构材料都是一样的。

22. 当混合器过浓时,混合气燃烧会产生大量的CO。

23. 四轮定位的调整顺序一般都是先调后桥再调前桥。

24. 在进行轮胎动平衡作业时,如果检测仪器显示"OK"可以结束动平衡检测工作。

25. 在发动机装配的过程中应边安装、边检查、边调整,以确保装配质量。

26. 为了保证汽车行驶的稳定性,随着车速的提高,转向助力应该随之减小。

27. 一般情况下,状态良好的蓄电池的开路电压应在12V以上。

28. 起动发动机时,起动机能够运转,但是起动机无法啮合发动机齿圈,一定是单向离合器打滑。

29. 具有单触上升功能的电动车窗系统,在更换车窗控制模块后需要进行初始化工作。

30. 发动机冷磨合时,应使用黏度大的润滑油。

二、单项选择题(共40题,每题1分,共40分)

答题要求:每题有4个选项,只有一个选项正确,请选出正确选项后,在答题卡相应位置填涂,多选或不选均不得分。

31. 办事公道是对机动车检测维修专业技术人员的具体要求。下面(　　)工作是办事公道的选项。

　　A. 春节期间,如果客户没有意见,可以多收一些费用

　　B. 按照维修合同提供文明优质服务,根据客户意愿可以不开具发票

　　C. 公开机动车检测维修作业规范、收费标准、配件进货价格等各项制度

　　D. 按照合同约定结算费用

32. 申请从事机动车维修经营的,必须先进行(　　)工作。

　　A. 向工商行政管理机关办理有关登记手续

B. 向所在地县级道路运输管理机构申请行政许可

C. 参加市级道路运输管理机构的对机动车维修基本知识考试并成绩合格

D. 获得机动车维修从业资格证

33. 进行机动车维修经营过程中,下列选项中(　　)工作是符合机动车维修经营范围的。

　　A. 机动车维修产生的废弃物,可以自行处理

　　B. 按照托修方要求改变机动车车身颜色、更换发动机、车身和车架

　　C. 向工商行政管理机构报送车辆维修统计资料

　　D. 将机动车维修经营许可证件和《机动车维修标志牌》悬挂在经营场所的醒目位置

34. 以下关于汽车维护说法正确的是(　　)。

　　A. 汽车的一级维护以清洁、润滑、紧固为作业中心内容

　　B. 汽车的一级维护以清洁、补给和安全检视为作业中心内容

　　C. 汽车的一级维护可以由驾驶员和维修企业操作执行

　　D. 汽车的一级维护一般由驾驶员操作执行

35. 以下关于变速器齿轮传动描述正确的是(　　)。

　　A. 传动比与齿数无关

　　B. 输出轴转速与输入轴转速之比值称为传动比

　　C. 当大齿轮驱动小齿轮时传动比小于1

　　D. 小齿轮为主动齿轮时输出转速升高

36. 承修单位对大修竣工出厂的发动机应给予质量保证,质量保证期自竣工出厂之日起(　　)计算。

　　A. 竣工时间不少于半年　　　　　　B. 行驶里程为40000km

　　C. 行驶里程为5000km　　　　　　D. 行驶里程为60000km

37. 在进行发动机负荷特性试验时,以下参数保持不变的是(　　)。

　　A. 转速　　　　B. 转矩　　　　C. 功率　　　　D. 节气门位置

38. 使用百分表检查传动轴弯曲变形时,应将表抵在(　　)。

　　A. 传动轴中间测量　　　　　　　　B. 传动轴一端测量

　　C. 传动轴两端测量,取平均值　　　D. 传动轴中间及两端测量,取平均值

39. 汽缸盖安装时,螺栓的拧紧顺序通常是(　　)。

　　A. 从左向右　　B. 从右向左　　C. 从两端向中间　　D. 从中间向两端

40. 关于发动机机油的特性描述错误的选项有(　　)。

　　A. API SH 适用于汽油发动机　　　　B. API CF-2 适用于柴油发动机

　　C. API SA 的机油性能优于 API SD　　D. API CF 的机油性能优于 API CD

41. 可燃金属着火时,以下灭火方式正确的是(　　)。

　　A. 直接用水浇灭　　　　　　　　　B. 泡沫灭火器

　　C. 二氧化碳灭火器　　　　　　　　D. 干粉灭火器

42. 机动车的操纵稳定性是指在驾驶员不感到过分紧张和疲劳的情况下,汽车抵抗外界各种干扰并按驾驶员通过转向控制机构所给定的方向稳定行驶的能力。以下关于操纵稳定

性描述正确的是( )。
　　A.汽车的重心高度越大,汽车的纵向稳定性越好
　　B.地面给汽车的反作用力越大,汽车的横向稳定性越好
　　C.轮胎侧偏刚度越低,汽车的操纵稳定性越好
　　D.转向轮的上下跳动是绕主销的上下摆动

43.下列元器件不属于电动汽车高压部件的是( )。
　　A.驱动电机　　　　　　　　　B.DC/DC
　　C.助力转向电动机　　　　　　D.车载充电器

44.液力变矩器是利用液体介质地将发动机转矩传递给( )。
　　A.变速器　　B.离合器　　C.传动轴　　D.车轮

45.电控动力转向系统为达到满意的驾驶性能可使汽车在( )。
　　A.低速行驶时转向操纵力减小,高速行驶时转向操纵力减小
　　B.低速行驶时转向操纵力减小,高速行驶时转向操纵力增大
　　C.低速行驶时转向操纵力增大,高速行驶时转向操纵力减小
　　D.低速行驶时转向操纵力增大,高速行驶时转向操纵力增大

46.柴油燃烧性的评定指标是( )。
　　A.辛烷值　　B.十六烷值　　C.凝点　　D.闪点

47.发动机的同步喷射是指燃油的喷射与( )。
　　A.节气门位置传感器有关　　　B.曲轴转角位置有关
　　C.空气流量传感器有关　　　　D.发动机温度有关

48.发动机机油压力过低的主要原因是( )。
　　A.轴瓦间隙过小　　B.油道有堵塞　　C.机油黏度过大　　D.限压阀弹簧过软

49.将传动系统的转矩转化为地面对车辆的驱动力的系统是( )。
　　A.行驶系统　　B.转向系统　　C.传动系统　　D.制动系统

50.以下( )措施能增加四冲程发动机新鲜空气的进气量。
　　A.曲轴箱通风系统　　　　　　B.可变配气正时系统
　　C.燃油蒸气回收系统　　　　　D.废气再循环系统

51.汽油发动机产生HC的主要原因有( )。
　　A.完全燃烧　　B.高温　　C.富氧　　D.淬冷效应

52.气门在工作中相对气门座可旋转一定角度,其目的在于( )。
　　A.减少噪声　　　　　　　　　B.使气门工作面沿圆周磨损均匀
　　C.增加进气量　　　　　　　　D.改善润滑

53.气门间隙过大,会对发动机的进气系统造成的影响是( )。
　　A.气门迟开　　　　　　　　　B.气门早开
　　C.低速时没有影响　　　　　　D.高速时没有影响

54.关于手动变速器离合器的描述,下面说法正确的是( )。
　　A.液压离合器踏板处于释放时,分离轴承与分离杠杆处于接触状态
　　B.离合器踏板处于释放状态时,手动变速器的输入轴停止转动

C. 液压离合器由于离合器主缸与液压工作缸间的管路较近,因此换油后无须进行排气

D. 液压离合器随离合器片的磨损,需要进行离合器踏板自由行程调整

55. 为了保证发动机有良好的充气效果,结构上设计了气门重叠角,气门重叠角是( )。

A. 进气门提前角与进气门滞后角的和

B. 排气门提前角与排气门滞后角的和

C. 进气门滞后角与排气门滞后角的和

D. 进气门提前角与排气门滞后角的和

56. 主减速器的功用除了将转速降低从而增大转矩外,还能( )。

A. 切断动力　　　B. 改变旋转方向　　　C. 差速行驶　　　D. 补偿齿侧间隙

57. 可变进气道系统的主要作用是( )。

A. 改变混合气浓度　　　　　　　B. 形成进气谐波效应

C. 改变进气温度　　　　　　　　D. 降低进气噪声

58. 发动机的整机性能是通过有效指标来评定的,而有效指标是以下( )选项为计算基准的。

A. 燃料燃烧所释放的能量　　　　B. 气体膨胀所做的功

C. 活塞连杆输出的功　　　　　　D. 曲轴输出的功

59. 人体所习惯的步行时身体上、下运动的频率,为60~80次/s,那么通常车身的固有频率可能为( )。

A. 40~60次/s　　　B. 60~80次/s　　　C. 80~90次/s　　　D. 70~90次/s

60. 以下关于汽车通过性指标说法正确的是( )。

A. 最小离地间隙越小,通过性越好

B. 离去角越大,汽车的通过性越好

C. 最小转弯半径越大,车辆的机动性越好

D. 轴距越大,汽车的通过性越好

61. 对于动力驱动形式采用中置后驱的乘用车辆,以下说法正确的是( )。

A. 发动机冷却效果好

B. 可获得最佳的轴荷分配,操纵稳定性和行驶平顺性较好

C. 发动机的隔声和绝热效果好,乘坐舒适性高

D. 车内空间大

62. 配置自动变速器的车辆,能够影响发动机起动的传感器是( )。

A. 挡位传感器　　　　　　　　　B. 输入轴转速传感器

C. 输出轴转速传感器　　　　　　D. 油温传感器

63. 如果液力变矩器的导轮在正反方向都可自由转动,车辆的故障症状为( )。

A. 加速迟缓　　　B. 怠速抖动　　　C. 倒车时有噪声　　　D. 车辆无法行驶

64. 蓄电池电极桩头脏污常导致的故障现象是发动机( )。

A. 动力不足　　　B. 运转不均匀　　　C. 不能起动　　　D. 起动时反转

65. 利用散热器检测仪进行散热器密封性的检测时,以下数据可以作为加压泵加压压力

的是(　　)。
  A.130kPa   B.300kPa   C.50kPa   D.350kPa

66. 在使用万用表进行测量工作时,以下操作错误的是(　　)。
  A.测量电流时应将表笔串联在被测电路中
  B.测量电压时应将表笔并联在被测电路中
  C.测量电阻时,若显示器显示"OL",表明电阻为零
  D.更换电池或保险管时,应检查确信测试表笔已从电路中断开

67. 在使用示波器时,如果波形的振幅过小,如何对示波器进行设置(　　)。
  A.调整波形的触发电平   B.调整波形的时基
  C.调整波形的电压比例   D.调整波形的触发沿

68. 四冲程汽油发动机怠速运转时,以海平面为准,进气歧管真空度应在(　　)范围内。
  A.35~45kPa   B.30~40kPa   C.70~85kPa   D.57~71kPa

69. 进行将活塞连杆组装入汽缸的工作中,以下选项错误的是(　　)。
  A.注意活塞连杆组的安装方向
  B.装好一组活塞连杆组后,直接安装其他的活塞连杆组
  C.全部连杆组装好后,转动曲轴,阻力矩应符合技术规定
  D.最后检查活塞顶与汽缸体上平面的距离应符合规定

70. 以下关于4缸发动机处于1缸上止点时,可以执行气门间隙检测描述正确的是(　　)。
  A.1缸进气门、4缸排气门   B.2缸排气门、3缸进气门
  C.4缸进气门、1缸排气门   D.3缸排气门、2缸进气门

三、多项选择题(共30题,每题1分,共30分)

答题要求:每题有4个选项,有两个或两个以上选项是正确的,请选出正确选项后,在答题卡相应位置填涂,多选、少选或不选均不得分。

71. 全面做到服务客户,要求机动车检测维修专业技术人员需要(　　)。
  A.催促客户进行费用结算
  B.按照规范对客户车辆进行检查
  C.主动为客户提供力所能及的各种服务
  D.爱护客户车内的物品

72. 机动车检测维修是指以维持或者恢复机动车技术状况和正常功能进行的工作。下面属于机动车检测维修作业内容的是(　　)。
  A.整车修理   B.车辆清洗   C.车辆玻璃更换   D.轮胎修补

73. 根据国务院行政法规《中华人民共和国道路运输条例》规定,申请从事机动车维修经营的,应当具备的条件有(　　)。
  A.有相应的机动车维修场地   B.有必要的设备、设施和技术人员
  C.驾驶员有5年的驾驶资质   D.有健全的机动车维修管理制度

74. 申请机动车维修连锁经营服务网点的,可由机动车维修连锁经营企业总部向连锁经

营服务网点所在地县级道路运输管理机构提出申请,提交的材料有( )。
  A.连锁经营企业总部机动车维修培训证明
  B.机动车维修连锁经营企业总部机动车维修经营许可证件复印件
  C.连锁经营的作业标准和管理手册
  D.连锁经营服务网点符合机动车维修经营相应开业条件的承诺书。

75.进行整车性能检测时,以下是制动系统的检查项目有( )。
  A.制动主缸、轮缸及制动管路等无泄漏现象
  B.横梁不应有开裂和变形等损伤,铆钉、螺栓齐全有效
  C.液压制动助力系统的真空软管不应有磨损、破裂,接头处连接可靠
  D.制动金属管及软管无弯折、磨损、凸起和扁平等现象,接头处连接可靠

76.离合器的基本功能有( )。
  A.增加发动机转矩   B.暂时切断发动机的动力传动
  C.实现发动机与传动系统的动力接合 D.防止发动机过载

77.以下关于空调系统工作过程描述正确的是( )。
  A.低温低压制冷剂气体从蒸发器被压缩机吸入
  B.高温高压气态制冷剂经过冷凝器后冷凝成液态
  C.通过蒸发器液态制冷剂蒸发成气体
  D.通过膨胀装置,制冷剂气体膨胀冷凝成液态

78.以下关于汽车制动液使用方法描述正确的是( )。
  A.不同类型和不同品牌的制动液不能混合使用
  B.制动液要保持密封,不能长时间暴露在空气中
  C.制动液不易溶于水
  D.一旦发现制动液储液罐盖子上有水珠形成,要及时更换制动液

79.为了保证精密测量仪器的精度以及减小测量误差,以下说法正确的是( )。
  A.使用后应注意仪器的清理和维护,并存放在不受灰尘和气体污染的场所
  B.不需要定期地检查仪器精度
  C.每次测量时保持规范的测量动作
  D.使用千分尺时,手持的位置应位于弓架中部塑料隔热位置,避免温度对测量结果
   的影响

80.下列使用塑料线间隙规测量曲轴滑动轴承间隙操作正确的是( )。
  A.修剪合适大小的塑料线间隙规,利用润滑脂固定在曲轴轴颈测量部位
  B.安装好塑料线间隙规后,按照规定转矩旋转曲轴
  C.利用规卡与被测试的塑料线间隙规宽度对比
  D.测量前对测量部位进行清洁

81.在机动车维修作业中,维修技术人员以下安全操作规程正确的是( )。
  A.不在楼梯口进行汽车维修作业
  B.不用压缩空气吹自己身上的灰尘
  C.可以在厂内空白场地进行路试制动

D. 需要对举升机进行定期检查与维护

82. 以下关于新能源汽车的表述正确的是( )。
    A. 混合动力电动汽车是指利用内燃机和电机作为车辆的驱动动力源
    B. 燃料电池汽车经过氧气和氢气的燃烧,直接变成电能或动能的
    C. 纯电动汽车主要是由电机来驱动
    D. CNG 汽车就是用压缩天然气作为燃料的汽车

83. 关于汽车动力传递形式,下面说法正确的是( )。
    A. 并联式混合动力电动汽车可以同时使用发动机与电机作为动力源来驱动车辆。也可以单独使用发动机或电机作为动力源
    B. 串联式混合动力电动汽车的发动机可以直接把动力输出用于车辆驱动
    C. 增程式的电动汽车的发动机只作为给发电机提供动力,不直接驱动车辆
    D. 混联式混合动力电动汽车的发动机只作为发电机供电给高压电池,通过高压电池进行车辆驱动

84. 以下( )情况会造成汽油发动机燃烧造成爆燃。
    A. 汽油标号高   B. 燃烧室积炭过多
    C. 机油性能下降   D. 发动机温度过高

85. 以下关于火花塞的检查描述正确的是( )。
    A. 火花塞的间隙越大,点火性能越好
    B. 火花塞中心电极呈浅灰色说明燃烧正常
    C. 火花塞颜色发灰说明燃烧室内有水
    D. 火花塞颜色发黑说明燃烧室内混合气过浓

86. 可变配气相位技术能够改变气门以下的( )项工作内容。
    A. 气门的高度   B. 气门开启时刻   C. 气门关闭时刻   D. 气门的升程

87. 以下( )结构可以提高发动机的充气效率。
    A. 废气再循环系统   B. 涡轮增压系统
    C. 二次空气喷射系统   D. 可变进气道系统

88. 以下关于描述发动机负荷特性时,能够代表负荷的参数是( )。
    A. 节气门位置   B. 功率   C. 转矩   D. 转速

89. 对于汽油机来说,最佳点火提前角( )变化。
    A. 节气门位置一定,转速增加时,最佳点火提前角增大
    B. 节气门位置一定,转速增加时,最佳点火提前角减小
    C. 转速一定,负荷增加时,最佳点火提前角减小
    D. 转速一定,负荷增加时,最佳点火提前角增大

90. 以下关于车身结构描述正确的是( )。
    A. 减振器在汽车悬架中是与弹性元件并联安装的
    B. 横向稳定杆可减小车身侧倾程度
    C. 钢板弹簧悬架广泛应用在家用轿车
    D. 螺旋弹簧非独立悬架一般只用于轿车的后悬架

91. 以下( )参数是表征车辆通过坎坷不平路段和障碍的能力。
   A. 轴距　　　　　　B. 接近角　　　　　　C. 离去角　　　　　　D. 最小离地间隙

92. 如果车辆更换了转向角度传感器,需要进行以下( )工作。
   A. 零位置的设定　　　　　　　　　　B. 转向助力油流量测试
   C. 极限位置的设定　　　　　　　　　D. 运动轨迹设定

93. 对于发动机电子元件的控制特点,下面说法正确的是( )。
   A. 冷却液温度传感器的线路出现断路,诊断仪看到的冷却液温度传感器电压为 0V
   B. 爆震传感器产生的输出电压信号为交流信号
   C. 排气背压高有可能是三元催化转化器堵塞造成
   D. 在喷油器断电这一刻,控制线路会产生反向高电压

94. 以下操作步骤进行汽缸压力检测正确的是( )。
   A. 拆下发动机的喷油器,将汽缸压力表插入喷油器孔检测
   B. 发动机暖机后测量
   C. 在进行汽缸压力测量时,蓄电池电量充足
   D. 在进行汽缸压力测量时,节气门需要全部打开

95. 针对发动机大修技术要求,下面说法正确的有( )。
   A. 装配发动机,应按规定程序的工艺和技术条件操作
   B. 发动机在正常工作温度下,5s 内能起动
   C. 汽缸压缩压力应符合原设计规定,汽油机各缸压力差应不超过的 8%
   D. 发动机起动运转稳定后,不允许活塞、连杆轴承、曲轴轴承有异响

96. 变速器大修结束后,性能检测的项目有( )。
   A. 行驶过程中,变速器内部温度不高于 80℃
   B. 加速时间短
   C. 无异响
   D. 挂挡轻松

97. 测量汽车空调系统压力的压力表连接软管的颜色有( )。
   A. 红色　　　　　　B. 黄色　　　　　　C. 蓝色　　　　　　D. 白色

98. 提高发动机充气效率的措施有( )。
   A. 减小进气系统的流动损失　　　　　B. 降低进气温度
   C. 合理选择配气正时　　　　　　　　D. 利用进、排气管内的气流动态效应

99. 发动机大修后应该达到的技术要求是( )。
   A. 发动机最大功率不得低于原设计标定值的 90%
   B. 汽油机的各缸压力差应不超过各缸压力的 15%
   C. 发动机最大转矩均不得低于原设计标定值的 90%
   D. 发动机排放限制应符合国家有关规定

100. 下列属于汽油机排放控制措施的有( )。
   A. 废气再循环　　　　　　　　　　　B. 曲轴箱强制通风
   C. 燃油蒸发控制系统　　　　　　　　D. 催化转化器

附录三

全国机动车检测维修专业技术人员职业水平考试《机动车检测维修案例分析》模拟试卷(级别:机动车检测维修工程师,专业:机动车机电维修技术)

级别:机动车检测维修工程师　　专业:机动车机电维修技术
总分:100分　　考试时间:180min
姓名:_____　　准考证号:_____

注意事项:

1. 答题前,考生在试卷和答题卡上用钢笔或签字笔将自己的姓名、准考证号书写清楚,并在答题卡指定位置用2B铅笔填涂准考证号、专业、级别选项。
2. 选出每题的答案后,用2B铅笔在答题卡上把对应题目答案的选项标号涂黑。如需改动,请用橡皮擦干净后,再重新选涂。
3. 在试卷上作答视为无效,也不得做任何其他标记。
4. 考试结束后,请将试卷及答题卡一并交回。

一、单项选择题(共10题,每题2分,共20分)

答题要求:每题有4个选项,只有一个选项正确,请选出正确选项后,在答题卡相应位置填涂,多选或不选均不得分。

1. 关闭刮水器开关后,刮水器不能自动回到起始位置,其故障原因最可能是(　　)。
   A. 刮水器控制模块供电故障　　B. 刮水器电动机搭铁故障
   C. 蜗轮上的铜环损坏　　　　　D. 刮水器低速挡有故障

2. 车辆在冷车急速时发动机处传出"哗啦哗啦"异响,在举升车辆上用听诊器确认,声音是从油底壳处传出。在汽车逐渐热起来后,异响逐渐减轻。但随着节气门加大,声音又明显起来,则故障可能出现的地方是(　　)。
   A. 气门间隙　　B. 曲轴大瓦　　C. 活塞敲缸　　D. 排气噪声

3. 在诊断一台四缸发动机振动异响问题时,下面说法正确的是(　　)。
   A. 气门间隙偏大造成的噪声特点:冷车噪声大,热车后降低

B. 活塞敲缸异响一般随负荷增加变小,随转速升高变低

C. 进气道减振垫损坏不会产生噪声,也不会产生振动

D. 平衡轴安装问题只会造成振动问题,不会产生异响问题

4. 采用 MAF 作为进气计量的发动机,在怠速时 HC 排放过高,但是 CO 测量为 0。氧传感器电压值低于 0.2V,当用丙烷加浓混合气时,CO 可以检测到,HC 则有所下降,氧传感器电压值增加到约 0.85V,下面(　　)原因最有可能引起原来的 HC 排放过高和氧传感器的低电压。

　　A. MAF 信号电压偏高

　　B. 制动真空助力真空管泄漏

　　C. 炭罐堵塞

　　D. 冷却液温度传感器信号断路

5. 使用发动机分析仪对发动机进行压缩试验时,使用双通道示波器得到凸轮轴信号(上面信号)与起动电流信号(下面信号)如图,下面(　　)组数据是导致这种压力状况最可能的原因。

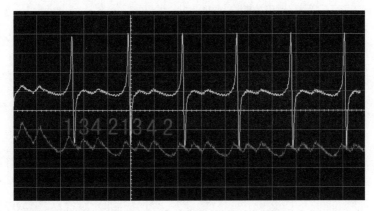

　　A. 1 缸 1.1MPa;2 缸 0.55MPa;3 缸 1.1MPa;4 缸 1.05MPa;

　　B. 1 缸 1.1MPa;2 缸 1MPa;3 缸 0.6MPa;4 缸 1.15MPa;

　　C. 1 缸 0.6MPa;2 缸 1MPa;3 缸 0.6MPa;4 缸 0.6MPa;

　　D. 1 缸 1MPa;2 缸 0.55MPa;3 缸 0.6MPa;4 缸 1.05MPa;

6. 一辆前轮驱动的车辆,行驶里程为 60000km,客户反映车辆在行驶加速过程中,车辆向左跑偏,在制动过程中向右跑偏。你认为故障产生的最可能原因是(　　)。

　　A. 车辆轴距变长造成

　　B. 电子转向机电动机总成损坏

　　C. 右后制动器出现卡死现象

　　D. 同轴左右轮胎半径数据差异过大

7. 一辆配备电子驻车制动器车辆,在车辆静止状态下,释放电子驻车开关,车辆起步困难。举升车辆检查发现:右后车轮驻车制动有锁死的现象。原因最可能是(　　)。

　　A. 右侧驻车制动的电动机损坏或线路故障

　　B. 右后轮缸回位活塞泄漏

C. 电子驻车控制开关信号错误

D. 电子驻车控制模块的供电出现故障

8. 一辆四轮驱动的车辆,该车辆前后轴之间的连接配置电子控制硅油离合器型的装置。在试车过程中,发现车辆无法根据路况进入四轮驱动状态。如果你来诊断该车辆,下面首先采取的方案相对不合理的是( )。

    A. 路试,通过诊断仪观察四个轮速传感器的数据大小

    B. 通过诊断仪读取 DTC

    C. 更换四驱控制模块

    D. 执行电子离合器的供电与线路检查

9. 某车采用的是 LED 自适应前照灯,客户反映开启前照灯时仪表警告提示:"检修自适应前照灯",并且左面前照灯在打开时无法自动调节,右面前照灯正常,电路图如下图。如图测量左面前照灯 LIN 电压为 4V,断开左前照灯总成后测量 LIN 线电压为 10V,可能的故障原因为( )。

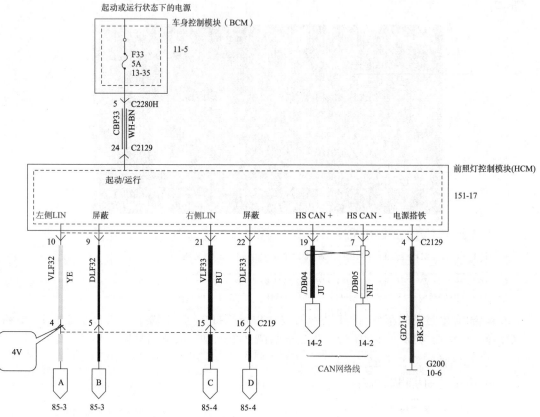

    A. 前照灯控制模块故障

    B. 检测的万用表电池电压低造成测量数值不准确

    C. 左前照灯总成故障

    D. LIN 网络线路故障

10. 客户反映电动车窗的故障现象是通过主驾驶的主控开关能够控制所有车门玻璃升

降,其他门控开关也能正常操作玻璃升降;但是通过遥控器无法操作所有车门玻璃的全开与全关功能。控制电路如图示。故障可能的原因是( )。

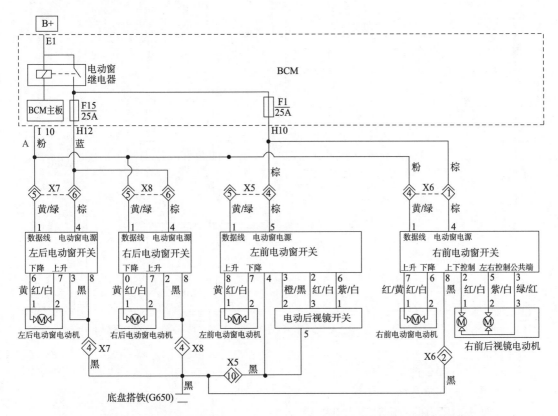

A. 图中指示 A 部位线路断路　　B. F1 与 F15 熔断丝同时熔断

C. 电动车窗继电器损坏　　D. G650 搭铁点接触不良

二、案例分析题(共10题,共80分)

答题要求:每个案例后有若干小题,每道小题有多个选项。除了在题干中标注"多项选择"的小题之外,其余均为单项选择题。单项选择题只有一个正确选项,多项选择题有两个或两个以上正确选项。请选出正确选项后,在答题卡相应位置填涂,多选、少选或不选均不得分。

11. 某车辆信息:某一 2015 年车型,行驶里程为 99550km,该车使用了变排量压缩机。故障现象:空调制冷效果差。对下面的分析、检测、诊断合理性做出你的判断。

(1)经过检查,发现空调压缩机没有工作。查阅车型维修信息,如图示。你认为压缩机吸合工作的必要条件有( )。(多选)(3分)

A. A/C 请求信号

B. 压力开关的 HI 与 LOW 开关

C. 蒸发器温度信号

D. 压力开关上的 MID 开关

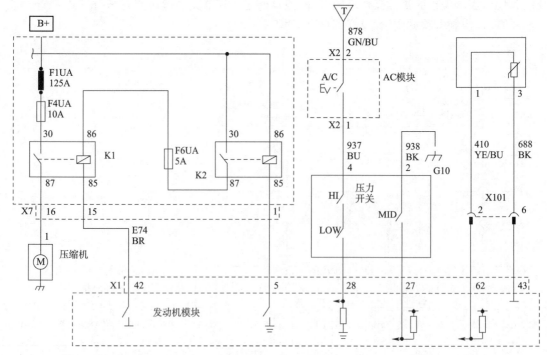

(2)使用诊断仪检测时,发现 A/C 请求信号为 OFF,下一步首先应做的是(　　)。(1分)

　　A. 更换 HVAC 控制模块

　　B. 更换压力开关

　　C. 制冷剂压力的检测和压力开关的检测

　　D. 更换发动机模块

(3)修复相关的部件后压缩机离合器能够工作。出风口温度仍然比正常车辆高。决定进行压力测试,对于压力测试分析,下面说法正确的是(　　)。(1分)

　　A. 低压侧压力在 0.2MPa 左右很小幅度变化,说明压缩机性能下降

　　B. 随着风机转速增加,高压侧压力会升高

　　C. 随着风机转速增加,低压侧压力会升高一倍左右

　　D. 随着发动机转速的增加,低压侧压力会升高一倍左右

(4)对比正常车辆,压力正常,制冷剂的纯度也正常,下一步的检查重点集中在控制系统,关于控制系统可能导致故障现象可能原因是(　　)。(多选)(2分)

　　A. A/C 开关故障

　　B. 混合风门问题

　　C. 暖水阀关闭不严

　　D. 风向控制卡死在内循环

12. 车辆信息:车辆行驶 79750km。故障现象:①扣上安全带,仪表安全带灯不熄灭并伴随警报声;②倒车雷达不起作用;③胎压监测信号失效。车辆的网络拓扑如图示。对下面的分析、检测、诊断合理性作出你的判断。

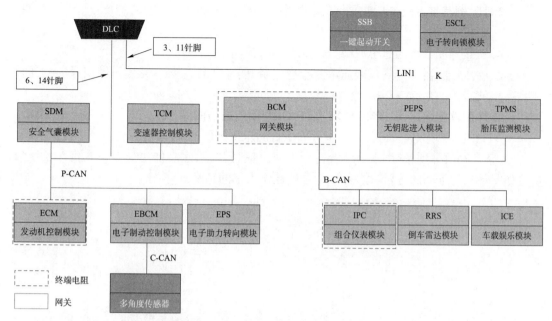

(1)连接诊断仪进行车辆模块扫描,结果诊断仪无法通信。首先进行诊断接头 DLC 测试。下面测试的过程与分析说法正确的是(　　)。(1分)

　　A. 测试 DLC 的 16 号针脚,电压为 0V,说明该线路正常

　　B. 测试 DLC 的 4 与 5 号针脚与车身之间电阻为开路,说明该线路正常

　　C. 关闭点火开关,测试 DLC 的 6 号针脚与 14 号针脚之间电阻为120Ω,说明电阻值正常

　　D. 关闭点火开关,测试 DLC 的 3 号针脚与 11 号针脚之间电阻为58Ω,说明电阻值正常

(2)排除 DLC 故障后,通过诊断仪读取组合仪表的故障码,没有关于安全带没有系上的故障码。则下面关于安全带警报的现象分析正确的有(　　)。(多选)(2分)

　　A. 安全带信号到仪表的传递路径是:安全带扣开关→气囊模块→P-CAN→BCM→B-CAN→IPC 模块

　　B. 仪表能够正常显示发动机转速信号,说明 P-CAN 与 B-CAN 这两个网络能够正常传递网络信号

　　C. 仪表能够正常显示发动机转速信号,说明 BCM 作为网关能够正常转换

　　D. 通过安全气囊指示灯能够正常工作,说明问题有可能出现在安全带扣开关与线路上

(3)排除安全带警示故障后,对倒车雷达问题进行分析。下面分析正确的有(　　)。(多选)(2分)

　　A. 挂入倒挡,倒车灯能够被 BCM 点亮,说明挡位传感器、P-CAN、BCM 能够工作

　　B. 倒挡信号到倒车雷达模块传递的路径是:TR 开关→TCM→P-CAN→BCM→B-CAN→RRS 模块

　　C. 如果是 B-CAN 功能瘫痪,不仅倒车雷达失效,仪表上会有很多的警示,显示信息异常

　　D. 如果倒车灯功能正常,仪表无其他警示信息异常,则故障可能出现在倒车雷达模块与雷达传感器的本身与相关供电搭铁线路上

(4)排除倒车雷达故障后,对胎压监测进行分析。下面分析正确的有( )。(多选)(2分)

　　A.胎压监测模块通过 B-CAN 与 IPC 信息胎压信息传输

　　B.胎压传感器信号到仪表显示的传递路径是:胎压传感器→无线射频信号→胎压监测模块→B-CAN→IPC 模块

　　C.诊断仪能够进入 TPMS 模块,则 B-CAN 信息通信能够工作

　　D.TPMS 模块能够通信,下一步可以执行胎压传感器的 ID 学习操作

13.某车辆故障现象:刮水器组合打开没有反应,同时喷水功能也失效。查询车辆维修信息如图示。对下面的分析、检测、诊断合理性作出你的判断。(6分)

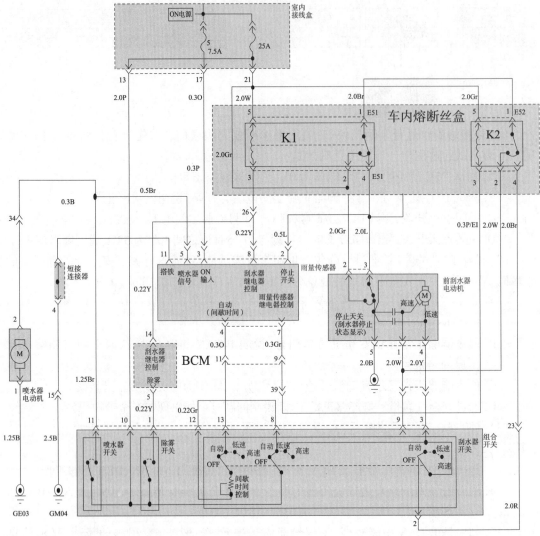

(1)验证故障客观存在,首先进行喷水功能测试,下面关于喷水清洗的分析正确的是( )。(1分)

　　A.刮水器电动机的供电通过室内熔断丝盒的 25A 熔断丝

B. 喷水电动机的供电是通过雨量传感器供电
　　C. 喷水电动机的电源经过刮水器继电器进行供电
　　D. 喷水器电动机必须在刮水器处于间歇挡才能工作

(2) 修复喷水器电动机线路后,刮水器仍不能工作,下面关于刮水器的测试、分析正确的是(　　)。(1分)
　　A. 处于高速挡时,开关信号送给BCM,由BCM控制刮水继电器工作
　　B. 处于低速挡时,开关信号送给BCM,由BCM控制刮水器继电器工作
　　C. 刮水器电动机高低速工作都需要K1与K2继电器吸合才能工作
　　D. 刮水器电动机的高低速均由组合开关直接控制刮水器电动机供电

(3) 修复高低速功能后,发现刮水器自动间歇挡不能正常工作,下面进行自动间歇挡测试与分析,下面关于间歇挡的分析正确的是(　　)。(1分)
　　A. 间歇挡的任何位置,组合开关的8号针脚与13号针脚的电压均为12V
　　B. 如果K2继电器线圈短路,K1正常,则间歇挡时,仍能够实现刮水器电动机供电
　　C. 自动间歇挡时,电动机的供电控制是通过低速供电线路完成
　　D. 如果K1继电器损坏,K2继电器工作正常,刮水器自动间歇挡能够工作

(4) 修复刮水器自动功能后,发现关闭刮水器有时无法回位到最底部,有时刮水器开关关闭后,无法停止,下面关于这种现象的分析正确的是(　　)。(多选)(3分)
　　A. 关闭刮水器时,刮水器电动机插头的2号针脚与3号针脚出现断路,则有可能会造成刮水器无法正常回位
　　B. 刮水器电动机内部停止滑环开关有问题,有可能造成关闭刮水器后,刮水器仍然在工作
　　C. K2继电器内部的触点烧蚀,有可能出现刮水器电动机回位故障
　　D. 雨量传感器故障有可能造成刮水器无法回位

14. 某1.8T自动挡汽车,用户报修定速巡航功能失灵,经过诊断仪读取故障码,报二次空气喷射系统故障、制动踏板开关不可靠信号、活性炭罐电磁阀断路故障和氧传感器加热器电气故障。(10分)

(1) 请问以下故障(　　)与定速巡航功能有关。(2分)
　　A. 二次空气喷射系统故障　　　　B. 制动踏板开关不可靠信号
　　C. 活性炭罐电磁阀断路故障　　　D. 氧传感器加热器电气故障

(2) 满足定速巡航功能启用的条件是(　　)。(多选题)(2分)
　　A. 打开巡航主开关　　　　　　　B. 挡位处于D挡或手动模式2挡以上
　　C. 松开制动踏板　　　　　　　　D. 车速达到最低巡航速度要求

(3) 若二次空气喷射系统不工作,将会导致车辆出现的现象是(　　)。(2分)
　　A. 起动困难　　　　　　　　　　B. 加速不良
　　C. 冷车起动尾气超标　　　　　　D. 汽油味大

(4) 若活性炭罐电磁阀电路断路,将可能导致车辆出现(　　)。(2分)
　　A. 起动困难　　　　　　　　　　B. 加速不良
　　C. 冷车起动尾气超标　　　　　　D. 汽油味大

(5)若宽带氧传感器加热器电气故障,读取氧传感器电压值始终为1.5V左右(相当于传统氧传感器的中值电压),会造成的故障现象是( )。(2分)

    A.冷车起动困难   B.加速不良   C.尾气超标   D.怠速抖动

15.车辆信息:采用智能充电系统,行驶里程为24550km。故障现象:车辆有漏电现象,停车几天后,车辆无法起动,行驶过程中,仪表上的蓄电池等偶尔会点亮。对下面的分析、检测、诊断合理性作出你的判断。(7分)

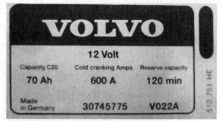

(1)验证故障,客观存在,先对蓄电池充满电后进行测试,蓄电池标牌信息如图示。则下面说法正确的是( )。(2分)

    A.使用蓄电池加载测试仪进行加载测试,该蓄电池最大能提供的1/2CCA为60A,判断蓄电池性能正常

    B.使用放电设备在室温下以25A条件进行放电,当电压降低到10.5V时,所用时间为12min,说明蓄电池性能正常

    C.充满电后,室温下,进行电解液密度检查,结果为1.16 g/cm^3 说明蓄电池充电过程存储电能性能失效

    D.可以持续对蓄电池做加载CCA测试

(2)更换蓄电池后,漏电车辆起动性能改善,但漏电与蓄电池指示灯故障依旧存在。进一步测试充电系统,查阅维修信息如图示,则下面分析正确的是( )。(1分)

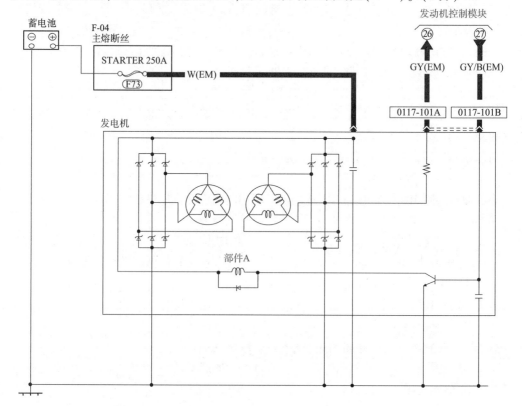

  A. 图示中通向发动机控制模块的 101B 线路是用来监测发电机负荷的线路

  B. 图示中通向发动机控制模块的 101A 线路是用来控制发电机励磁大小的线路

  C. 部件 A 上面并联的二极管主要是整流作用

  D. 部件 A 是励磁线圈

(3) 使用诊断仪进行数据流观察:① GEN-V 发电机输出电压;② GEN-COM 模块励磁控制;③GEN-MON 发电机负荷监测;④发动机转速。则下面的分析正确的是(　　)。(多选)(2分)

  A. 相同发动机转速下,随电气用电负荷加大,GEN-COM 控制励磁变大

  B. 相同发动机转速下,随电气用电负荷加大,GEN-MON 监测的发电机负荷加大

  C. 加载一定的电气负载,随发动机转速提升,GEN-COM 励磁变小,GEN-MON 监测的发电机负荷加大

  D. 无论外部电气负荷如何变化,发动机控制模块均控制固定的发电电流

(4) 电气负荷稍微加大后,监控的发电机负荷很容易到 100%,对比正常车辆,说明发电机性能下降,更换发电机后。漏电现象依旧存在,进一步查找漏电,则下面关于漏电查找说法正确的是(　　)。(多选)(2分)

  A. 进行静态电流测试时,需要保证先把万用表串联在蓄电池负极线路上,等待所有模块进入休眠状态后读数

  B. 查找具体泄漏线路方法一般是:接上万用表,通过逐个拔熔断丝的方式进行判断

  C. 若漏电是因为模块无法进入休眠状态,有可能是有些开关、传感元件等没有满足条件

  D. 随着车辆模块的数量逐渐增加,通常车辆的静态消耗电流的大小标准会增加

16. 一辆乘用车,配置 4 挡自动变速器,行驶 50070km。故障现象:该车由 2 挡升 3 挡过程中有明显换挡冲击的现象。(6分)

(1) 作为此车的维修技师,对于客户抱怨的故障现象,首先应该做的是(　　)。(1分)

  A. 变速器换挡有冲击是正常现象,跟客户进行解释车辆正常就行

  B. 先作失速测试,观察发动机失速转速

  C. 按照客户抱怨的故障现象与客户一起进行故障验证

  D. 进行变速器油压测试

(2) 经过路试,发现变速器换挡 2 挡升 3 挡冲击比较明显,其他挡位均有轻微冲击。对于这种现象,技师先进行变速器的油压测试,下面就油压测试说法正确的是(　　)。(1分)

  A. 变速器主油压在暖机怠速下,D 挡与倒挡相同是正常的

  B. 变速器主油压在暖机怠速下,D 挡应该比倒挡油压高

  C. 随发动机负荷增加,变速器主油压应该降低

  D. 进行油压测试时应该满足变速器在正常油温下测试

(3) 完成油压测试后,发现主油压在各挡位均有些偏低。对比正常车辆,发动机负荷等数据正常,油压偏低应该是变速器造成,下面列出的部件,能够造成油压偏低的部件可能是(　　)。(多选)(2分)

  A. 主油压控制电磁阀及其电路　　　　B. 油泵性能下降

C. 内部离合器间隙偏大　　　　　　　D. 制动器间隙偏大

(4) 经检查发现主油压控制电磁阀线路阻值偏大,修复后试车,发现 2 挡升 3 挡过程中仍有冲击。查阅资料,如图示。分析变速器内部元件构成,则下面说法正确的是(　　)。(1 分)

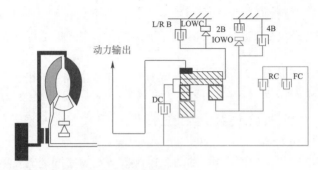

A. 该变速器采用拉威挪式行星齿轮结构
B. 变矩器可以把动力直接传送的离合器只有 FC 与 RC 离合器
C. 实现 2 挡的动力传递需要动作的执行部件为 DC 与 4B
D. 3 挡的动力传递需要 DC、RC 与 FC 同时接合

(5) 为了进一步确认故障的方位,需要对变速器进行解体检查。其中需要重点检查与 2 挡和 3 挡换挡操作相关的部件。下面列出的需要重点关注的是(　　)。(1 分)

A. FC 离合器与 2B 制动器机械机构及其相关控制的油路或电路
B. FC 离合器与 DC 离合器机械机构及其相关控制的油路或电路
C. DC 离合器与 2B 制动器机械机构及其相关控制的油路或电路
D. FC 离合器与 RC 离合器机械机构及其相关控制的油路或电路

17. 一辆乘用车,行驶 55040km。客户反映制动踏板非常硬,该车拖至经销商。仪表显示检修制动系统,如图示。同时客户反映,伴随着制动过程转向盘抖动。对于以下操作与分析作出你的判断。(8 分)

(1) 作为此车的维修技师,对于客户抱怨的故障现象,首先应该做的是(　　)。(2 分)

A. 应该是制动盘的问题,需要更换制动盘
B. 按照客户抱怨的故障现象与客户一起进行故障验证
C. 建议客户先做四轮定位,检查悬架及轮胎的几何位置,重点检查车轮的前束
D. 更换转向机与制动盘

(2) 试车结果,故障现象客观存在。使用诊断仪进行故障码测试,发现 C1015:7A-AA-

ABS 说明为真空源故障。考虑到真空与故障现象制动踏板硬有关联关系。先就真空问题进行解决。下面关于解决制动踏板硬的操作正确合理的是(　　)。(多选)(2分)

  A. 踩下制动踏板,起动发动机,通过感觉制动踏板是否下沉来判断助力器的效能

  B. 断开助力器通向真空泵的连接管,连接真空表,起动发动机,观察真空表读数为-105kPa,与正常车辆相同,判断真空泵工作正常

  C. 检查助力器推杆,判断助力器的机械运动干涉情况

  D. 断开真空泵通向助力器的连接管,把真空枪连接抽真空,观察真空枪真空读数及真空保持情况,判断助力器真空泄漏情况

(3)通过上一步,判断助力器的内部真空控制出现问题,更换助力器,再次试车,制动踏板硬的故障解决,仪表显示正常。下一步解决制动抖动问题。关于制动抖动,下面说法正确的有(　　)。(多选)(2分)

  A. 外观检查制动盘表面是否存在变色及硬点现象

  B. 制动盘的平行度

  C. 制动盘的圆跳动量

  D. 制动盘的动平衡

(4)通过制动盘就车检测,发现制动盘的跳动量超标。下一步应该执行的操作的是(　　)。(1分)

  A. 拆下制动盘,检查法兰的跳动量

  B. 直接更换新制动盘后再次路试

  C. 使用就车制动盘光盘机进行制动盘磨削

  D. 在制动盘上涂抹消声剂材料,再次试车

18. 客户反映:有一车辆,仪表上安全气囊警示灯常亮。(8分)

(1)作为此车的维修技师,你认为首先应该做的工作是(　　)。(1分)

  A. 用诊断仪测试,检查气囊控制单元的故障码,纪录并清除故障码

  B. 更换安全气囊

  C. 检查安全气囊部件外观是否损伤

  D. 给控制单元重新编程

(2)在检查安全气囊部件时,下述选项中说法正确的是(　　)。(多选)(2分)

  A. 在断开蓄电池负极之前,要记录系统里存储的故障码

  B. 断开蓄电池负极后,在动手检查前应再等一定时间

  C. 气囊部件维修后,可以直接重复使用

  D. 先关闭点火开关,再断开蓄电池的负极

(3)技师记录了如下的故障码:驾驶员侧安全气囊电阻值过高,根据此故障码,技师准备拆下驾驶员侧安全气囊,以下选项中正确的操作是(　　)。(多选)(2分)

  A. 严禁用尖锐的金属器具拆卸气囊部件

  B. 小心断开气囊组件的导线连接器,然后拆下气囊

  C. 气囊部件放置没有方向要求

  D. 应断开气囊控制单元的插头

(4)查找资料显示:驾驶员侧安全气囊点火器电阻为2Ω,于是技师准备用一个高阻抗的数字式万用表检查安全气囊系统,以下操作正确的是(　　)。(多选)(2分)

　　A.用万用表测量驾驶员侧安全气囊点火器的电阻,并评估电阻的大小
　　B.用万用表测量驾驶员侧安全气囊线束是否有短路情况
　　C.用万用表测量驾驶员侧安全气囊至控制单元之间线路的电阻值
　　D.用万用表测量螺旋线圈的状态

(5)技师测量驾驶员侧安全气囊至控制单元之间线路的电阻值接近于0Ω,结合以上的检测,引起气囊灯报警的最可能原因是(　　)。(1分)

　　A.驾驶员侧安全气囊损坏
　　B.驾驶员侧安全安囊至控制单元的线束断路
　　C.驾驶员侧安全气囊点火器故障
　　D.驾驶员侧安全气囊里的气体发生器失效

19.车辆信息:四缸增压汽油机,行驶里程为24550km。故障现象:车辆加速无力,发动故障 MIL 点亮。作为工程师,对下面的检测、诊断、维修步骤的合理性作出你的判断。(10分)

(1)三元催化转化器内部产生的氧化还原反应,下面说法正确的是(　　)。(多选)(2分)

　　A.废气中 HC 在高温下氧化成水和二氧化碳
　　B.废气中 NO_x 还原成氮气和氧气
　　C.废气中的二氧化碳还原成氧气与炭颗粒
　　D.废气中 CO 在高温下氧化成二氧化碳气体

(2)诊断时调出故障码,为 P0430-与三元催化转化器工作失效故障码,关于三元催化转化器,下面说法不正确的是(　　)。(2分)

　　A.该三元催化转化器会造成尾气排放不达标
　　B.三元催化转化器内部含有贵金属
　　C.过高的三元催化转化器温度有可能造成三元催化转化器损坏
　　D.三元催化转化器损坏与燃油品质没有关系

(3)为了确认三元催化转化器是否有的问题,分别拆下火花塞与上游氧传感器(左图)、下游氧传感器(右图),如图示。针对图示部件观察,下面表述最可能正确的是(　　)。(2分)

A. 火花塞的中央电极存在烧蚀现象,判断燃烧温度过高
B. 根据上游氧传感器判断,上面的颜色不正常,应该是燃油里含有锰化物造成的
C. 下游氧传感器的表面具有颗粒冲击的痕迹。说明有可能有透过三元催化转化器的颗粒冲击到下游氧传感器
D. 上下游氧传感器都已损坏,需要更换两个氧传感器

(4)重新安装上火花塞与氧传感器。起动发动机,使用诊断仪读取相关的数据,同时使用尾气分析仪进行尾气检测。则下面表述正确合理的是(　　)。(2分)

A. 观察到发动机负荷 LOAD 的数据较正常车辆偏小
B. 进气歧管压力传感器 MAP 较正常车辆电压值低
C. 尾气排放中的 NO_x、CO、HC 值较正常车辆偏高
D. 尾气排放中的 NO_x、CO、HC 值较正常车辆偏低,但 CO_2 含量偏高

(5)为确认三元催化转化器的问题,通过内窥镜对三元催化转化器内部进行观察,发现三元催化转化器内部已经出现有破碎颗粒现象,为了最终确定原因。对三元催化转化器进行解剖。如图示。针对三元催化转化器的特点判断,下面表述正确合理的是(　　)。(2分)

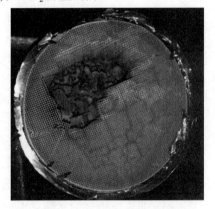

A. 该三元催化转化器已经存在中间的熔化结焦现象,说明有可能是高温引起或是三元催化转化器的品质有问题。
B. 该三元催化转化器已经发生堵塞,如果在故障车上作汽缸压缩压力测试,应该会造成汽缸压力偏低
C. 该三元催化转化器性能已经下降,如果在故障车上作三元催化转化器的温度测试,三元催化转化器前后的温差应该较正常车辆的大
D. 通过图片信息,可以看出,用户一定使用了含锰化物的燃油

20. 车辆信息:四缸增压直喷汽油机,行驶里程为 126916km。故障现象:车辆油耗高,发动机故障灯亮。对下面的检测、诊断、维修步骤的合理性作出你的判断。(10分)

(1)维修技师接到车辆后首先执行以下的动作与思考,你认为比较合理的是(　　)。(1分)

A. 首先通过信息中心查看百公里油耗,作为判断燃油消耗率是否高的依据
B. 与客户一起试车,按照客户习惯在不同工况下验证油耗是否真实偏高
C. 更换点火线圈与火花塞后与客户一起试车验证油耗
D. 拆卸火花塞,观察缸内的燃烧情况。判断油耗是否偏高

(2)维修技师与正常车辆在相同工况下对比,初步判断客户的车辆油耗偏高。完成暖机后,进一步使用诊断仪进行数据读取。则下面的说法比较合理的是(　　)。(2分)

A. 燃油开闭环控制数据 Fuel-Loop,显示为 Open-Loop。该数据可以理解为燃油系统处于闭环状态
B. 上游氧传感器显示电压值一直为 0.9V 左右。该数据可以理解燃油修正数据正常

C. 短期燃油修正显示为0%,则表示当前控制模块仍在努力进行减少喷油控制

D. 长期修正数据显示为负,表明系统自适应值已经减少了喷油

(3)技师分析,能够造成氧传感器电压偏高的问题,技师列出下面原因。你觉得可能正确合理的有(　　)。(多选)(2分)

A. 油轨压力比正常偏高有可能造成混合气浓

B. 模块监测到的进气量比实际偏高有可能造成混合气偏浓造成

C. 废气再循环量偏大有可能造成混合气偏浓造成

D. 存在失火现象可能造成

(4)通过诊断仪分析油轨压力。该车采用了高压直喷系统。诊断仪能够读出油轨压力与压力控制调节阀等数据,则技师下面的分析。你觉得比较正确的是(　　)。(2分)

A. 油轨压力控制采用开环控制

B. 维修技师给出的结论一定是油压高造成的现象

C. 断开油压控制电磁阀插头后,发现油压传感器数据随之变化到一个固定值。说明问题一定是油压控制电磁阀的问题

D. 油压传感器信号电压比正常传感器偏低时可能造成实际油压偏高

(5)对油压传感器线路分别就模块端与传感器端插头进行测试,则下面的动作与分析,你觉得比较正确合理的是(　　)。(多选)(3分)

A. 油压传感器的参考电压为4.99V,认为油压传感器供电应该没有问题

B. 测量油压传感器信号与正常车辆对比,电压偏低1V左右,则基本判定油压传感器信号产生漂移造成的问题

C. 油压传感器搭铁测试电压接近0V,判断搭铁正常

D. 基于ABC选项,可以考虑更换油压传感器

附录四

全国机动车检测维修专业技术人员职业水平考试《机动车检测维修法规与技术》模拟试卷(级别:机动车检测维修工程师,专业:机动车机电维修技术)答案表

级别:机动车检测维修工程师　　专业:机动车机电维修技术
试卷编号 A

一、是非判断题(30题,每题1分,共30分)

题号	1	2	3	4	5	6	7	8	9	10
答案	B	B	B	B	B	B	B	A	A	A
题号	11	12	13	14	15	16	17	18	19	20
答案	A	A	B	B	A	B	A	A	B	B
题号	21	22	23	24	25	26	27	28	29	30
答案	A	A	B	A	A	B	A	A	A	A

二、单项选择题(40题,每题1分,共40分)

题号	31	32	33	34	35	36	37	38	39	40
答案	B	C	B	D	A	A	B	D	A	B
题号	41	42	43	44	45	46	47	48	49	50
答案	B	D	C	D	C	C	A	B	C	B
题号	51	52	53	54	55	56	57	58	59	60
答案	A	C	B	A	D	A	A	A	A	B

续上表

题号	61	62	63	64	65	66	67	68	69	70
答案	A	A	C	D	D	A	B	A	A	A

三、多项选择题（30题，每题1分，共30分）

题号	71	72	73	74	75	76	77	78	79	80
答案	AB	BCD	BCD	BC	AC	ABC	ABD	ABD	ABCD	AB
题号	81	82	83	84	85	86	87	88	89	90
答案	BD	ABD	ABC	ABC	AC	AD	ABC	ABC	ABCD	ABCD
题号	91	92	93	94	95	96	97	98	99	100
答案	ABC	ABCD	ABCD	ABCD	ABCD	ABD	CD	BD	ABC	BCD

附录五

全国机动车检测维修专业技术人员职业水平考试《机动车检测维修法规与技术》模拟试卷(级别:机动车检测维修士,专业:机动车机电维修技术)答案表

级别:机动车检测维修士　　　专业:机动车机电维修技术
试卷编号 B

一、是非判断题(30题,每题1分,共30分)

题号	1	2	3	4	5	6	7	8	9	10
答案	B	B	B	B	A	A	B	B	A	B
题号	11	12	13	14	15	16	17	18	19	20
答案	A	A	B	B	A	B	B	A	B	B
题号	21	22	23	24	25	26	27	28	29	30
答案	B	A	A	B	B	A	A	B	A	B

二、单项选择题(40题,每题1分,共40分)

题号	31	32	33	34	35	36	37	38	39	40
答案	C	B	D	A	C	B	A	A	D	C
题号	41	42	43	44	45	46	47	48	49	50
答案	D	D	C	A	B	B	B	D	A	B
题号	51	52	53	54	55	56	57	58	59	60
答案	D	B	A	D	A	B	B	D	B	B

续上表

题号	61	62	63	64	65	66	67	68	69	70
答案	B	A	A	C	A	C	C	D	B	B

三、多项选择题(30题,每题1分,共30分)

题号	71	72	73	74	75	76	77	78	79	80
答案	BCD	ACD	ABD	CD	ACD	BCD	ABC	ABD	ACD	CD
题号	81	82	83	84	85	86	87	88	89	90
答案	ABD	CD	ABC	BD	BD	BC	BD	ABC	AC	AB
题号	91	92	93	94	95	96	97	98	99	100
答案	ABCD	AC	BCD	ABCD	ABCD	ACD	ABC	ABCD	ACD	ABCD

附录六

全国机动车检测维修专业技术人员职业水平考试《机动车检测维修案例分析》模拟试卷(级别:机动车检测维修工程师,专业:机动车机电维修技术)答案表

级别:机动车检测维修工程师　　专业:机动车机电维修技术

试卷编号 A

一、单项选择题(10题,每题2分,共20分)

题号	1	2	3	4	5	6	7	8	9	10
答案	C	B	A	B	A	D	A	C	C	D

二、案例分析题(10题,共80分)

题号	11	(1)	(2)	(3)	(4)	
分值	7分	3分	1分	1分	2分	
答案		ABC	C	B	BC	
题号	12	(1)	(2)	(3)	(4)	
分值	7分	1分	2分	2分	2分	
答案		D	ABCD	ABCD	ABCD	
题号	13	(1)	(2)	(3)	(4)	
分值	6分	1分	1分	1分	3分	
答案		A	D	D	ABC	

续上表

题号	14	(1)	(2)	(3)	(4)	(5)
分值	10分	2分	2分	2分	2分	2分
答案		B	ABCD	C	D	C
题号	15	(1)	(2)	(3)	(4)	
分值	7分	2分	1分	2分	2分	
答案		C	D	AB	ABCD	
题号	16	(1)	(2)	(3)	(4)	(5)
分值	6分	1分	1分	2分	1分	1分
答案		C	D	AB	A	C
题号	17	(1)	(2)	(3)	(4)	
分值	8分	1分	3分	2分	3分	
答案		B	ABCD	ABC	A	
题号	18	(1)	(2)	(3)	(4)	(5)
分值	8分	1分	2分	2分	2分	1分
答案		A	ABD	ABD	BCD	C
题号	19	(1)	(2)	(3)	(4)	(5)
分值	10分	2分	2分	2分	2分	2分
答案		ABD	D	C	C	A
题号	20	(1)	(2)	(3)	(4)	(5)
分值	10分	1分	2分	2分	2分	3分
答案		B	D	AB	D	ABCD